| 大学五书 |

老北大的故事

(修订版)

陈平原 著

图书在版编目(CIP)数据

老北大的故事 / 陈平原著. —— 修订本. —— 北京：北京大学出版社，2015.10
（大学五书）
ISBN 978-7-301-26161-3

Ⅰ.①老… Ⅱ.①陈… Ⅲ.①北京大学－校史 Ⅳ.①G649.281

中国版本图书馆CIP数据核字(2015)第182162号

书　　　名	老北大的故事（修订版）
著作责任者	陈平原 著
责 任 编 辑	于铁红
标 准 书 号	ISBN 978-7-301-26161-3
出 版 发 行	北京大学出版社
地　　　址	北京市海淀区成府路205号　100871
网　　　址	http://www.pup.cn　新浪微博：@北京大学出版社 @培文图书
电 子 信 箱	zpup@pup.cn
电　　　话	邮购部62752015　发行部62750672　编辑部62750112
印 刷 者	天津联城印刷有限公司
经 销 者	新华书店
	889毫米×1194毫米　32开本　12.25印张　220千字
	1998年3月第1版　2009年5月第2版
	2015年10月第3版　2019年8月第2次印刷
定　　　价	48.00元

未经许可，不得以任何方式复制或抄袭本书之部分或全部内容。
版权所有，侵权必究
举报电话：010-62752024　电子信箱：fd@pup.pku.edu.cn
图书如有印装质量问题，请与出版部联系，电话：010-62756370

目 录

"大学五书"小引 / 001
小引 / 003

第一辑　北大旧事

校园里的真精神 / 011
哥大与北大 / 049
北大传统之建构 / 086
老北大的自画像 / 107
　　——"校庆感言"解读
作为话题的北京大学 / 124
　　——历年"纪念册"述评

第二辑　校史杂说

北京大学：从何说起？ / 151
北大校庆：为何改期？ / 167
北大校名：如何英译？ / 184
北大校史：怎样溯源？ / 192
北大传统：另一种阐释 / 205
　　——以蔡元培与研究所国学门的关系为中心

不被承认的校长　　　　　　　　　　　/ 218
　　——丁韪良与京师大学堂
迟到了十四年的任命　　　　　　　　/ 241
　　——严复与北京大学

第三辑　百年庆典

北大的"光荣"与"梦想"　　　　　　/ 273
作为一种文化景观的百年校庆　　　　/ 279
有容乃大　　　　　　　　　　　　　/ 283
　　——答《人民日报》记者问
大学有什么用　　　　　　　　　　　/ 290
　　——答《南方周末》记者问
北大：一个话题　　　　　　　　　　/ 297
　　——答《新快报》记者问
"半真半假"说北大　　　　　　　　　/ 303
　　——答《新周刊》记者问
辞"校史专家"说　　　　　　　　　　/ 308
大学史的写作及其他　　　　　　　　/ 313
　　——兼答《北京大学校史》编者
再说"北大生日"　　　　　　　　　　/ 317

第四辑　大学书影

大学百年　　　　　　　　　　　　　/ 323
　　——从《东京大学百年》说起

"书信作家"胡适之	/ 328
——关于《胡适书信集》	
人文景观与大学精神	/ 333
——读《剑桥与海德堡》《哈佛琐记》等	
读《(民国二十三年度)国立北京大学一览》有感	/ 343
关于建立"胡适文库"的设想	/ 353
"为了蔡先生的嘱托"	/ 359
——《蔡元培年谱长编》读后	
"触摸历史"之后	/ 365
《北大精神及其他》后记	/ 372
附录:《北大精神及其他》序(夏晓虹)	/ 379
修订版后记	/ 384
附识	/ 386

"大学五书"小引

陈平原

不提撰写博士论文时如何邂逅晚清及五四的大学教育，就从1996年春夏编《北大旧事》说起，二十年间，我在自家专业之外，持续关注中国教育问题，竟然成了半个"大学研究"专家。

我之谈论大学问题，纵横文学与教育，兼及历史与现实，包容论著与时评，如此思路与笔墨，说好听是"别有幽怀"，说不好听则是"不够专业"。好在我不靠这些文章评职称，故不太在乎学院派的态度。

作为业余教育史家的我，多年前曾说过："从事学术史、思想史、文学史的朋友，都是潜在的教育史研究专家。因为，百年中国，取消科举取士以及兴办新式学堂，乃值得大书特书的'关键时刻'。而大学制度的建立，包括其蕴涵的学术思想和文化精神，对于传统中国的改造，更是带根本性的——相对于具体的思想学说的转移而言。"这也是我不避讥讽，时常"野叟献曝"，且长枪短棒一起上的缘故。

正因不是学术专著，没有统一规划，先后刊行的各书，呈犬牙交错状态。乘《抗战烽火中的中国大学》出版之际，将我此前在北大出版社刊行的四册有关大学的书籍重新编排，作为"大学五书"推出。其中《老北大的故事》大致稳定，《读书的"风景"》只删不增，调整幅度较大的是《大学何为》和《大学有精神》。

很多年前，我在《北大精神及其他》（上海文艺出版社，2000年）的"后记"中称："这是一个能够调动研究者的激情与想象力、具备许多学术生长点的好题目，即便山路崎岖，前景也不太明朗，也都值得尝试。"今天依然故我，只要机缘成熟，还会深度介入教育话题。

因此，"大学五书"只是阶段性成果，但愿日后还有更精彩的表现。

2015年5月18日于京西圆明园花园

小 引

1929年底，刘半农为《北京大学卅一周年纪念刊》撰文，提及校庆文章之难写，称不外"说好话"与"说老话"两种。前者留给校长市长，方才显得"冠冕堂皇，雍容大度"；后者则最好出自真正的"老北大"之口，要不"说错了给人挑眼，岂非大糟而特糟"（《北大河》）。刘文借北大三院门前的水沟"起兴"，预想百年纪念会的情景；我则将关于校庆的诸多"好话"与"老话"作为解读对象，试图在纵横交错的"历史地图"上，寻找真正的"北大之精神"。

我所深感兴趣的，不只是北大校史，更包括前人对于北大校史的叙述与阐释。校史上扑朔迷离的"故事"固然值得侦探，建构光荣传统的"神话"，同样值得认真剖析。

所谓的"老北大",并非一成不变的客观实在;每一代北大人,都在借校庆纪念之机,为其心目中的北大"添油加彩"。我的工作计划是,在品味日渐复杂的"老北大的故事"的同时,追踪这些故事的形成、流传与演变,以及制约着这一演变的社会文化因素。

这是一个有趣但并不轻松的话题。"老北大"确实个性鲜明,可圈可点的逸事甚多,只要态度虔诚,不难有"新发现"。既然如此,何以还有"并不轻松"一说?原因是:好玩的不一定是真的,真的又很可能过于沉重。百年北大,折射着现代中国政治、思想、教育的光荣与梦想、屈辱与遗憾。入口处是一则诱人的逸闻,出来时却很可能满脸灰尘。此说并非故弄玄虚,百年中国,本来就不是容易谈论的话题。因学力及客观条件的限制,只好绕过了若干人所共见的"伤疤"——比如"文革"中的北大;即便如此,本书所呈现的故事,也并非总是"风和日丽"。

全书分为四辑,末辑乃书评,涉及北大人物或大学史的写作。其中《大学百年》和《人文景观与大学精神》二则,是从我另外的著作转录来。之所以冒昧重收,因其与本书的写作大有关系。五年前,在日本东京大学访学时,买了一册印刷精美的"写真集"《东京大学百年(1877—1977)》,读后感慨良多,曾撰文予以评述,顺带预测"北大百年史"的写作。至于为金耀基的《剑桥与海德堡》等书撰写评论，不只是因其曾为我的游览提供方便，更希望借此探讨将正襟危坐的校史与随意挥洒的游记结合起来的可能性。一为学术思路，一为文章笔墨，二者的启迪，规定了我今日的探索。

第一辑虽分六节，原本只是一章，即《北大旧事》（北京：三联书店，1998年1月）一书的"代序"。前年夏天，正式进入本课题，依照惯例，收集了大量相关史料。因不忍割舍，挑选其中若干有关"北大旧事"的篇章，集成这册被人看好的"奇书"。这种工作程序，乃模仿鲁迅，希望从事每一个课题，"我都有我独立的准备"。此文以《"太学"传统》《校园里的"真精神"》为题，分两次在《读书》刊出后，颇获好评。访学美国时，曾以"老北大的故事"为题，在加州大学的伯克利、戴维斯、洛杉矶校区做专题演讲，也屡受欢迎。去年秋季开始，我在北大讲了一学期的专题课，以大学制度为中心，讨论现代中国学术的建立与发展，"老北大的故事"依然是其中最吸引人的一章。当然，每一回的演讲，都是一种"重写"；不断扩张的结果，便是本书的成形。

进入1990年代以后，我主要从事现代中国学术史的研究，撰写《中国现代学术之建立——以章太炎、胡适之为中心》(北京大学出版社,1998年2月)时,已经意识到学术思想与教育体制的关系非同小可,并略有切入。选择"老北大的故事"作为研究课题,首先是学术史的视野,而后才是百年校庆的机遇。第二辑最能体现这一特色,也是作者最为用力之处。考辨校史上若干"疑案",只是文章的切入口,真正关注的,其实是蕴藏在"故事"后面的思想史线索。校庆之改期、传统之诠释、校长的遴选、纪念册的编纂等,其内在涵义,绝非区区学校围墙所能限制。

首先是学术上的发现,而后才考虑叙述语调以及文章结构。总的思路是,以考据出故事,以故事出思想,以思想出文章。既然着眼点是学术,为何题为"故事"?除了借阐释"故事"展现历史图景这一写作策略外,更希望沟通文与史、雅与俗、专家与大众、论著与随笔。在我看来,"大学"之命运,应该是所有文化人关注的对象,而并非只是教育家的专利。

第三辑诸文,乃去年春夏游学美国的意外收获。在哥伦比亚大学东亚图书馆和哈佛大学燕京图书馆,发现了不少此前不曾注意的史料,于是一鼓作气,在救护车的呼啸声中(住处邻近哥大医学院),完成了这八则短文。

本书的写作,从最初动议、收集资料到各章定稿,均得到夏晓虹女士的大力帮助。只是因夏君另有重任在肩,方才由我独力承担。另外，在收集史料的过程中，得到北大图书馆、北大档案馆以及哥大、哈佛等校图书馆的大力支持；《读书》《中华读书报》等报刊腾出宝贵版面连载拙作；北大学生一而再、再而三地为我的学术史研究专题课捧场，所有这些，乃本书得以完成的主要动力，仅在此一并致谢。

1998 年 2 月 18 日于京北西三旗

第一辑

北大旧事

校园里的真精神

永恒的风景

大凡历史稍长一点的学校,都有属于自己的"永恒的风景"。构成这道"风景"的,除了眼见为实、可以言之凿凿的校园建筑、图书设备、科研成果、名师高徒外,还有必须心领神会的历史传统与文化精神。介于两者之间,兼及自然与人文、历史与现实的,是众多精彩的传说。

比如,当老同学绘声绘色地讲述某位名人在这棵树下悟道、某回学潮在这个角落起步、某项发明在这间实验室诞生、某对情侣在这条小路上第一次携手时,你感觉如何?是不是觉得太生动、太戏剧化了?没关系,"无巧不成书"嘛。再说,姑妄言之,姑妄听之,信不信由你。只要不对这所学校失去信心,慢慢地,你也会加入传播并重建"校园风景线"的行列。

比起校史上极具说服力的统计数字,这些蕴涵着温情与想象的"传说",未免显得虚无缥缈;因而,也就不大可能进入史家的视野。可是,在这个世界上,没有比"大学"更为充满灵性的场所。漫步静谧的校园,埋首灯火通明的图书馆,倾听学生宿舍里不着边际的高谈阔论,或者"远眺"窃窃私语的湖边小路上的恋人,只要有"心",你总能感知到这所大学的脉搏与灵魂。

如此带有强烈主观色彩的叙述,实在难以实证。但对于曾经生活或向往生活于其间的人来说,这些半真半假的故事,却极有魅力。世人之对"红楼内外"感兴趣,有各种各样的机缘。我的最初动因,竟是闲聊时的"争强斗胜"。

比起"全北大"(在北京大学完成本科、硕士、博士的全部课程)来,我只能算是"半路出家"。正因为有在别的大学就读的经验,我对北大人过于良好的自我感觉开口闭口"我们北大",不只表明身份,更希望提供评判标准——既充满敬意,又有点不以为然。试着虚心请教:让你们如此心迷神醉的"我们北大",到底该如何描述?有眉飞色舞、抛出无数隽语逸事、令人既惊且喜的;也有引经据典,从戊戌变法到五四运动、从蔡元培到毛泽东,让我重新回到现代史课堂的。后者可以帮助确定北大在百年中国政治史上的位置，只是叙述姿态过于僵硬；前者补阙拾遗，而且引人遐想，可惜传说多有失实。

希望能够兼及"宏伟叙事"与"小品笔调"，我选择了"回到现场"的研究策略。比如，同样谈论北大人喜欢挂在嘴边的"五四"，我会对游行路线怎样设计、集会演讲为什么选择天安门、火烧赵家楼又是如何被叙述等等感兴趣。至于史学家不大关注的北河沿的垂柳、东斋西斋学风的区别、红楼的建筑费用、牌匾与校徽的象征意味、北大周围的小饭馆味道怎样、洗得泛白的蓝布长褂魅力何在等，也都让我入迷。

于是，我进入了"历史"与"文学"的中间地带，广泛搜集并认真鉴赏起"老北大的故事"来。杂感、素描、随笔、小品、回忆录，以及新闻报道、档案材料等，有带露折花的，也有朝花夕拾的，将其参照阅读，十分有趣。令我惊讶不已的是，当年的"素描"与几十年后的"追忆"，竟无多大出入。考虑到关于老北大的旧文散落各报刊，寻找不易，不可能是众多八旬老人转相抄袭。唯一的解释是，老北大确有其鲜明的性格与独特的魅力，因而追忆者"英雄所见略同"。借用钱穆《师友杂忆》中的妙语："能追忆者，此始是吾生命之真。其在记忆之外者，足证其非吾生命之真。"一个人如此，一所大学也不例外：能被无数学子追忆不已的，方才是此大学"生命之真"。此等"生命之真"，不因时间流逝而磨灭，也不因政见不同而扭曲。

其实，"老北大"之成为众口传诵的"故事"，很大程度得益于时光的流逝。绝大部分关于北大的回忆文章，都是作者离开母校之后才写的。而抗战爆发北大南迁，更是个绝好的机缘。正因远离红楼，方才意识到其巨大的感召力，也才有心思仔细勾勒其日益清晰的面孔。1940年代出现一批相当优秀的回忆文章，大多有此心理背景。柳存仁的系列文章《北大和北大人》中，有这么一段话：

> 卢沟桥事变后，北大南迁，旧游星散，否则如果我在今天还有机会住在东斋西斋矮小卑湿的宿舍里，我决不会，也不能写出这样一篇一定会被我的师友同学讥笑做低能的文章。……我不愿意忘记，也猜想其他的师友同学们也永远没有忘记那霉湿满墙，青苔铺阶的北大二院宴会厅，更决不会忘记那光线黑暗的宴会厅里，东边墙上悬挂的一幅蔡孑民先生全身的油画，和他在画中的道貌盎然和蔼可亲的笑容。这幅像，这个古老的厅堂，也许就足以代表北大和北大人而有余。

不是每个人都有机会踏进那青苔铺阶的古老厅堂，更何况那厅堂已经失落在敌人手中，难怪远游的学子频频回首，并将其相思之情诉诸笔墨。

抗战胜利了，北大人终于重返红楼。可几年后，又因院校调整而迁至西郊燕大旧址，从此永远告别了令人神往的沙滩马神庙。对一所大学来说，校址的迁移，并非无关紧要，往往成了撰写校史时划分阶段的依据。抗战南迁，对于北大日后的演变与发展，实在太重要了。因而，将"老北大"封闭在1898—1937的设想，也就显得顺理成章。对于习惯新旧对举、时时准备破旧立新的人来说，只要与"今日北大"不符者，皆可称为"老北大"。这种漫无边际的概念，为本文所不取。为了叙说方便，本文将"老字号"献给南迁前的北京大学包括其前身京师大学堂。

从1918年出版《国立北京大学廿周年纪念册》起，"老北大"的形象逐渐浮现。有趣的是，历年北大出版的纪念册中，多有批评与质疑；而发表在其他报刊的回忆文章，则大都是褒奖与怀念。对于母校之思念，使得无数昔日才情横溢尖酸刻薄的学子，如今也都变得"柔情似水"。曾经沧海的长者，提及充满朝气与幻想的大学生涯，之所以回味无穷，赞不绝口，大半为了青春，小半属于母校。明白这一点，对于老学生怀旧文章之偏于理想化，也就不难理解了。

本文所引述的"老北大的故事",似乎也未能免俗,这是需要事先说明的,尽管我已经剔除了若干过于离奇的传说。至于或记忆失误,或角度偏差,或立意不同,而使得同一事件的叙述出现众多版本,这不但不可惜,反而正是老北大之精魄所在:每个人都用自己的眼睛观察,都用自己的头脑思考,因而也就不会有完全统一的形象。

前面提及"英雄所见略同",这里又说是形象塑造无法统一,二者岂不互相矛盾?不妨套用"求同存异"的治世格言:对"老北大"精神的理解,各家没有根本的区别,差距在于具体事件的叙述与评判。

"北大老"与"老北大"

"北大老,师大穷,唯有清华可通融。"此乃二三十年代流传在北平学界的口头禅。就从这句"读法不一"的口头禅说起吧。

首先是叙事人无法确定,有说是择校的先生,也有说是择婿的小姐。择校与择婿,相差何止千里!与叙事人的不确定相适应,北大之"老"也难以界说。有说是北大人老气横秋,办事慢条斯理的;也有说是校园里多老房子、老工友，连蔡元培校长的汽车也老得走不动的；还有说是历史悠久、胜迹甚多的。第三说最有诗意，容易得到北大人的认可。朱海涛撰写于1940年代的《北大与北大人·"北大老"》，正是在这一点上大做文章：

> 摩挲着刻了"译学馆"三个大字的石碑，我们缅怀当年住在这里面的人，每月领四两学银的日子。在三院大礼堂前散步，我们追念着轰轰烈烈的五四运动时，多少青年人被拘禁在这里面。徘徊于三一八殉难同学纪念碑前，我们想起这国家的大难就有待于青年的献身。这一串古老的历史的累积，处处给后来者以无形的陶冶。

说"陶冶"没错，说"古老"则有点言过其实。比起巴黎、牛津、剑桥等有七八百年历史的名校，北大无论如何是"小弟弟"。在《北京大学卅五周年纪念刊》上，有两则在校生写的短文，也叫《北大老》，极力论证刚过"而立"之年的北大，不该"倚老卖老"，更不该"老气横秋"，因为有牛津大学等在前头。

到了1948年，校长胡适为"纪念特刊"撰写《北京大学五十周年》，仍是强调"在世界的大学之中，这个五十岁的大学只能算一个小孩子"。可笔锋一转，擅长考据的适之先生，谈论起另一种计算年龄的办法：

> 我曾说过，北京大学是历代的"太学"的正式继承者，如北大真想用年岁来压倒人，他可以追溯"太学"起于汉武帝元朔五年（西历纪元前一二四年）公孙弘奏请为博士设弟子员五十人。那是历史上可信的"太学"的起源，到今年是两千零七十二年了。这就比世界上任何大学都年高了！

有趣的是，北大校方向来不希望卖弄高寿，更不自承太学传统，就连有直接渊源的同文馆（创立于1862年，1902年并入京师大学堂），也都无法使其拉长历史。每当重要的周年纪念，校方都要强调，戊戌年"大学堂"的创立，方才是北大历史的开端。胡适称此举证明北大"年纪虽不大，着实有点志气"。

事情恐怕没那么简单。这与当事人对大学体制以及西方文化的体认有关，更牵涉其自我形象塑造与历史地位建构。说白了，北大的"谦虚"，蕴涵着一种相当成熟的"野心"：成为中国现代化进程的原动力。如此说来，比起北大校史若不从汉朝算起，便同文明古国"很不相称"的说法（参见冯友兰《我在北京大学当学生的时候》），历任校长之自我约束，不希望北大往前溯源，其实是大有深意在。从北大的立场考虑，与其成为历代太学的正宗传人，不如扮演引进西学的开路先锋。当然，校史的建构，不取决于一时的政治需求或个人的良好愿望。我想说的是，相对于千方百计拉长大学历史的"常规"，历来激进的北大，之所以"谨守上谕"，不敢越雷池半步，并不完全是因为"学风严谨"。

翻翻光绪二十四年的《总理衙门奏拟京师大学堂章程》和光绪二十八年的《钦定京师大学堂章程》，这两种重要文献所体现出来的教育思想包括办学宗旨、课程设置、教员聘请、学生守则等，都与传统书院大相径庭。至于随处可见的"欧美日本"字样，更是提醒读者，此章程与"白鹿洞书院教条"了无干系。当然，有章可以不依，有规可以不循，制定了新的章程，不等于建立了新的大学。幸亏有了第一届毕业生邹树文、王画初、俞同奎等人的回忆文章，我们才敢断言，京师大学堂确是一所名副其实的"大学"。

自从五四新文化运动的功绩得到普遍承认，蔡元培长校以前的北大历史，便逐渐被世人所遗忘。选择若干关于京师大学堂的回忆，有助于了解大学草创期的艰难与曲折，比如孙家鼐的规划、许景澄的殉难、张百熙的实干、严复的苦撑，等等。至于进入新式学堂后，学生如何习得"文明生活"，也是我所深感兴趣的。光绪二十五年颁布的《京师大学堂禁约》，有些条款现在看来"纯属多余"。比如用相当长的篇幅强调课堂上必须依次问答、不可抢前乱说、声音高下须有节制等。最有趣的，还是以下这条禁令：

> 戒咳唾便溺不择地而施。屋宇地面皆宜洁净，痰唾任意，最足生厌。厅堂斋舍多备痰盂。便溺污秽，尤非所宜。是宜切记，违者记过。

想象当年的大少爷们，如何"忍气吞声"，逐渐改变旧的生活习惯，实在是很好玩的事情。今日中国任何一所大学，都不会将此等琐事写进规章。可在"西学东渐"史上，"不随地吐痰"，也算是颇有光彩的一页。

戊戌年的京师大学堂没有毕业生，学校因战乱停办两年。壬寅（1902）入学的，方是第一批得到"举人学位"的大学生（时在 1907 年）。邹树文《北京大学最早期的回忆》中，述及管学大臣张百熙之礼贤下士，为学校网罗人才，在遭时忌、多掣肘的环境下恢复京师大学堂，功不可没："我们现在人知道蔡孑民先生，而忘记了张冶秋先生任管学大臣时代创办之艰苦,实在比蔡先生的处境难得许多呢!"此说不无道理。1905年,大学堂的管理人由"管学大臣"降为"监督"。出任第一任监督的张亨嘉,以其精彩的就职演说,被学生不断追忆。这里选择邹树文颇为戏剧化的描述:

> 监督与学生均朝衣朝冠,先向至圣先师孔子的神位三跪九叩首礼,然后学生向监督三个大揖,行谒见礼。礼毕,张监督说:"诸生听训:诸生为国求学,努力自爱。"于是乎全部仪式完了。这总共十四个字,可说是一篇最短的演说。读者诸君,还听见过再短于他的校长演说没有?

此种逸闻,很合北大人的口味,因而谁都乐于传诵。至于当初张监督为何如此"言简意赅",是否别有苦衷,也就无暇计较了。

大学初创阶段,弊病甚多,此在意料之中。大部分学生承袭科举陋习,以读书为做官的阶梯,仕学馆录取的又是在京官吏,大学于是乎与官场没有多大差别。学生可能地位显赫,因迎銮接驾而挂牌请假;运动场上教官小心翼翼地喊口令:"大人向左转!""老爷开步走!"这些逸闻,全都查有实据。可笑谈终归是笑谈，实际上，大部分毕业生并没得到朝廷的恩惠，所谓"奖励举人"，与"升官发财"根本不是一回事（参见王道元《京师大学堂师范馆》）。

另一个更加严重的指责，便是学生无心向学，沉缅于花街柳巷。陶希圣撰《蔡先生任北大校长对近代中国发生的巨大影响》，其中有一节题为"二院一堂是八大胡同重要的顾客"，写尽民初国会参众两院及京师大学堂的丑态。可据千家驹回忆，1930年代的北大学生，也颇有经常逛窑子的（《我在北大》）。学风之好坏，只能相对而言。想象蔡元培长校以前的北大师生，都是"官迷心窍"，或者整天在八大胡同冶游，起码不太符合实际。

不说京师大学堂的教员，以及培养出来的学生，颇多正人君子；就说新文化的输入与大学的改革，也并非始于1917年蔡氏之莅校。不妨先读读蔡元培《我在教育界的经验》，其中述及北大的整顿与革新：

> 旧教员中如沈尹默、沈兼士、钱玄同诸君，本已启革新的端绪；自陈独秀君来任学长，胡适之、刘半农、周豫才、周启明诸君来任教员，而文学革命、思想自由的风气，遂大流行。

民初北大"启革新的端绪"者,多为章门弟子。从学术思想到具体人事,太炎先生都与五四新文化运动有密切的关系。除上述沈兼士、钱玄同、周氏兄弟外,进入北大的章门弟子还有朱希祖、马裕藻、黄侃等。据误被作为太炎门徒引进的沈尹默称,章门弟子虽分三派,"大批涌进北大以后,对严复手下的旧人则采取一致立场,认为那些老朽应当让位,大学堂的阵地应当由我们来占领"(《我和北大》)。这种纠合着人事与思想的新旧之争,在蔡氏长校以前便已展开,只不过不像以后那样旗帜鲜明目标明确而已。读读林纾、陈衍、马其昶、姚永朴等人有关文章,可以明白北大校园里的改朝换代,如何牵涉政治潮流、学术思想、教育体制,以及同门同乡等具体的人事关系,远非"新旧"二字所能涵盖。

京师大学堂尚有独立的面貌,蔡元培长校以前的北大(1912—1916),则基本上隐入历史深处。除了以上所说的"革新的端绪"外,还有几件小事不能不提。一是民国初建,教育部以经费短缺管理不善为由,准备停办北大,校长严复上《论北京大学不可停办说帖》;一是袁世凯称帝,北大教授马叙伦挂冠而去,学界传为美谈;再就是1916年9月,校方向比利时仪品公司贷款20万,筹建后来成为北大象征的"红楼"。

紧挨着皇宫的大学

北大之所以名扬四海，很大程度得益于1919年的五四运动。西学的引进与新文化的产生，既有密切的联系，也有不小的区别。谈"西学东渐"，上海更适合于作为题目；至于"新文化运动"，则是发生在古都北京，而且由当年的最高学府北京大学挑头。就因为，后者包含着关于民族国家的想象，涉及士大夫政治的转型，以及知识分子的独立与自尊。不满足于寻求新知，更愿意关心天下兴亡，这一自我定位，使得"闹学潮"成为北大的一大景观。很难想象，没有学潮的北大，能否在中国现代史上占据如此重要的位置。作为一所大学，北大固然以培养了大批成就卓著的专家学者而骄傲；可北大影响之所以超越教育界，则在于其高举"民主"与"科学"的大旗。而在某个特定时期，"闹学潮"几乎成为"争民主"的同义词。

北大之闹学潮，可谓渊源有自。1935年12月30日，刚刚结束一二·九运动的北大学生，出版了《北大周刊》第一期（一二·一六示威特刊）。其中有赵九成所撰题为《我国历史上的学生运动》的文章，意在正本清源：

> 我们的学生运动，不是从现在起的，也不是从

五四时代起的，推溯其源，当导源于东汉。……在中国，最先发生的便是东汉末年的党锢之祸。

三万太学生讥议时政，裁量公卿，成为强大的舆论力量，制约着朝廷的决策。于是，天子震怒，大捕党人，死徙废禁者六七百人。对于"党锢之祸"，史家评价不一，但将其作为统治者镇压学生运动的开端，则不会有异议。此等"清议"之风，为自视甚高的太学、国子学、国子监生徒所继承，因而成为皇上的心腹之患。不过，历代虽有严禁学生干政的禁令，太学生的政治激情却从来没有熄灭，这与其一身系天下兴亡的自我定位有关。京师大学堂创建之初，取代国子监而成为全国最高学府和教育行政机关；即便改为"国立大学"，学生们仍自认作历代太学的正宗传人。这就出现了一个有趣的反差：校方溯源时，不愿从东汉太学讲起；学生闹学潮，反而攀上了"党锢之祸"。

北大学生强烈的社会责任感和政治参与意识，与古老的"太学"传统，确实不无联系。所谓"京师大学堂"，在晚清，往往省略"京师"二字，径呼"大学堂"（有"大学堂"牌匾为证）。近年出版的《北京大学史料》，将京师大学堂直译为 Capital College，远不及以前的 Peking Imperial University 准确传神。"皇家大学"，这才是当年创办者的真正意图。将一所大学建在皇宫旁边，不会是偶然的巧合。《国立北京大学廿周年纪念册》上有一张北大全景照片，显然是在景山上俯拍的。当年的摄影师，只要稍微调整一下镜头，紫禁城便进入视野。只不过大学堂开办不久，帝制便已覆灭，民国子民不再仰慕皇宫。

与近年各种真真假假的皇家服饰、皇家菜系、皇家建筑大行其时截然相反，二三十年代的读书人，更愿意强调其平民意识。诸多关于北大周围环境的描述，偏偏不提近在咫尺的皇宫。张孟休的《北京大学素描》，已经讲到了景山公园的"高岗眺望"，皇宫依然不入高人眼。刘半农欣赏三院前面的无名小河，理由是"带有民间色彩"和"江南风趣"，远非"围绕皇城的那条河"可比（《北大河》）。1940年代中期，朱海涛撰写《北大与北大人》系列文章，其中《沙滩》一则，终于从汉花园、大红楼、松公府、四公主府转到了远眺"玲珑剔透的紫禁城角楼"：

> 向西望去，护城河的荷花顺着紫禁城根直开入望不清的金黄红碧丛中，那是神武门的石桥，牌坊，那是景山前的朝房，宫殿。我尤爱在烟雨迷蒙中在这里徘徊，我亲眼看到了古人所描写的"云里帝城双凤阙，雨中烟树万人家"。

文章对日本侵略军将北大人引以为荣的红楼作为兵营大发感慨，可想而知，谈论紫禁城，也是个相当沉重的话题。不管是故国相思，还是观光游览，紫禁城的帝王之气，并不为浮尘所完全掩盖。因而，朱文的最后一句，"北大人是在这种环境中陶冶出来的"，值得仔细琢磨。

在望得见皇城的地方念书，形成何种心理期待，似乎不言而喻。即便帝制已经取消，高高耸立的皇宫，依然是某种文化符号。每天阅读此符号，不可能完全熟视无睹。或者欣赏，或者厌恶，但有一点，皇宫所包含的"政治""权力""中心"等意味，很容易感染阅读者。北大师生之故意不提紫禁城，不等于毫无这种心理积淀。每回学生示威游行，都要在天安门前演讲，当然不只是因那里地方宽敞。进入民国以后，"天安门"作为政治符号，取代了"紫禁城"的地位；更因其具有某种开放性，兼有"公共空间"与"权力象征"的双重意义，成为政府与民间共同注目的焦点。从北大民主广场到天安门城楼，这距离未免太近了。当初清政府筹建京师大学堂时，若把校址设在山清水秀、远离权力中心的郊区，学生们的政治意识是否会有所减弱，这是个很有趣的话题。

北大学生自认继承太学传统，以天下兴亡为己任，这种信念之确立，早在五四运动以前。1903年的拒俄运动中，北大学生集会抗议，慷慨激昂，表示"要学古代太学生一样，'伏阙上书'"。在这"北大学生争取自由的第一幕"中（俞同奎《四十六年前我考进母校的经验》），虽有"伏阙上书"的动议，但其读禁书，喜演讲，发通电，以及事后有人走向社会，组织武装等，均非汉宋太学生所能想象。而五四以后的学生运动，往往有政党的直接领导，成为改朝换代的重要工具。也就是说，所谓太学传统，主要取其政治意识；至于实际运作，早已斗换星移。

将学校作为党争的基地，其间利弊得失，黄宗羲、章太炎的意见截然相反，值得三思。这里不想详细讨论学潮的功过，而是借政府对待学潮的态度，窥探现代中国政治的演进。借用谢兴尧的话来说，便是"红楼一角，实有关中国之政治与文化"（《红楼一角》）。

在"第一幕"中，京师大学堂的学生争到了马上选派出国留学的权利。此后，读书人地位急剧下降，政府态度也日益强硬。1919年的五四运动，只是以火烧赵家楼的罪名，把若干学生抓起来，可见政府对舆论尚有忌讳。到了1926年的三一八惨案，那可就是公开的屠杀了。周作人将后两个事件，作为现代中国政治的象征：五四代表知识阶级的崛起，三一八象征政府的反攻。"在三一八那年之前，学生与教授在社会上似乎保有一种权威和地位，虽然政府讨厌他们,但不敢轻易动手";此后可就大不一样了,以北大教授李守常、高仁山惨遭杀害为标志,政府决定采取强硬立场,以极端手段解决学潮(《红楼内外》)。

  对于20世纪上半叶由北大及其他高校发起的学潮,我赞同目前大陆学界的主流意见,即大多数参与者是出于追求自由与民主的崇高目标。唯一需要补充的是,学校当局的苦衷,同样值得理解与同情。除了校园内部的风波,校长必须承当主要责任,绝大部分针对政府的示威游行,学校当局是无能为力的。学潮一旦发生,教授可以参与,也可以不参与;校长则夹在政府与学生中间,处境相当尴尬。历任北大校长,从张百熙到胡适之,大都采取保护学生、化解矛盾的策略。可几十年间,党派在学潮中所起作用越来越大,政府态度也日益强硬,北大校长实在不好当。办教育者的心情不难理解:在"理"与"势"间保持某种平衡,以求得大学的生存与发展。蔡元培以其地位与个人魅力,可以用不断地辞职作为武器,这一点,并非每个校长都能够并愿意做到的。

  在每所大学中,作为主体的校长、教授、学生,三者各有其位置及利益,奋斗的目标自然不会一致。而在北大这样极为敏感的地方,如何处理源源不断的学潮,对校长来说,无疑是个非常棘手的难题。众多回忆录中,蔡元培成了唯一支持学潮的大学校长。这种描述，与蔡氏本人的《我在北京大学的经历》有较大的出入。作为北大校长，蔡元培支持新文化运动，但反对学生示威游行。可以将蔡氏自述，与蒋梦麟的回忆相参照。《西潮》第十五章述及五四后蔡元培的辞职南下：

> 他说，他从来无意鼓励学生闹学潮，但是学生们示威游行，反对接受凡尔赛和约有关山东问题的条款，那是出乎爱国热情，实在无可厚非。至于北京大学，他认为今后将不易维持纪律，因为学生们很可能为胜利而陶醉。他们既然尝到权力的滋味，以后他们的欲望恐怕难以满足了。这就是他对学生运动的态度。有人说他随时准备鼓励学生闹风潮，那是太歪曲事实了。

指责北大学生沉醉于权力、不断的学潮扰乱了正常教学秩序，此乃校长的立场。至于大学生眼中的校长，则成了镇压学生运动的"罪魁祸首"。读读当年学潮积极分子的回忆文章，其中多有校长、院长的"漫画像"。

蔡元培长校十年，一半时间在外，与学生直接冲突较少，可也仍有金刚怒目的时候。据说，曾有学生几百人集合示威,拒交讲义费,请看蔡校长如何处理:"先生在红楼门口挥拳作势,怒目大声道:'我给你们决斗!'包围先生的学生们纷纷后退。"(蒋梦麟《试为蔡先生写一笔简照》)为国家大事而抗议,与争取个人福利,二者不好相提并论。可是,"校园政治"的微妙之处正在这里:你很难分辨主事及参与者到底是出于公心,还是谋求私利。学潮一旦爆发,必然鱼龙混杂,而且很容易"转化"。有感于此前之谈论学潮,多从学生角度立论,方才强调引进校长的视角,以供参照阅读。

不可救药的"自由散漫"

开口闭口"我们北大",而且擅长"闹学潮",人们往往因此而推断,北大人有很强烈的"集体意识"。此说大谬不然。除了重大历史关头,可能有过"万众一心"的绝佳表现,平日里,北大人恰好以"不合群"为主要特征。

1925年,鲁迅应北大学生会的紧急征召,撰《我观北大》,对于被指认为"北大派"不以为然,可也不以为忤:"北大派么?就是北大派!怎么样呢?"可惜北大本无派,有的只是"常与黑暗势力抗争"的"校格"与"精神"。

自从新文化运动名扬四海,世人多以"民主"与"科学"

嘉许北大。可在我看来，在日常生活中，绝大部分的北大人，更看重的是"独立"与"自由"。因此，可以这么说，这个世界上，只有"北大精神"，没有"北大派"。前者作为公共的思想资源，为每一个北大人所选择或拥有；后者的排斥异己、拉帮结派，与老校长蔡元培所标榜的"兼容并包"原则相违背，故"不得人心"。

北大虽无派，却并非一盘散沙，要不怎么闹得起学潮；不强调"集体"与"统一"，只是为了突出自我思考与选择的权利。这么一种"校格"，并非有人提倡，而是自然而然地形成，而且代代相传，几乎牢不可破。在许多人眼中，校方管理混乱，教授我行我素，学生自由散漫，作为一所现代大学，北大实在缺乏必要的规章与纪律。时人多以北大与清华作比较，后者的整齐划一、井井有条，恰好与前者的长短随意、不衫不履，形成了鲜明的对照。

有趣的是，每到这个时候，北大人总要竭力为其不可救药的自由散漫辩护。从 1940 年代谢兴尧攻击蒋梦麟校长之以"整齐划一"的清华精神改造北大（《红楼一角之二》），到 1980 年代张中行盛赞北大"来者不拒、去者不追"的课堂教学惯例（《红楼点滴》），都是强调学生有独立判断及自我设计的能力。用张氏的话来说，别看北大人表面上吊儿郎当，"并没有很多混混过去的自由，因为有无形又不成文的大法管辖着,这就是学术空气"。"空气"的感染,是否真的比"制度"的约束更有效,实在不好说,关键在于你想培养什么样的人才。

1944年,朱海涛在《东方杂志》上发表了一则谈论北大人的妙文,题为《"凶""松""空"三部曲》。单看题目,你就能大概猜到其立意。考进北大很难,在北大混文凭则很容易。这似乎是相当严厉的批评,没想到作者笔锋一转,大谈"北大之'松'却成为了一种预防疾病的抗毒素,甚至对于许多人更是一种发挥天才的好机会"。"抗毒素"云云,实在有点勉强;至于"发挥天才",则不无道理,尤其是当世人习惯于把清华与北大作为两种教育思想的代表时,更是如此:

> 北大和清华是正相反的。清华门门功课都要不错,个个学生都在水平线上,你不行的非拉上来不可,你太好的也得扯你下来。北大则山高水低,听凭发展。每年的留学生考试,五花八门的十来样科目,北大向例考不过清华。但北大出的特殊人物,其多而且怪,也常是任何其他学校所赶不上的。

朱文此说大致公允。北大提倡自主、自立,故能出特殊人才。清华着眼于教学的标准化,平均水准自然较高。这两种教育风格的区别,早在1930年代便多有评说,可见并非1950年代院校调整的结果。

清华原先是作为留美预备学校而设立的,其教育思想明显打上美国的烙印。京师大学堂创办之初,模仿的是日本学制;蔡元培长校,带进来了德国的大学理念。可我依稀感觉到,更适合于作为比较的,是英国的牛津大学。北大人喜欢谈牛津,不见得真的对英国大学制度有多少了解,而是不喜欢正行时的美国式标准化教学。有两位曾在北大任教的作家徐志摩和林语堂,对宣传牛津精神起了很大作用。前者译出了幽默大家李格(Stephen Leacock)的《我所见的牛津》,后者则撰有《谈牛津》一文,进一步发挥其注重"熏陶"的教育思想:

> 学生们愿意躲懒的,尽管躲懒,也可毕业;愿意用功的人,也可以用功,有书可看,有学者可与朝夕磋磨,有他们所私淑的导师每星期一次向他吸烟谈学这便是牛津的大学教育。

除了点起烟斗熏陶天才一说,有些故作幽默外,林氏笔下的牛津,活脱脱一个"老北大"。北大人何以对这种自由闲散的大学教育情有独钟,林语堂的解释颇为在理:除了不满"水木清华"为代表的美式教育,更因其很容易令人联想到古代中国"书院中师生态度之闲雅,看书之自由"。清末民初,不少有识之士(如章太炎、蔡元培、梁启超、胡适之等)在积极引进西学的同时,希望借传统书院精神来补救新式教育的某些弊病。无论从历史渊源、办学方向,还是教授的知识背景、学生的来源出路,老北大都最有资格谈论此话题。

强调自学,注重独立思考,以培养谈吐风雅德学兼优的读书人为主要目标,此种教育观念,必然与统一教学、统一考试的管理模式格格不入。倘若真的追求"不拘一格降人才",那么老北大的"管理不严"与学生的"各行其是",自有其合理性。这一点,不妨以偷听生的理直气壮和宿舍里的纵横分割为例。

1921年出版的《北大生活》,录有校方关于学籍的规定:旁听生必须交费,不得改为正科生,对内对外均应称"北京大学旁听生"。此规定几乎不起任何作用,因北大教授普遍不愿意、也不屑于在课堂上点名。对于有心人来说,与其"旁听",不如"偷听"。偷听生的大量存在,而且昂首阔步,乃北大校园一大奇观。校方睁一只眼闭一只眼,教授则希望多得人才。教室里,因正科生偷懒或自学空出来的位子,恰好由求知欲极强的偷听生来填补,岂不皆大欢喜?几乎所有回忆老北大教学特征的文章,都会提及声名显赫的"偷听生",而且都取正面肯定的态度。

偷听生的不可轻视,或者说,默许偷听这一决策之英明,可举以下二例作证。金克木 1933 年到沙滩北大法文组"无票乘车",那时班上只有一个学生,"教课的很欢迎外来'加塞儿'的"。金氏从此和外国文打交道,"可说是一辈子吃洋文饭"(《末班车》)。小说家许钦文资格更老,1920 年代初就在北大偷听。几十年后,许氏写下这么一段饱含深情的回忆:

> 我在困惫中颠颠倒倒地离开家乡,东漂西泊地到了北京,在沙滩,可受到了无限的温暖。北京冬季,吹来的风是寒冷的,衣服不够的我在沙滩大楼,却只觉得是暖烘烘的。(《忆沙滩》)

偷听生对于老北大的感激之情,很可能远在正科生之上。尽管历年北大纪念册上,没有他们的名字,但他们在传播北大精神、扩展红楼声誉方面,起了很大作用。

提及北大人的独立性,最为形象的说明,莫过于学生宿舍的布置。田炯锦称北大"同一宿舍同一排房间住的人,终年少有往来,且相遇时亦少彼此招呼"(《北大六年琐忆》)。如此叙述,还不够生动。千家驹的描写稍为详细些:"西斋有些房间,开前后门,用书架和帐子把一间房隔而为二,各人走各人的门。同房之间,说话之声相闻,老死不相往来者有之。"(《我在北大》)但最具戏剧性的,还属朱海涛的《北大与北大人·住》。小房间里,"白被单中悬,隔成两个转不过身来的狭窄长间";大屋子呢,"常常纵横交错像演话剧似的挂了许多长长短短高高低低的白布幔,将屋子隔成一小块一小块的单位"。作者于是下了个大胆判断:"这表示北大人一入校就染上了个别发展的气味了。"确实,从日常起居到课堂教学,北大人的"散漫",与其说是出于对规章制度的蔑视,不如说是出于追求"自由"与"独立"的天性。

正因为尊重个性,强调独立,沙滩或者马神庙,多得是怪人与逸事。"狂妄""怪诞"与"不羁",在其他大学或许会受到制裁,而在北大,则很可能得到无声的鼓励。在北大人眼中,有个性、有趣味、有教养,似乎远比有成就更值得羡慕。这种价值取向,使得校园里代代相传的"老北大的故事",与校方所修"正史"拉开了距离。比如,写校史不会给辜鸿铭多大篇幅,可要说北大人物,辜氏绝对不可缺少;钱玄同当然是大名鼎鼎,可校史上不会提及其只管传道授业解惑,而拒绝为学生阅卷。至于陈汉章不当教授当学生、朱谦之不要文凭要学问,诸如此类的奇人逸事,几乎每个北大人脱口都能说出一大串。

"逸事"之不同于"正史"

作为一所著名的综合大学,北大文、理、法三院各具特色,也各有千秋。如果撰写中国教育史,谈论北大对于传统学术及书院教学的突破,后两者或许更有代表性。可要说"老北大的故事",则基本上属于前者。

就学校总体实力而言,理工医农的发展极为重要,故每回校方组织的纪念册上,都会强调实验室的建设,以及教学质量、科研成果等。比如,1948年出版的《北京大学五十周年纪念特刊》,在"学术讲演概要"及"论文集目录"部分,排列顺序都是理、文、法、医、农、工。可到了校史陈列及名教授遗著展览,理科教授榜上有名的唯有兼及政治文化的丁文江,余者全是人文学者:蔡元培、陈独秀、王国维、鲁迅、黄侃、吴梅、钱玄同、刘半农、沈兼士、孟森、马廉、徐志摩。至于学生会主持的纪念册,更几乎是文学院的一统天下。

据曾任教物理系的李书华回忆,由于一批学成归来的教授们殚精竭虑，1920年代"北大本科物理系毕业水准，比美国大学本科毕业（得 B.Sc. 学位，以物理为主科）水准为高，比美国得硕士（M. Sc.）学位的水准为低"。这对于创办不到30年的北大来说，无疑是值得骄傲的。北大理科、法科的教授对中国现代化进程的贡献，完全值得文化史家大笔书写。可即便如此，李书华依然称："北大的人才，以文科方面为最多。"（《北大七年》）这只能说是一种误会：科学家与文学家的贡献，其实无法比较；所谓人才云云，也就很难说文科为多。

有好几个因素，使得北大文学院的教授们尽领风骚。首先，北大之影响中国现代化进程，主要在思想文化，而不是具体的科学成就；其次，人文学者的成果容易为大众所了解，即便在科学技术如日中天的当下，要讲知名度，依然文胜于理；再次，文学院学生擅长舞文弄墨，文章中多有关于任课教授的描述，使得其更加声名远扬。最后一点并非无关紧要：能够得到公众关注并且广泛传播的，不可能是学术史，而只能是"老北大的故事"。

讲"故事"，注重的不是权势，也不是成就，而是北大人独特的精神气质。陈诒先追忆后来归并入北大的译学馆同学时，有句妙语："无一伟人"，但"皆能以气节自励"。这可不是故作谦虚，而是别有怀抱：与功业相比，人格更值得夸耀。以鉴赏的眼光，而不是史家的尺度，来品鉴人物，人文学者因其性格鲜明、才情外显，比较容易获得好评。柳存仁述及校园中常见的"话题"，多选择文科教授，除了北大人特有的傲气，更包含某种价值判断：

> 在这个俯拾即是"要人"，同学多半不"贱"的古城老学府里面，很少——我甚至于想说没有——人会引以为荣的提起上述的任何一班人的"光荣"的或"伟人"的史迹。……也许偶然会有人谈到黄季刚，刘师培，辜鸿铭，林损，陈独秀，林琴南，蔡元培，然而，通常喜欢讲他们的逸闻逸事的，似乎总是出之于白头宫女话天宝沧桑似的老校工友之口的时候为多。（《记北京大学的教授》）

不向当红的胡适之、顾颉刚点头鞠躬，只谈论已经病逝或退出学界者，这种不成文的规矩，目的是维护校园里的平等与自尊。拒绝当面捧场，而将过去时代的教授，作为传说人物，在不断的"再创作"中，寄予自家的趣味与理想。至于校友的追忆文章，则又另当别论，因其不在现场，没有献媚之嫌。

当北大作为一个整体被追忆时，不可能局限在某个专业领域。因而，跨科系的课余活动，反而成了回忆文章的重要主题。比如，少年中国学会在来今雨轩的聚会（张申府《回想北大当年》），世界语宣传运动在北大的展开（傅振伦《五四以后之北大世界语宣传运动》），还有学生军之组织及作用（程厚之《回忆我在北大的一段学生生活》）等。常被北大人挂在嘴边的"我们北大"，所认同的，更只能是一种精神气质，而非具体的专业知识。作为象征，则是各种各样略带夸张变形的奇人与逸事。

"逸事"不同于"正史"，除了叙述不一定真确外，更因其选材有严格的限制。不管是宫女话天宝，还是名士说风流，都不可能毫无选择地复制"过去的好时光"。并非所有的事件都能成为追忆的目标，没被追忆，不等于不重要，更不等于不曾存在过。比如，紧张的读书生活，严格的科学实验，还有令人胆战心惊的期末考试，都很难成为"老北大的故事"。就连众多谈及图书馆的，也都避开必须正襟危坐的经史，而选择"雅俗共赏"的《金瓶梅》（参见张孟休《北京大学素描》、柳存仁《记北京大学的图书馆》、朱海涛《北大与北大人·课程与图书》）。可你要是想象北大人整天泡茶馆、捧戏子、读禁书、传逸事，或者北大人都是独立不羁，率性而行，那可就大错特错了，这只是北大生活中"有趣"的一面。就像晋人未必都如《世说新语》所呈现的,那样永远地"风神潇洒"。

　　说的是逸事,又是几十年后的追忆,自说自话,心态闲适,笔调从容,还有点倚老卖老,意思是信不信由你。此类文章,在美化母校的同时,往往转而追求笔墨情趣:将"神情"与"韵味"置于"事实"之上。这种倾向,与1930年代周作人、林语堂等人结合明清小品与西洋随笔(essay)的努力,不无联系。实际上,从三四十年代的徐訏、柳存仁、朱海涛、谢兴尧,到80年代的张中行、邓云乡,周作人的影响依稀可辨;尽管在"漫说红楼"方面,周氏并非始作俑者。

"回到现场"之艰难

　　与史家之注重"关键时刻"不同,随笔作家更喜欢"日常生活"。在我看来,不曾进入历史叙述的"红楼",同样值得后人追怀。当年教授的薪水、寄宿舍的伙食费、讲义如何分发、试卷怎样评阅、课余活动及自我娱乐、教授眼中的学生与学生眼中的教授、红楼的晨光、汉花园的月色、沙滩周围的小饭铺、众名流的电话及住址,诸如此类琐碎的生活场景,不为史家所重视,却是进入"老北大"的必要门径。将众多素描、随笔、回忆录,与当年北大刊行的各种指南、影集、纪念册参照阅读,方才可能"回到现场"。

借助于各种历史资料,我似乎逐渐回到了那个已经变得相当遥远的年代,亲眼目睹了众多日后传说纷纭的人物与事件。正当我得意扬扬的时候,两三件小事的考订,使得"幻梦"永远无法成真。

对北大历史有兴趣的人,大概都会欣赏连梦青《邻女语》中的"许景澄之死"。许氏多次充任出使大臣,主持外交谈判,后在总理各国事务衙门行走,庚子事变时,正以吏部右侍郎暂管京师大学堂事务。因六月二十七日上奏吁请保护使馆并严惩祸首毓贤等,许与袁昶同时被西太后处死。此事史书多有记载。《邻女语》之特异处,在临刑前许氏拿出大学堂四十万银子存折,吩咐不可便宜了外人。因银子存在华俄道胜银行,一旦存折去向不明,洋人很可能翻脸不认账。其时大学堂刚刚创办,每年经费才二十万,不难想象这张存折的分量。要不是许大臣高瞻远瞩,日后京师大学堂能否顺利恢复,将是个大问题。每念及此,我辈焉能无动于衷?

作为京师大学堂的教员,林纾也曾用小说形式描写管学大臣之慷慨就义。可惜对这张关系大学堂生死存亡的存折,《剑腥录》中只字未提。照林纾的说法,许公临刑前有所交代的,不是大学堂存折,而是外交文书。小说如此摹拟许公声口：

> 伏法诚甘，唯吾在外部中尚有交涉未了之案，一旦身首异处，恐后此洋人不承前诺。今请笔墨书某某藏案，及外人文件，可备后人检核者，然后就刑，亦罪臣所以报国也。

于国家危急之际，置个人生死于度外，管学大臣之伏阙上书，殉了千百年来士大夫拯世济难的理想，博得广泛的同情与敬意。借助其时众多附会与传说，小说家得以驰骋想象。

　　大学堂确有道胜银行的存折，并在庚子事变中失落。日后之所以没被洋人占了便宜，不是因了许公的交代，而是由朝廷出面要求发还。《清代档案史料丛编》所录光绪二十八年正月三十日管学大臣张百熙为华俄银行存款结算事致外务部咨呈，述及存折如何失而复得，并无任何传奇色彩。许景澄临刑前对大学堂事务有所交代，此说查无实据，却事出有因。北大综合档案里保存有许氏光绪二十六年六月二十九日为移交大学堂房屋等上内务府文二种，此前两天许公上奏，此后三天许公就刑。可见，连、林二君之叙述，并非空穴来风。

比起"小说家言"来,回忆录该可靠些吧?可照样会有令人尴尬的局面出现。谈论蔡元培主持北大校务时之宽容大度,常有以礼聘梁漱溟为例者。最有趣的说法是,梁氏投考北大未见录取,转而被聘为教授。蔡元培"慧眼识英雄"是实,至于"考生变教授"的戏剧化场面,却纯属虚构。此逸事流传甚广,且被引入专业著述,虽经梁氏一再辩解,仍无法"以正视听"。在为纪念北大诞辰九十周年而写的《值得感念的岁月》中,梁氏再次提及此"失实的传闻":

> 事实是我因中学毕业后投身同盟会活动,无法顾及升学事,及至在北大任教,昔日中学同窗汤用彤(在文科)、张申府(在理科)、雷国能(在法科)诸兄尚求学于北大,况且蔡先生以讲师聘我,又何曾有投考不被录取,反被聘为教授之事。

仔细分析,"传闻"虽则"失实",却也颇有几分"神似"。没念过大学的梁漱溟,因蔡元培不拘一格选拔人才,而得以在北大讲课,这点并非误传。可就是这篇纠谬之作,同样必须正误。梁漱溟1917年始到北大任教,同年汤用彤毕业于清华学堂并考取官费留学(因眼疾推迟一年赴美),

所谓二人同在北大分任师生的故事,当系误记。

与此相类似的,还有辜鸿铭任教北大的故事。几乎所有追忆老校长蔡元培的文章,都会提及其"循'思想自由'原则,取兼容并包主义"。而最合适的例子,莫过于接纳辜鸿铭。此"最佳例证",其实是蔡氏本人提供的。1919年3月18日,蔡元培撰《致〈公言报〉函并答林琴南函》,逐条批驳林氏对北大提倡新思潮的攻击,最后方才亮出其兼容并包的办学主张,并举例加以说明:

> 例如复辟主义,民国所排斥也,本校教员中,有拖长辫而持复辟论者,以其所授为英国文学,与政治无涉,则听之。

毫无疑问,这里说的是辜鸿铭。这例子实在太精彩了,可转相传诵的结果,却产生了一种相当普遍的错觉:辜氏任教北大,乃直接得益于蔡氏之"兼容并包"。其实,辜氏进入北大,在蔡氏长校之前。冯友兰《我在北京大学当学生的时候》一文,述及1915年9月的开学典礼上,辜鸿铭坐在主席台上,并即席发言。而蔡元培被正式任命为北大校长,是在1916年12月26日。也就是说,蔡元培改造北大的策略,是稳住阵脚,同时加聘新派人物(如陈独秀等）。蔡氏作为战略家的眼光，就体现在这不大起眼的"加聘"上。

作为大学校长，主张"兼容并包"，并非放弃选择的权利，也不等于没有倾向性。学界普遍认定，正是蔡氏主校后的所作所为，直接促成了新文化运动的诞生。乐于传诵蔡氏容纳异己之雅量者，必须同时考虑其坚持原则时的倔强与不肯通融。一个极少被史家提及的"细节"，引起我的兴趣：就在蔡氏致林纾信发表的第二年，辜鸿铭终于还是被解聘，理由是教学极不认真。蔡氏不曾因政见相左而排斥异己，这点没有说错；至于作为蔡氏"大家风范"注脚的"辜鸿铭的故事"，却不该如此除头去尾。

或许，这正是"逸事"的魅力所在：既不是凭空杜撰，也并非确凿无疑。对于史家来说，此类逸事，不能过分依赖，可也不该完全撇开。夸张一点说，正是在这些广泛流传而又无法实证的逸事中，蕴涵着老北大的"真精神"。很可能经不起考据学家的再三推敲，但既然活在一代代北大人口中，又何必追求进入"正史"？即便说者无心，传者也会有意——能在校园里扎根并生长的逸事，必定体现了北大人的价值倾向与精神追求。正是基于此立场，不想强分"真伪"与"虚实"，更不敢蔑视那些半真半假的传说。在找到更合适的解读方式之前，我宁肯"多闻阙疑"，用理解与同情的眼光，面对五彩纷纭的"老北大的故事"。

1996年10月8日于京西蔚秀园

附记

此文原为《北大旧事》的代序，题为《老北大的故事》；所引文章，均收入《北大旧事》（陈平原、夏晓虹编，北京：三联书店，1998），故不另注出处。初刊《读书》1997年4期、5期时，分别题为《"大学"传统——老北大的故事之一》《校园里的"真精神"——老北大的故事之二》；收入《老北大的故事》（江苏文艺出版社，1998）一书时，改题《校园里的真精神》，并删去说明编辑策略的第七节"余音"。现据修改本收录。

哥大与北大

教育家的摇篮

那天在哥伦比亚大学演讲,顺口说了一句:真希望有人利用这里的档案资料,研究哥大与中国现代化进程的关系。事后想想,如此空口说大话,旁人准以为是客套,弄不好还有"拍马溜须"之嫌。

"留学生与近代中国",这样的题目,其重要性不言而喻。不同时期、不同国家的留学生,在现代中国舞台上,扮演了不同的角色,这比较好理解。至于同一时期同一国家的留学生,因所在大学学术风气的差异,回国后表现有所不同,这一点可就常被忽略了。论者往往以为,只要留过洋,知识背景就大致相同,就能"一言以蔽之曰"。讨论明清的文人学者，我们一般会注重其"师承"。对于"转益多师"的留学生，学术渊源难道就没有意义？

近年学界颇为关注教会大学在中西文化交流以及中国教育转型中的作用，出版了不少论文集，如《中西文化与教会大学》（武汉，1991）、《中国基督教大学论文集》（台北，1992）、《中国教会大学历史文献研讨会论文集》（香港，1995）等。这当然很有意义。像"耶鲁在中国""哈佛与燕京"这样的题目，我相信关心中国教育史、思想史的朋友都会感兴趣。

相对于此类言之凿凿的研究，谈论"哥大与北大"，可就有点玄虚了。两所没有直接渊源的大学，单靠师生穿梭，能否支撑起值得信赖的"学术命题"？

胡适在追忆早年留学哥大的生活时，得意地称："许多当年的学生后来在中国政界和文教界都是知名的人物。"编译《胡适口述自传》的唐德刚，为这段话加了个相当有趣的注：

> 美国的哥伦比亚大学是专门替落后地区制造官僚学阀的大学。五十年代末期哥大校长寇克（Granson Kirk）访问中东，所过之处，哥大校友设宴欢迎，筵席上座，在不知者看来，往往以为是各该国内阁官员

商讨国事的聚餐会。所以胡适的学生时代住在哥大三大宿舍的外国留学生，回国后"抖"了起来的，不独以华人为然也。

在现代中国，哥大学生"'抖'了起来的"不少，可真正有建树的政治家却不多。国民党政府中，虽有顾维钧、孙科、宋子文等撑门面，但说不上唱主角。至于共产党阵营，基本上没有哥大学生表演的场地。在我看来，留美学生真正发挥不可替代的巨大作用的，是在文教科技领域。以哥大而言，1920年代初毕业归国的金岳霖、蒋廷黻、冯友兰、罗隆基等，都是现代中国学术史上的重要人物。至于此前的马寅初、蒋梦麟、胡适，除学术贡献外，更是不可多得的教育家。

其实，谈论哥大与现代中国，"教育"是一个很好的切入口。以从事乡村教育著名的陶行知，在哥大念书时曾师从杜威（John Dewey）和孟禄（Paul Monroe）。至于与陶君共创大名鼎鼎的晓庄学院的陈鹤琴、赵叔愚，也都是哥大师范学院的毕业生。

在我看来，更值得关注的，是哥大与中国高等教育的关系。不妨举几个例子。东南大学首任校长郭秉文，1914年毕业于哥大的师范学院，其博士论文《中国公共教育制度》(The Chinese System of Public Education) 1915 年出版于纽约,哥大的东亚图书馆有收藏。1917 年进入哥大师范学院的邓萃英,1920 年 12 月即出长北京高师,大概没有念完博士课程。20 年代末 30 年代初,教会大学纷纷向中国政府注册立案,改由中国人出任校长,岭南大学的钟荣光(1927)、沪江大学的刘湛恩(1928)、齐鲁大学的朱经农(1931),都是哥大的毕业生。这些随手拈来的材料,对于像我这样并非专治教育史的人来说,已经颇有震撼力。

最具象征意味的,莫过于张伯苓的求学。1917 年,张氏筹办高等教育失败,随即赴美,入哥大师范学院研究。一年后归国,又经一番努力,终于开办了日后名扬四海的南开大学。留学一年,或许对筹办南开没有多少直接的帮助;但立志兴办高等教育的专家的选择,毕竟凸显了当年哥大在中国人心目中的地位。

另一位哥大学生杨亮功,在其《早期三十年的教学生活》中,提及哥大师范学院的克伯屈(William H. Kilpatrick)教授 1927 年赴中国演讲旅行,从南到北,始终有已成为教育界名流的昔日学生陪伴。"据说在上海一次欢迎餐会上就有七十五位他的学生参加宴会,他引为是平生最得意的事。"

其实,克伯屈的"得意",远不能跟其同事杜威、孟禄相比。杜威的讲学,甚至成为现代中国思想史、教育史上的一件大事,值得庆幸的是,当年领衔邀请的,正是北京大学。

至于历任北大校长,除了险些儿成为哥大名誉博士的蔡元培(且听下回分解),最著名的蒋梦麟、胡适、马寅初,都是哥大的博士。单凭这一点,就足以让许许多多像胡适之那样"有考据癖"的朋友,对"哥大与北大"这样的小题目入迷。

附记:上海教育出版社1991年版《教育大辞典》第十卷介绍中国近现代教育家265人,其中有留学经验(不包括短期出访)的142人。留学国家及人数分布如下:美国78人,日本39人,德国14人,法国13人,英国12人,俄国2人,比利时1人,加拿大1人,共160人次(其中18人因不止留学一国,重复计算)。值得注意的是,留学美国的78名未来中国的教育家中,竟有34人选择了哥伦比亚大学。

租借来的风景

说实话,第一次踏进百老汇116街附近的哥伦比亚大学主校园,感觉不太好。

相对于我生活过或走访过的若干欧美及亚洲的著名大学,哥大明显缺乏诱人的"校园风景"。没山没水也就罢了,连花草树木也懒得多种几棵,就这么冷冰冰的几十幢水泥建筑,安置得下万千书桌,就怕安顿不了万千学子漂泊的灵魂。

很快我就明白,这种担心纯属杞人忧天。哥大办得好好的,身居闹市,校园狭小,不但不影响其声誉,而且还可能正是其魅力所在。外面的世界真精彩,何必自限于校园?躺在草地上读书,再也不是大学生的唯一姿态。可话又说回来,倘若校园本身便是一道迷人的风景,活在一代代毕业生记忆中的,便不只是道貌岸然、学识渊博的老教授了。这么说不是毫无根据,读读胡适的《口述自传》、蒋梦麟的《西潮》、冯友兰的《三松堂自序》以及杨亮功的《早期三十年的教学生活》,每当提及母校"世界著名学府"哥伦比亚大学时,浮现的总是"大师",缺席的正是"风景"。

"大师"固然可敬,倘有"风景"相伴随,岂非更是"赏心乐事"?起码听金耀基谈剑桥(《剑桥语丝》)、黄进兴谈哈佛(《哈佛琐记》)、孙康宜谈耶鲁(《耶鲁潜学集》),都能在感知"学问"的同时,触摸到这些著名大学"诗性"

的一面。构成那一道道百读不厌的"风景线"的,包括大学的历史、大师的风范、各种真真假假的逸闻,以及几乎必不可少的自然风光。后者当然最表面,可也最具灵性,哥大缺的正是这一点。出于专业研究的缘故,我与哥大总算有点缘分,可走进校园,竟然没有亲近感,这点让我很惊讶。缺乏"寻幽探胜"的欲望,这不能全怪我,因为胡、蒋等老前辈的文章中,并没留下多少值得寻访的"蛛丝马迹"。

或许,这是"身居闹市"的大学很难避免的弊病。京师大学堂(北京大学的前身)初创时,也曾设想建在风景优美的郊外,可经费有限,只好暂借马神庙为校舍。日后虽屡有扩建,因地处市中心,施展不开手脚。若不是1950年代依靠行政命令,迁至海淀原燕京大学校址,北大实在也没有什么"风景"可言。好在中国的园林建筑,本就讲究"借景"。老北大人,想来必定是抬头景山孤松,侧脸故宫飞檐,视沙滩、北河沿为内院,天安门则成了面向社会的讲坛。看他们一本正经地讨论如何将校园外的一条小水沟命名为"北大河",实在有趣。如此勇敢地扩张势力范围,"校园风景"自然迅速延伸。真不能想象,倘若没有那么多租借来的"风景",关于老北大的传说,还能否如此色彩斑斓。将心比心,哥大学生的视线,必定也非这端庄的楼群所能限制。只是其"借景"的方式,非我辈匆匆过客所能领略。

促使我悟出这个简单道理的,是重读胡适的《留学日记》以及关于文学革命的自述《逼上梁山》。前者记下从康奈尔大学所在的绮色佳(Ithaca)转学纽约,住进哥大宿舍 Furnald Hall 的最初印象:

> 所居室在五层楼上,下临"广衢(Broadway)",车声轰轰,昼夜不绝,视旧居之"半夜飞泉作雨声",真如隔世矣。

这"车声轰轰"的大都市,不说刺激、起码也不妨碍胡适"诗如泉涌"。以下节录的话,便是讲述其白话诗《蝴蝶》(原题《朋友》)的写作过程:

> 我坐在窗口吃我自做的午餐,窗下就是一大片长林乱草,远望着赫贞江。我忽然看见一对黄蝴蝶……

二十年后,即将出任驻美大使的胡适,以《从纽约省会 Albany 回纽约市》为题,抒写其重游赫贞江(Hudson River)的感受:

> 这江上曾有我的诗
> 我的梦，我的工作，我的爱
> 毁灭了的似绿水长流
> 留住了的似青山还在。

旧梦重温，涌上心头的，必定是早年的留学生涯。既非多愁善感、也不流连风景的适之先生，尚且如此"梦魂萦绕"，此江当年必得哥大学生的青睐无疑。

换句话说，赫德逊河虽在哥大校园之外，学生们毫不客气地将其尽收眼底，且情有独钟。其实，要说"借景"，西侧的赫德逊河固然可观，东南的中央公园，不也十分惬意？至于目光远大者，不要说大都会美术馆，连百老汇、时代广场乃至华尔街，都可能进入视野。

如此刺激想象的"校园风景"，谁敢低估？唯一可比的，恐怕只有京师大学堂的皇宫墙外读书声了。

洋教授的馊主意

一百年前，清政府终于"从善如流"，决定创办大学堂，其时的口号是："上法三代，旁采泰西。"夏商周三代的学制，即便经过专家的极力钩沉，面貌依然十分模糊；真正成为引路人的,只能是"洋大人",或曰"洋鬼子"。不过,泰西之学,五花八门,首先得锁定学习的榜样。康有为《戊戌奏稿》中有《请开学校折》,希望皇上当机立断,"远法德国,近采日本,以定学制"。这句话,颇能概括新学之士的选择。不管是梁启超之代拟《京师大学堂章程》,还是张之洞的修订《学部章程》,模仿的均为德、日学制。

那么美国呢?其教育体制总也有可取之处吧?1902年,管学大臣为了重开因庚子事变而停办的京师大学堂,曾要求驻美大使提供美国的学制资料。答复是"美国学校之制与他国不同,所有学堂均由各处地方官民捐建","国家并未设官管理"。用现在的话来说,便是:既找不到"对口单位",也没有"统一教材"可以提供。为了不辜负国内办学的热情,驻美大使还是精心选择并送回了十三本各学堂授课章程。既然"经切商美外部",这书目当能代表其时一般美国人的看法,不至于"乱点鸳鸯谱"吧?

十三本章程中,哈佛大学四种,哥伦比亚大学四种,耶鲁大学两种,宾夕法尼亚大学一种,余下的两种是中小学课程。有趣的是,前三所大学的章程中,还各自包含一门具体的学科:哈佛的"艺术"、哥大的"政治"以及耶鲁的"经史"。

或许正是这个缘故,民国初年,袁世凯聘请"宪法顾问",才会以哥大教授为首选。也正是这专治政治学的洋教授,无形中第一次将哥大与北大联在一起。

1883 年起便在哥大执教的古德诺(Goodnow, Frank Johnson)教授,1903 年曾创立政治科学学会,并被推选为主席,其专业著述有《政治与行政》(1900)、《美国行政法原理》(1905)、《市政府》(1909)等。古君并非中国问题专家,对民国初年的中国政局也无多少了解,下车伊始,就敢如此乱开"虎狼方",说轻点,乃是出于"傲慢与偏见"。

古德诺的《共和与君主论》发表在 1915 年 8 月 3 日的《亚细亚日报》上,该文论证中国教育落后,普通民众并不关心政府的决策,也无研究政治的能力,故适合于实行君主独裁。紧接着,杨度等发起筹安会,复辟帝制闹剧正式上演。值得注意的是,筹安会的宣言,紧扣古德诺的文章,作为立论的根基:

> 美国者,世界共和之先达也,美人之大政治家古德诺博士,即言世界国体,君主实较民主为优,而中国则尤不能不用君主国体。此义非独古博士言之也,各国明达之士,论者已多。而古博士以共和国民,而论共和治之得失,自为深切著明,乃亦谓中、美情殊,

不可强为移植。

连美国人都说"君主实较民主为优",还有什么好说的?这也是古德诺比同为顾问的日本教授有贺长雄吃香之处:同样倡言帝制,身为"共和国民"的古博士更具说服力。

对于哥大教授之"倒行逆施",留美学生多有奋起抗争者。比如,八月间,胡适便两次撰写批驳文章,并投寄英文报刊。照胡适的想法,古氏"为一国名宿也,故其言为人所深信,于我国共和前途殊有影响,不可不辨"(《留学日记》)。反倒是国内的学者,不大与古君对阵。在众多反帝制的文章中,梁启超的《异哉所谓国体问题者》最具理论色彩。甚至连梁氏也不屑与古君纠缠,紧紧追问的是:

> 何以国中政客如林,学士如鲫,数年之间,并此浅近之理论事实而无所觉识,而至今乃忽借一外国人之口以为重?

就像古人说的,"司马昭之心,路人皆知",袁世凯想当皇帝,这才需要洋教授的捧场。因此,古君表面上"一言九鼎",实则被中国政客当枪使。

中国人实在宽厚，众多讨袁檄文，以及事后的追忆，述及古君时，总是强调其"被蒙蔽"。只有小说家稍为刻薄些，称古君为"五十万金"而作（许指严《新华秘记》）。至于袁世凯的重要幕僚张一麟，则以知情人身份提供证词："筹安会借古德诺立言，古德诺大叫其冤。"据张称，古君还曾感叹："余为人利用，回美国时将受刑事上之制裁。"（参见张氏为《袁世凯与中华民国》一书所作的眉批）

这真是高估了洋教授的自我反省能力。回美国后的古德诺，不但没有"受刑事上之制裁"，而且春风得意，马上出任约翰·霍普金斯大学（Johns Hopkins University）校长，日后还出版了《中国：古德诺的分析》（*China : an analysis by Frank J. Goodnow*）一书，俨然成为中国学权威。古德诺与袁世凯，说不清到底谁在利用谁。

六年后，北大校长蔡元培访美，古德诺作为约翰·霍普金斯大学校长出面接待。考虑到其在中国学界声名狼藉，罗家伦《蔡孑民游美纪略》只好再次为其洗刷，称"古氏并未作帝制之主张"，纯系虚拟语态被误译为肯定句，"致真意尽晦"。如此曲为辩解，虽有利于维护学者尊严（"此不但系古氏个人名誉问题，亦世界学者身份问题"），却未免过于轻巧了。

古德诺的馊主意，害死袁世凯倒也罢了，害得前任北大校长严复英名扫地，让我始终不能释怀。列名筹安会的"六君子"，严复以及事后出任北大教授的刘师培，最为可惜。黎元洪于帝制覆灭后发布惩办祸首命令，便以"爱惜人才"为由，删去严、刘的名字。好在时任北大校长的胡仁源，在诸教授支持下，顶住袁世凯的威胁利诱，拒绝"劝进"。1933年版的《国立北京大学校史略》述及此，加了惊心动魄的七个字："大学遂独未从贼。"读史至此，不禁捏一把汗。

被遗忘的汉学家

早期的汉学家，今日已经很少被提及。除了专门学者，一般人不会对诸如傅兰雅（John Fryer）、夏德（Friedrich Hirth）这样的名字感兴趣。即便是伯克利加大的东亚系学生，也可能对傅兰雅一无所知。同样道理，哥大东亚系的学生不知道夏德，一点也不奇怪。学术发展日新月异，百年前的陈芝麻烂谷子，实在没心思辨析。

不知是中国人容易怀旧，还是真的"滴水之恩，将以涌泉相报"，近年的中国学界，"海外汉学"竟成了热门话题。于是乎，编刊物、出丛书，甚至撰写各种国别的"汉学史"。这样一来，形成一种强烈的反差：因传教士背景或与殖民政治纠葛而在本国受到冷淡或奚落的早期汉学家，在中国则备受尊崇。说起某国的"汉学谱系"来，能够如数家珍的，很可能反而是中国学者。后者隔岸观火，而且夹带私心（希望有朝一日真的"东学西渐"），只讲"溯源"和"连续性"，很难真正体会新一代中国学研究者寻求变革的内在动力。对于早期汉学家的嘲讽或褒扬，或许都有其合理性，说到底，立说者都是为了解决自身所面对的问题。

其实，作为汉学家，傅兰雅与夏德并非十分出色，在当今的学术论争中，连被"祭旗"的机会都轮不到。翻翻当年的大学课程表，了解早期汉学家所必须从事的工作，对其成绩会有比较通达的评判。比如，1898—1899年，傅兰雅在加州大学讲授的课程包括：中国和日本的语言、历史、文学、政治、法律和社会状态；中日与欧美的贸易；中日两国的哲学与宗教；中国古典文学；官话与文言研究等。以傅氏一人精力，承担今日东亚系几乎全部课程，可想而知，其研究不可能深入。时过境迁，汉学家的傅兰雅，早就沉入历史深处；不断被追忆的，是其早年在中国译介西学的贡献。

从1863年出任北京同文馆英语教习，到1896年辞去江南制造局翻译馆职务，应加州大学之聘到美国教授东方语言文学，三十几年间，傅兰雅为中国人翻译了大量西学书籍。梁启超的《西学书目表》共开列 329 种著作，其中傅兰雅单独或合作翻译的占 119 种，超过了三分之一。这就难怪谈论早期中国的现代化进程，无论如何绕不开傅兰雅这个名字。上述统计数字得之于本内特（A. A. Bennett）教授的《傅兰雅》（*John Fryer : The Introduction Of Western Science And Technology Into Nineteenth-Century China*, 1967）一书。该书结语部分，提及傅氏晚年捐钱在中国开办盲童学校，这件善举，在黄炎培的《八十年来》中有更详细的记载。时已退休的傅兰雅，在旧金山路遇黄炎培，表示希望帮助中国建立盲童学校，原因是：

> 我几十年生活，全靠中国人民养我。我必须想一办法报答中国人民。

这段常被论者引用的名言，确实非同凡响。传教士历来以拯救者自居，像傅氏这般谦卑的可谓绝无仅有。如长期担任同文馆总教习的丁韪良（W. A. P. Martin）、主编《万国公报》的林乐知（Y. J. Allen）、创办登州文会馆的狄考文（C. W. Mateer）等，都对近代中国的文教事业作出很大贡献，但其居高临下、傲慢无礼，依然令我很不愉快，无法完全认同。这也是我对傅氏特有好感，连带关注其到美国后的生活的原因。上回在加大访学，见到傅兰雅的藏书，竟让我激动了大半天。

相对于傅兰雅，夏德的名气要小得多；尽管在汉学研究方面，后者更有成绩。我的关注夏德，纯粹是因为胡适。初读唐德刚译注的《胡适口述自传》，不知为什么，觉得夏德这老头挺可爱的。作为哥大的第一位"丁龙讲座教授"，夏德"苦闷不堪，因为他简直没有学生"。于是乎，将"副修"的胡适视为宝贝，除了将自家藏书供其使用外，更讲了许多"他自己有趣的故事"。大概正是这种善于自嘲，以及平易近人，使我对夏德大有好感。

说来惭愧，对于这位早期的汉学家，他的专业著述，我一本都没读过，当然也就不敢信口雌黄。在哥大访学时，想起已经去世整七十年的夏德先生，出于好奇，在图书馆里查阅其著述。除了胡适提到的《中国上古史》《中国与东罗马交通史》，另外还有好几种。其中的《中国绘画史的自然来源》（*Native Sources for The History of Chinese Pictorial Art*, 1917）仅二十八页，感觉上似曾相识。经过一番"上穷碧落下黄泉"的搜索，终于没有让老朋友"擦肩而过"。

原来，1919年的《每周评论》第14号上，曾有过关于此书的介绍。真没想到，在美国备受冷落的夏德先生，竟无意中介入了中国的文化论战，而且与其门生胡适并肩作战。《每周评论》乃五四时期影响仅次于《新青年》的重要刊物，主编陈独秀（前期）、胡适（后期）以及主要撰稿人，均为北大师生。云游四海的诗僧苏曼殊，兼及公心与私谊，给编辑部诸君写信：

> 昔在美洲时，闻哥仑比亚大学教授夏德（Hirth）先生，有一尊崇中国画派之讲演。其言曰："中国古画，大抵皆才士文人于窗明椅净之间，藉此以淘写其性情，故望之但觉有一种清逸之气，令人意远，若西洋画则纯然为应世的。当其下笔布局之初，心中即自语曰：吾下月之房钱，在此画矣。及画成之后，悬而视之，谓如此一改，可多一磅，再改可多二磅，故望之但觉得有一种金钱气"，云云（若夏德先生得见林琴南之画则亦不复为此言矣）。此言真有独到处。

其时陈、胡等人正与林纾展开论战，苏曼殊借夏德之讥评西洋画，攻击林氏所译小说每下愈况，皆因"吾性但欲得金耳"。

夏德大概忘了，明清画家并不讳言金钱，"清逸之气"

也可批量生产并迅速转化为生活资料。好在他面对的是西方读者，尽可突出其与"纯然为应世的"西洋画的区别。反过来，深知中国画家并非永远高逸的苏曼殊，则只讲对方的"望之但觉得有一种金钱气"。在这场充满误解的文化交流中，得到强化的，只是当下的自家立场。以苏氏而言，则是"为朋友两肋插刀"，很好地配合了陈、胡诸君对于"拜金主义"的批判。不管你是否赞赏，这一"批判"，乃新文学崛起的前提。

名誉博士

北京大学第一次授予名誉博士学位是在 1920 年，获此殊荣的四位外国学者中，最广为人知的是哥大教授杜威（John Dewey）。

杜威于 1919 年 5 月 1 日抵达上海，正是五四运动爆发的前三天。此后两年间，除在北京作了五个系统的讲演，杜威还曾巡回大江南北，所到之处，均有哥大学生出面招待并充当翻译。杜威学说之所以能在中国广泛传播，学说自身的魅力固不待言，哥大的中国弟子集体捧场也有关系。另外，还有一点：中国人终于请到了真正"世界著名"的哲学家。

清末民初来华任教的外国人不少，但真能称为专家学者的却不多，更不用问是否"世界著名"了。《齐如山回忆录》对当年京师同文馆的外国教师颇为不恭，认定其中达到大学毕业水平的寥寥无几。研究者为此争论不休。其实，即便总教习丁韪良，也算不上专门学者，之所以能在美国获得两个名誉博士学位，都是基于其担任中国最高学府校长的"传说"。只是以当年中国学生的西学水平，请来了"著名学者"，也无用武之地。

杜威讲学之值得重视，就在于从一个特定的角度，凸显了中国学界的进步。二十年间，从到处搜求普通的英语教员，到聘请世界著名学者讲学，北京大学确实大有长进。罗家伦在《国立北京大学的精神》中，高度赞赏蔡元培的这一创举，"实开西洋第一流学者来华讲学的风气"。不见得每个大学者都能在中国找到真正的知音，比如罗素（B. Russell）就远不及杜威风光。但无论如何，大学者的纷纷来华，对于中国学界之奋起直追，起很大作用。

这就难怪蔡元培等格外重视首开风气的杜威先生。授予名誉博士学位仪式上的讲话，并无特别之处。可此前一年，在杜威六十岁生日晚餐会上，蔡校长代表北大致辞，以生日的偶合作为起兴，将杜威与孔子相提并论：

> 我觉得孔子的理想与杜威博士的学说，很有相同的点。这就是东西文明要媒合的证据了。

强调东西文明的沟通，乃蔡氏的一贯思路。1921年访美，在华盛顿的乔治城大学作题为《东西文化结合》的演讲，蔡元培再次将邀请欧美著名学者赴北大讲学，作为实现此理想的关键。

有趣的是，蔡元培1921年的欧美之行，也得到了一个名誉法学博士学位，而且险些儿是由杜威所在的哥大授予。为什么说"险些儿"呢？这得从当年的一则新闻报道说起。

1921年6月15日的《晨报》上，有一则《蔡元培新取得博士学位》的快讯：

> 纽约六月十日电云：哥仑比亚大学，今日授与名誉法学博士学位于北京大学校长蔡元培云云。

国人对此坚信不疑，因其既合情又合理。此前一年，哥大名教授杜威讲学中国，北大授予名誉哲学博士；按中国人的思路，投桃报李，由哥大授予北大校长名誉法学博士，再自然不过了。可遍查蔡元培《西游日记》，偏偏无此记载。

6月6日蔡氏出席哥大校长的招待宴会,只是作了题为《中国新教育趋势》的演讲。倒是过了两天,蔡氏参加纽约大学的毕业典礼,被授予了名誉法学博士。

《晨报》的报道固然张冠李戴,可也并非空穴来风。据罗家伦《蔡孑民先生游美纪略》,哥大当局四月底曾函电,催促蔡元培赴美接受名誉学位。因船位不便,蔡氏六月一日下午方才抵达纽约,"是日哥仑比亚大学之毕业式不及参与"。故名誉法学博士只好改由纽约大学授予。同时接受名誉学位的卡耐基夫人(Mrs. Carnegie)以乐善好施著称,蔡元培则因其乃"中国新教育之领袖"——后者无疑更得学界重视。查蔡氏的《自书简历》,1921年则,确实只有"美国纽约大学赠名誉博士"。真可惜,好端端一段"哥大与北大"的佳话,就此落空。

1920年11月至1921年9月,蔡校长出国考察欧美高等教育,并为北大图书馆筹款。就像其在伯克利演讲时所说的,"兄弟在德、法较久,深悉德、法学制"。换句话说,此前蔡元培对美国学制没有多少了解。晚清以降,中国学制的设计,主要取法德、日;美国的影响,1920年代以后方才逐渐浮现。杜威的东行,以及蔡元培的西游,与此风气的转变颇有关联。为了使老校长对美国教育有比较充分的了解,留美北大同学组织了"招待""调查"两部；后者分十几个专题，由朱经农、杨荫榆、冯友兰、周炳琳、俞庆棠、汪敬熙等分别担任。两场系统全面的专题汇报，以及随后的参观访问，显然给蔡元培留下了很深的印象。考察归来，在北大举行的欢迎会上，蔡元培发表演讲，对美国的大学教育评价甚高，尤其欣赏其同时关注研究与实用的思路，后者如开设"新闻学"课程、注重校外教育等。

在中国现代高等教育发展的紧要关头，让北大了解美国，也让美国了解北大，再没有比授予杜威和蔡元培的这两个名誉博士更合适的了。

教育名家

历任北大校长中，名气最大的当属蔡元培。对于老北大基本品格的奠定，蔡氏确实起了不可替代的作用。可在历史学家笔下，蔡氏的意义被无限夸大，以至无意中压抑了其他同样功不可没的校长。最明显的例子，莫过于蔡氏的早年学生蒋梦麟。

在《我在北京大学的经历》中，蔡元培坦承："综计我居北京大学校长的名义，十年有半；而实际在校办事，不过五年有半。"蔡校长在职而不在校期间，代为处理行政事务的，经常是蒋梦麟。除了三度代行校长职权，蒋氏更长期担任北大总务长，乃蔡氏治校的得力助手。

1930年12月，蒋梦麟正式出任北大校长。此后，一直到抗战胜利另有高就，十五年间，蒋氏始终是北大的行政负责人。如此"长命"的校长，在北大历史上绝无仅有。很可惜，在大量有关北大的出版物上，蒋校长的地位相当尴尬。由校方组织撰写、出版于1988年的《北京大学校史》增订本，称蒋梦麟为"典型的国民党新官僚"，"在北大是不得人心的"。尤其令人费解的是以下这段指责：

> 1930年冬，蒋梦麟出任北大校长后，进一步推行亲美教育方针，延聘了大批的留美学生来校任教，并且按照美国的大学教育制度，对学校的教学和科学研究制度进行了改革。

延聘大批留学生，改革旧的教学体制，乃百年中国大学发展之路。所谓"亲美"，不外是实行教授专任，推行学分制，要求毕业生撰写论文并授予学位，追求高等教育的正规化。论者大概认定，"教授治学，学生求学，职员治事，校长治校"的口号，包含着压制甚至瓦解学生运动的"祸心"。因此，虽然承认1930年代的北大，教学科研水平有明显的提高,仍强调主事者"居心不良"。

这里涉及对大学功能的不同理解。《北京大学校史》的撰写者,显然欣赏激进学生之介入现实政治斗争,故对各类学潮评价甚高。而作为职业教育家,蒋梦麟对无休止的罢课很不以为然。1920年代以后的中国,稍有良知的教育家,都面临夹在顽固强硬的政府与热情激进的学生之间的困境。并非所有的校长,都有蔡元培的地位及人格魅力,"挂冠而去"作为斗争手段(既针对政府,也针对学生),并不具备普遍意义。

国共两党出于各自的政治利益,对学潮的评价天差地别,但着眼点都是政局稳定与否。教育家则不然,从培养人才的角度立论,对学生之"荒废学业"不能不深表遗憾。从"学生运动"逐渐走向"运动学生",大学终于成为政党斗争的主要阵地,校长们的处境日益艰难。

1923年底,时正代理北大校长的蒋梦麟,在《北大之精神》中称,"本校屡经风潮,至今犹能巍然独存,决非偶然之事",原因有二:一是大度包容,二是思想自由。接着,蒋代校长笔锋一转:

> 我们有了这两种的特点,因此而产生两种缺点。能容则择宽而纪律弛。思想自由,则个性发达而群治

弛。故此后本校当于相当范围以内，整饬纪律，发展群治，以补本校之不足。

这一"整饬纪律"的新思路，在其真正长校后的 1930 年代，得到比较充分的展开。在如此动荡不安的年代，北大的教学与科研竟稳步上升，实在是个奇迹。几年前，偶然得到若干 1930 年代老北大的课程表及教学规划，比照一番，令我辈后学汗颜不已。

蒋梦麟乃真正科班出身的教育家，在加州大学时已主修教育，进哥大研究院，更拜杜威等为师，1917 年以《中国教育原理之研究》(*A Study in Chinese Principle of Education*) 获博士学位。要说蒋校长希望按照美国的大学教育制度来改造老北大，那倒是事实。其出版于 1933 年的《过渡时代之思想与学术》，一半介绍欧美（尤其是欧战以后）的教育理论，一半讨论北大乃至中国教育的前途。该书的论述结构，已经蕴涵了其教育理想。

留美归来的教育家，其办学思路不可避免地带有"美国特色"。只是出于策略考虑，一般不会和盘托出。长校以前的蒋梦麟，没有此等顾忌。举一个例子，《晨报》1919 年 12 月 7 日第六版《北大将有新建筑》云：

>   教授蒋梦麟先生与蔡校长计画，仿美国可伦比亚大学办法，减少上课钟点，设立各门大阅览室，每一室内聘一有名导师以备学生疑问，已得校长同意，闻于明春就第一院（即文科）后空地开始建筑此项阅览室云。

导师制非哥大独有，为何强调"仿美国可伦比亚大学办法"？当了北大校长以后，蒋氏眼界更加开阔，动辄"欧美经验"，不再以哥大为意了。但我相信，当年的留学经历，对其从事大学行政管理大有好处。

蒋先生去世后，纪念文章颇有称扬其著作等身，乃一代儒宗的。此等不得要领的溢美之词，照叶公超的说法，"我相信他自己听了也一定会发笑"（《孟邻先生的性格》）。多年从事教育行政工作，没有足够的时间著书立说，这一点，《过渡时代之思想与学术》一书的《引言》有明确的表述：

>   著者于民国八年，投入了北京大学里的学校行政的旋涡，起初尚兼教学而略从事作文。其后因受政治不良的影响，革命心理的冲动，频年学潮汹涌，又因学款积欠过巨，叠起教潮；行政事务逐渐加多，学问

功夫逐渐减少，至民十一以后，简直成了单纯的学校行政者。积重难返，索性把笔搁起了。

其实，还不只是时间和精力的问题，从已经出版的早年著作看，蒋氏并非不世出的大学者。其从事大学行政管理，用其所长，恰到好处。

只有抗战时写于重庆防空洞的《西潮》(Tides From The West)，可能是个例外。这本"有点像自传，有点像回忆录，也有点像近代史"的奇书，在我看来，不失为传世之作。其中"纽约生活"一章，述及其在哥大研究院念书的情况，煞是有趣。校园生活只提杜威，而不及风景，与胡适等人同。不过，称"纽约给我印象较深的事物"，是摩天大楼、影剧院、霓虹灯广告，还有"出售高贵商品第五街，生活浪漫不拘的格林威治村，东区的贫民窟等等"，恰好印证了《租借来的风景——哥大与北大之二》所说的，哥大学生的视野，确实不为校园所限。

不解的母校情结

1954 年 4 月，哥伦比亚大学举行二百周年纪念典礼，胡适负责第六个讲演，题为《古代亚洲的权威与自由的冲突》（*Authority and Freedom in the Ancient Asiatic World*）。校方的这一安排，等于默认胡适为哥大"最出色"的中国弟子。

专业领域不同，其实很难说谁的贡献最大，但称胡适为"最著名的哥大校友"，一般不会有异议。除了适之先生确实饱领风骚，更因其喜欢自述包括出版《留学日记》，写作众多介绍其文学思想及治学方法形成的文章，晚年更有《口述自传》，读者很容易因此而对哥大有一种亲近感。其他哥大出身的政界、学界名流，均不具备此魅力。可以这么说，哥大在中国的名声，得益于杜威的讲学，更得益于适之先生锲而不舍的"追忆"。

唯一的例外是，1948年12月，时任北大校长的胡适，为纪念校庆撰写《北京大学五十周年》，历数欧洲众多古老大学，轮到美国时，提到了哈佛、宾州、普林斯顿和耶鲁，唯独遗漏其母校哥大。大概为了表示客观与公正，作为一校之长，适之先生故意压抑自己对母校的怀念。文中称，在世界大学史上，北大是个小弟弟，可"这个小弟弟年纪虽不大，着实有点志气"。行文至此，甚为自豪：对于这所大学及其奋斗成长的历史，胡适有强烈的认同感。

从1917年归国，因提倡白话文及文学革命而暴得大名，到抗战开始，受国民政府委托赴美寻求支持，二十年间，胡适主要生活、工作在北大。抗战胜利后，出长北大的胡适，在办完五十周年校庆后，因政治局势骤变而再次赴美。尽管有"驻美大使"及"中央研究院院长"的显赫头衔，胡适的学术生命与盖世功业，依然以北大为根基。

说来也是巧合，胡校长的生日，与老北大的诞辰重叠。1958年12月17日，台北的北大同学会曾举行语意双关的纪念会，事后出版了《国立北京大学成立六十周年纪念》。这本我所苦苦寻觅的小书，访学哥大时方才得以晤面。书仅三十二页，所收毛子水、罗家伦文又曾发表于他处，实无多少文献价值。不过，编者的"献词"有意思："适之先生象征北大精神，所以我们为适之先生祝寿，也就是为北大精神祝寿。"话似乎说得重了些，可也不无道理。其时大陆正大张旗鼓批判胡适的反动思想，众多故旧也都被迫表态，与"我的朋友胡适之"划清界线。出一本小册子，安慰日渐寂寞的老校长，颇富人情味。如今尘埃落定，胡适依然是北大人的骄傲。

对于北大，胡适同样引以自豪，而且深深眷恋。1957年春，胃溃疡大手术后，胡适在纽约立下遗嘱，第一条谈葬仪及债务，第二条便是：

> 确信中国北平北京大学有恢复学术自由的一天，

> 我将我在一九四八年十二月不得已离开北平时所留下请该大学图书馆保管的一百零二箱内全部我的书籍和文件交付并遗赠给该大学。

这则让我深深感动的遗嘱,其实是多余的。因为,这批书籍,不必胡适"遗赠",北大校方早就视为己有。如今的北大图书馆,不时可以借到胡适的藏书。曾建议馆方设立"胡适文库",得到的回答是:当年打散胡适藏书时,并没有编制书目,故根本无法复原。

唐德刚先生曾提及胡适"对哥大的爱护绝不下于他对北大的爱护",并深为感慨:"胡适之的确把哥大看成北大;但是哥大并没有把胡适看成胡适啊!"(《胡适杂忆》)读书至此,真想补上一句:"但是北大也没有把胡适看成胡适啊!"几年前,有幸被北大图书馆咨询:是否可以完全开放胡适的著述?批胡运动虽则烟消云散,烙印之深,竟久久无法泯灭。

至于哥大的态度冷淡,为《胡适杂忆》作序的夏志清先生,有精彩的发挥:

> 五十年代,胡适同林语堂先生(辞掉南洋大学校长之职以后)大半时期留在纽约,而且经常来哥大借

书,假如哥大有意聘请他们为中日文系教授,他们是一定乐意接受的。但中日文系的主管人哪里会有此度量,胡、林二人来了,那些美国汉学教授岂不相形见拙?哥大既是他的母校,胡适如能在中日文系开讲中国哲学史、文学史的课程,一定特别卖力,很可能提起精神写出一两本英文著作来。

其实,哥大校长此前曾致函胡适,邀请他讲授中国文学和中国哲学史。不过,不是在其寓居纽约无所事事的1950年代,而是在其风华正茂的1922年。那时的胡博士,正在神州大地呼风唤雨,自然不屑于去国远游。没想到三十年后,曾任北大校长且著作等身的适之先生,竟无法在美国谋一教职——从往来书信看,胡适确有此意,且也有朋友代为接洽,可惜没有成功。

尽管世态炎凉,胡适对哥大仍一往情深。得知其东亚图书馆经费不足,1958年8月,胡与顾维钧联名致函哥大的中国校友,呼吁募集款项,充实母校的中文图书。此前四年,适之先生在纽约发现陆西星的《南华真经副墨》,以重金买下,即送哥大东亚图书馆收藏。此事,研究者言之凿凿(参见胡颂平《胡适之先生年谱长编初稿》第1517页和2446页),大概不会有假。

在东亚馆搜寻了好一阵，没能"亲炙遗墨"，不免有点失望。据说，此书作者自序后，有胡适的批注。这点我信。在北大图书馆，见识过不少胡适藏书，上有其亲笔题写的文字，或说明来源，或略加评判。影印本《南华真经副墨》其实不难找，之所以搜寻胡适赠书，不外是想亲眼见见那几行题词，体会体会唐德刚所说的胡老先生关怀母校的"可敬可爱的孔门书生气习"。既然无缘，那也就算了。

"北大之精神"

以北大校长为论述线索，故先蔡元培，次蒋梦麟、胡适之，留着马寅初殿后。其实，马寅初执教北大，甚至在蔡元培长校之前。至于就读哥大，蒋、胡二位也只能算是马寅初的学弟。1914 年以《纽约市的财政》(*Finances of The City of New York*) 获经济学博士学位的马寅初，1916 年出任北大经济门（系）教授，从此与这所中国最著名的大学结下了不解之缘。

我刚进北大读书时，便听了一脑子有关老校长马寅初的逸事，其中印象最深的是"三进宫"。1927 年离开北大的马寅初，1951 年回来出任校长。十年后，因提倡控制人口而被迫辞职。1979 年平反后，马老表示，"我愉快地接受北大名誉校长的任职"。不用说,这第三次的"结缘",只是一种心情,时年九十有八的马老,连到校园走走的体力都没有,更不要说"莅临指导"。

在中国,马寅初的名声远远超越其专业领域,很大程度得益于1950年代那场贻害无穷的大批判。时任北大校长的马先生,在一届人大四次会议上作题为《新人口论》的书面发言(发言稿刊于1957年7月5日《人民日报》),指出人口增殖太快可能面临的危机。六亿人口的基数,增殖率超过百分之二,长此以往,不可收拾。有鉴于两年前初谈控制人口,被斥为马尔萨斯的信徒,此文着意分辨此马与彼马的区别,强调"从工业原料方面着眼亦非控制人口不可","从促进科学研究亦非控制人口不可","就粮食而论亦非控制人口不可"。这篇近两万字的专论,以及此前发表的短文《我国人口问题与发展生产力的关系》,不外主张在积极发展生产的同时,控制人口增长,提高人口质量。此说因"不合时宜"而遭到围攻,面对铺天盖地的批判文章,马校长毫无惧色。发表于1959年11期《新建设》上的《我的哲学思想和经济理论》,有一《附带声明》:

我虽年近八十,明知寡不敌众,自当单枪匹马,出来应战,直至战死为止,决不向专以力压服不以理说服的那些批判者们投降。

如此"死不悔改",令当局大为震怒,除加强批判力度外,更迫使马寅初退出政治舞台。1960年1月,马校长提出辞职申请,很快获得批准。此后,隐居北京东总布胡同的马老仍继续上书,坚持己见。

对当代中国的人口危机稍有了解者,大概都会惊叹马寅初的先见之明。"错批一人,误增三亿",论者多从此角度表彰其贡献。而我则更看重其"明知寡不敌众",也要出来应战的勇气。

作为最早接受西方学院严格训练的经济学家,马寅初曾在北大开设众多应用经济学课程。其专业著述如《中国国外汇兑》《中国关税问题》《中华银行论》《经济学概论》《货币新论》《财政学与中国财政》等,也有很高声誉。作为门外汉,我特别关注1923至1928年由商务印书馆出版的《马寅初演讲集》一至四集。除在北大任教,马寅初还在银行等机构兼职,对中国财政金融的运行十分了解,经常发表演讲,或撰写短文,介绍经济学知识的同时,也评论当前的经济政策。

这种直接介入当代中国经济运作的取向,以及其敢说敢骂的性格,必定得罪当权者。抗战中,马寅初因抨击国民党政府(尤其是四大家族)营私腐败、大发国难财而被捕,先后被囚禁、软禁达五年之久。1940年代的开罪国民党,与1950年代的冲撞共产党,在马氏,都只是凭知识者的良心说话,而非基于党派立场。这一点,不妨参阅其早年所撰《北大之精神》(收入《马寅初演讲集》第四集)。

为了纪念北京大学建校二十九周年,时已离开北大的马寅初,在杭州发表如下演讲:

> 回忆母校自蔡先生执掌校务以来,力图改革,"五四"运动,打倒卖国贼,作人民思想之先导。此种虽斧钺加身毫无顾忌之精神,国家可灭亡,而此精神当永久不死。然既有精神,必有主义,所谓北大主义者,即牺牲主义也。服务于国家社会,不顾一己之私利,勇敢直前,以达其至高之鹄的。

比起蒋梦麟同题文章之强调"整饬纪律",马寅初的"牺牲主义",更具理想主义激情,也更容易为北大学生所认同。

与职业教育家蒋梦麟不同,马寅初的行政管理能力并不强(1950年代的北京大学,其办学方针也非马校长所能左右),主要是以知识者的良知与勇气感召后来者。一代代北大人，借助于马寅初这样人格化的"北大精神"，得以继往开来。在这个意义上，马寅初之出长北大，乃北大生命得以延续的象征。这才能理解为何历来高傲的北大师生，对任命九八高龄的马老为名誉校长欢呼雀跃。

我注意到，哥大并没有忘记这大有作为、且活了一百零一岁的老学生。图书馆里，马寅初的著述就像另外两位著名校友蒋梦麟和胡适之一样基本上是完整的，而且半数以上是缩微，看得出是主事者有意补齐的。

倘若有人将哲学家胡适、教育家蒋梦麟以及经济学家马寅初这三位哥大培养的北大校长作一综合研究，必定十分有趣。只是如此重量的题目，非我辈匆匆过客所敢觊觎。

1997年6月4日至18日于纽约哥大寓所

（以上八则短文，初刊《明报》[美国版]1997年6月28日、6月29日、6月30日、7月1日、7月5日、7月12日、7月18日、7月23日；《中华读书报》1997年10月1日、10月8日、10月29日、11月19日、12月10日、1998年2月6日、2月18日，独缺最后一则。）

北大传统之建构

北京大学的前身,乃创办于 1898 年的京师大学堂。是年 6 月 11 日,光绪皇帝下《明定国是诏》,其中有曰:"京师大学堂为各行省之倡,尤应首先举办。"至此,酝酿已久的"筹办大学堂事务",方才正式启动。遗憾的是,"百日维新"很快失败,1898 年 12 月 30 日勉强开学的大学堂,其规模及质量均大打折扣。

庚子事变中,大学堂被迫停办两年。1902 年 12 月 17 日,复办的京师大学堂举行开学典礼。经由张百熙等人的惨淡经营,大学堂初具规模,教学也日渐正规化,1909 年更有筹办八分科大学之盛举。

辛亥革命后,奉民国政府教育部令,京师大学堂改称北京大学校,旋又更名国立北京大学。1916 年 12 月蔡元培的出任校长，以及其采取的一系列革新措施，使北大得以引领全国思想文化之风骚，并形成相对稳定的"校风"与"校格"。

抗战爆发（1937），北大南迁，与清华、南开共同组成西南联大。抗战胜利，北大人重返红楼；可几年后，又因院系调整而迁往西郊燕大旧址（1952），从此永远告别了令人神往的沙滩与马神庙。"南迁"与"西移"，对于北大的演变与发展，实在太重要了——既落实为"校址"，也体现为"精神"。

这里所点评的各文，限于"老北大"（1898—1937）时期。理由有三：一是处于新旧交替时代的老北大，各种发展的可能性都有，故显得更为丰富多彩；二是北大的性格至此基本确立，日后的"风云变幻"，必须从这里寻找解读的密码；三是这段历史面目比较清晰，不像"文革"中的北大那样扑朔迷离，一时难以准确描述。

至于选文的标准，同样有三：一是便于呈现北大的发展线索——尤其注重不常见的或不被重视的，如严复、陈独秀、李大钊、胡适等文；二是作者本人与北大血肉相连——不是一般意义上的校友，而是确实影响了北大性格的形成；三是文章可读——不必"文采斐然"，但求谈论的是现实（或历史），关注的是精神（或传统）。

正因为注重的是"精神",评说时避开一般的典故疏证或史实考辨,集中笔墨,诠释十位先贤对于老北大传统的建构。

严复《论北京大学校不可停办说帖》
（1912,抄件现藏北京大学档案馆）

清皇朝灭亡后的 1912 年 2 月,严复（1854—1921）出任京师大学堂总监督。5 月间,京师大学堂改称北京大学校,严复于是成了北大首任校长。严复对此项任命非常兴奋,在致得意门生熊纯如的信中,大谈如何谋借款、改章程、聘提调等,雄心勃勃："自受事以来,亦欲痛自策励,期无负所学,不怍国民,至其他厉害,诚不暇计。"很可惜,同年 10 月,北大尚未真正走出困境,严校长已悄然引退。

针对教育部将以程度不高、管理不善以及经费困难等理由关闭北京大学的传言,校长严复特向教育部上《论北京大学校不可停办说帖》,论证"创建十有余年,为全国最高教育机关"的北京大学何以不可停办[1]。在巨大的社会舆论压迫下,教育部赶紧表态："解散之事,纯属子虚。"

---

[1] 本注释内容参见本书第 105 页。

上述说帖的过录本，仅见于现存北大档案馆的《北京大学校志稿》（手稿本），校史专家至今未能找到原件。我的意见是，说帖属实，但并非全部出自严复之手。其中尤以"日本有森泰来者，为全国中能诗之第一手，而其大学即延之以为诗学讲师"一段插话，与严氏平日文风迥异。严复的论文，素以条理清晰逻辑严密著称，举例则言必称欧美，且蔑视世人之追慕东洋，不大可能在文章中插入大段对于日本学制的褒扬。尽管如此，说帖的真实性仍毋庸置疑。因为，《北京大学校志稿》同时收录了文科大学全体学生代表《论文科大学不应缩短毕业期限改为选科说帖》，提及报载北大将停办后，"赖我校长力争于教育部，详陈本校不可停办之理由"；法政科、工科、农科等分科大学代表之说帖，也都对严校长保护大学之"苦心孤诣，钦佩莫名"。

陈独秀《在北京大学开学式上的演说词》
（1918年9月21日《北京大学日刊》，
标题为编者代拟）

谈论陈独秀（1879—1942）的历史功绩，一般关注其主编《新青年》，以及参与创建中国共产党。至于其出任北大文科学长,多只是一笔带过。其中一个重要原因,便是陈氏很少从教育家的立场,直接针对北京大学发言。

作为现代中国政治史上的重要人物,陈独秀从不"安居"大学校园,其言论及行动,始终面向全中国。可是,应蔡元培校长的邀请,于1917年出任北大文科学长,促成大学及杂志的结合,对双方来说,都是"生死攸关"。北大找到了关注现实并对社会直接发言的最佳角度,《新青年》的道德勇气,则得到学问家的性情及学识的滋养。双方"珠联璧合",新文化运动于是得以顺利展开。

问题是,历来以"豪气""霸气"著称的陈独秀,一旦"登坛说法",又该如何面对莘莘学子[1]?如此场景,既难得,也有趣,故不可错过。

---

[1] "大学生之目的,可别为三类:(一)研究学理;(二)备毕业后应用;(三)得毕业证书。向第三目的者,必不多。向第二目的者,虽不得谓之大谬,而仅能适合于专门学校。惟第一目的,始与大学适合。既有此研究学理之目的,不可不有方法。方法有三:一曰,注重外国语。以最新学理,均非中国古书所有,而外国专门学术之书,用华文译出者甚少,故也。二曰,废讲义。以讲义本不足以尽学理,而学者恃有讲义,或者懒于听讲也。三曰,多购参考书。校中拟由教员指定各种参考书之册数、页数使学生自阅,而作报告。学校无多许经费,以购同样之书数十种,故望学者能节不急之费以购参考书也。"(陈独秀《在北京大学开学式上的演说词》,1918)

蔡元培《致〈公言报〉函并答林琴南函》
（1919年4月1日《公言报》）

作为北京大学"永远的校长"，蔡元培（1868—1940）之值得不断追怀，在于其一举奠定了这所大学的基本品格。百年中国，出现过无数英雄豪杰，但要讲对于北大的深刻影响，至今没有可与蔡校长比肩者。时至今日，蔡元培之出长北大(1916年12月—1927年7月)，几乎成为一个"神话"——个人的学识才情与时代的要求竟如此配合默契，千载难求，不可复得。

蔡元培对于现代中国的巨大贡献，主要在大学教育。1919年8月所述《传略（上）》中，蔡校长迅速将治理北大的经验理论化，于张扬其大学理念的同时，表达了宏大理想，即，改造传统中国思想界趋向于"定于一尊"的思维方式：

> 孑民以大学为囊括大典包罗众家之学府，无论何种学派，苟其持之有故，言之成理者，兼容并包，听其自由发展，曾于《北京大学月刊》之发刊词中详言之。然中国素无思想自由之习惯，每好以己派压制他派，执持成见，加酿嘲辞，遂有林琴南君诘问之函，

孑民据理答之。

同样是强调"兼容并包",《〈北京大学月刊〉发刊词》与《致〈公言报〉函并答林琴南函》略有区别。前者讲的是"兼容"不同学术流派,如哲学之唯心论与唯物论、文学之写实派与理想派、伦理学之动机论与功利论、宇宙论之乐天观与厌世观;后者则突出"兼容"不同政治主张,即大学教员以学术造诣为主,并不限制其校外活动[1]。而"吾国承数千年学术专制之积习,常好以见闻所及,持一孔之

---

[1] "至于弟在大学,则有两种主张如下:
"(一)对于学说,仿世界各大学通例,循思想自由原则,取兼容并包主义,与公所提出之圆通广大四字,颇不相背也。无论为何种学派,苟其言之成理,持之有故,尚不达自然淘汰之运命者,虽彼此相反,而悉听其自由发展。此义已于《月刊》之发刊词言之,抄奉一览。
"(二)对于教员,以学诣为主。在校讲授,以无背于第一种之主张为界限。其在校外之言动,悉听自由,本校从不过问,亦不能代负责任。例如复辟主义,民国所排斥也,本校教员中,有拖长辫而持复辟论者,以其所授为英国文学,与政治无涉,则听之。筹安会之发起人,清议所指为罪人者也,本校教员中有其人,以其所授为古代文学,与政治无涉,则听之。嫖、赌、娶妾等事,本校进德会所戒也,教员中有喜作侧艳之诗词,以纳妾、狎妓为韵事,以赌为消遣者,苟其功课不荒,并不诱学生而与之堕落,则姑听之。夫人才至为难得,若求全责备,则学校殆难成立。且公私之间,自有天然界限。譬如公曾译《茶花女》《迦茵小传》《红礁画桨录》等小说,而亦曾在各学校讲授古文及伦理学,使有人诋公为此等小说体裁讲文学,以狎妓、奸通、争有妇之夫讲伦理学,宁值一笑欤?然则革新一派,即偶有过激之论,苟于校课无涉,亦何必强以其责任归之于学校耶?"(蔡元培《致〈公言报〉函并答林琴南函》,1919)

论",对于持异议者,轻者逐出教席,重者消灭肉体。如今,借助于引进西方的大学体制,蔡先生希望建立得以自由思想的"安全岛"。

借用伊赛尔·伯林的概念,"兼容并包"乃是一种"消极自由",其特征在于保证不同学说得以自由表述。在中国的特殊语境中,制度性的"兼容并包",比个人性的"思想自由"或许更难实现。作为大学校长,蔡元培深知,能否"兼容并包",对于大学来说"生死攸关"。所谓吸引大师,所谓专深学术,所谓独立思考,没有制度性的"兼容并包"作为后盾,根本无法实现。

胡适《北京大学》
(1922年10月22日《努力周报》第25期
"这一周"时评栏,题目为编者代拟)

胡适(1891—1962)与北大渊源极深,自1917年来校,从名教授到名校长,直至1950年代成为主要批判对象,几十年风风雨雨。难得的是,胡适对这所大学"痴情不改",遗嘱上声明将留在大陆的藏书赠与北大,去世时灵柩上覆盖的也是北大校旗。见多识广的适之先生,跟蔡元培老校长一样,习惯于将北大置于整个世界的大学发展潮流中考察,不敢有丝毫松懈与自满。

1920年代的北大,在中国已经很有名气。但其得享大名,部分由于中国现代高等教育的落后,部分由于五四新文化运动的巨大影响。针对少数学生因拒交讲义费而闹风潮,"竟致校长以下皆辞职",北大声名扫地,时任北大教务长的胡适在《努力周报》二十五期上发表时评,对北大之"暴得大名"忧心忡忡[1]。

胡适所说的"暴得大名"之"不祥",可与五四运动中蔡元培离京时的留言"杀君马者道旁儿"相参照。此语原出《风俗通》,言"长吏马肥,观者快之,乘者喜其言,驰驱不已,至于死"。社会的过高期待,一是使北大为满足各种现实的需求而疲于奔命,难得从长计议;一是因获誉太容易,而使得北大很难清醒地意识到自己的真实处境。

---

[1] "古人说:'暴得大名,不祥。'这话是有道理的。名誉是社会上期望的表示。但是社会往往太慷慨了,往往期许过于实际。所以享大名的,无论是个人,是机关,都应该努力做到社会上对他的期望,方才可以久享这种大名。不然,这个名不副实的偶像,终有跌倒打碎之一日。北京大学以二十年'官僚养成所'的老资格,骤然在全国沉寂的空气里,表示出一种生气来,遂在一两年中博得'新文化中心'的大名!这是大不祥的事。这样的社会期望,就是兢兢业业的努力做去,也还不容易做到;何况北京大学这几年来,疲于索薪,疲于罢课,日日自己毁坏自己呢?我们在这三年中,没有一年不提出很恳切的警告。现在大觉悟的时期应该到了。"(胡适《北京大学》,1922)

因而，胡适称："希望北京大学的同人们能痛痛快快的忘记了这几年得来的虚名。"既要发扬传统，又要忘记虚名，这可不是一件容易的事情。不过，胡适的提醒，在我看来，百年后依然有效。

李大钊《本校成立第二十五年纪念感言》
（1922年12月17日《北京大学日刊》）

这则署名守常、刊于1922年12月17日《北京大学日刊》上的短文，极少受到关注。编辑态度极为认真的《守常文集》《李大钊选集》等之未收此文，很可能是"有意遗忘"，因其与世人眼中以传播马克思主义并参与创建中国共产党而著称的李大钊（1889—1927）形象不太吻合。这则"纪念感言"，只字未提如火如荼的学生运动，也没有从思想革命的角度立论，反而批评北大"学术上的贡献实在太贫乏了"。尤其是下面这段话，似乎与其激进政治家的身份不很协调："只有学术上的发展值得作大学的纪念。"[1]

---

[1] "我以极诚挚的意思，祝本校学术上的发展。只有学术上的发展值得作大学的纪念。只有学术上的建树值得'北京大学万万岁！'的欢呼。"（李大钊《本校成立第二十五年纪念感言》，1922）

在我看来，这正是革命先驱李大钊过人之处。毕竟是大学教授兼图书馆馆长，将"学术上的建树"，作为北大成功与否的关键，而不以党派或政治集团的利益为标准。即便是已经投身实际政治的职业革命家，论及大学的功能，仍坚持"学术乃天下之公器"以及"百年树人"的古训，这比日后不时腾起的"阵地"说或"堡垒"说更具魅力。

蒋梦麟《北大之精神》
（1923年12月《北京大学廿五周年纪念刊》）

在《我在北京大学的经历》中，蔡元培坦承："综计我居北京大学校长的名义，十年有半；而实际在校办事，不过五年有半。"蔡校长在职而不在校期间，代为处理行政事务的，经常是蒋梦麟（1886—1964）。除了三度代行校长职权，蒋氏更长期担任北大总务长，乃蔡氏治校的得力助手。

1930年12月，蒋梦麟正式出任北大校长。此后，一直到抗战胜利另有高就，十五年间，蒋氏始终是北大的行政负责人。如此"长命"的校长，在北大历史上绝无仅有。

作为杜威的弟子、哥大的教育学博士，蒋梦麟对"大学的功能"有自己的理解。1923年底，时正代理北大校长的蒋梦麟,在北京大学二十五周年纪念会上发表演讲,称"本校屡经风潮,至今犹能巍然独存,决非偶然之事",原因有二:一是大度包容,二是思想自由。接着,蒋代校长话锋一转,着重强调"整饬纪律,发展群治,以补本校之不足"[1]。

这一"整饬纪律"的新思路,在其真正长校后,得到比较充分的展开。在激烈动荡的三四十年代,北大的教学与科研竟稳步上升,实在是个奇迹。而这,与蒋梦麟的苦心经营不无关系。

鲁迅《我观北大》

(1925年12月《北大学生会周刊》创刊号)

1925年12月,应北大学生会的紧急征发,鲁迅(1881—1936)为校庆二十七周年撰写了《我观北大》。

与蔡、胡等人不同,鲁迅始终不是北大的专任教授。从

---

[1] "第一,本校具有大度包容的精神。……第二,本校具有思想自由的精神。……我们有了这两种的特点,因此而产生两种缺点。能容则择宽而纪律弛;思想自由,则个性发达而群治弛。故此后本校当于相当范围内,整饬纪律,发展群治,以补本校之不足。"(蒋梦麟《北大之精神》,1923)

1920 年 8 月至 1926 年 7 月，时任教育部佥事的鲁迅，在北大、师大、女师大等校讲授《中国小说史略》。鲁迅的讲课虽大受学生欢迎，可根据规则，兼课者只能算是讲师，对校务没有多少发言权。在女师大风潮中，作为讲师的鲁迅挺身而出，支持学生的抗争，于是招来北大教授高仁山的讥讽。高氏在《晨报》上发表《大家不管的女师大》，称专任教授应该管理学校，"不要让教一点两点钟兼任教员来干涉你们诸位自己学校的事情"。于是，论到"我观北大"时，鲁迅首先反唇相讥："我向来也不专以北大教员自居。"

因北大文科教授中，章门弟子占主导地位，本就遭人忌恨；加上鲁迅爱管闲事，即便只是兼职，也被指认为"北大派"。北大本无派，可既然被"圈定"了，在鲁迅看来，这也不坏。因为，北大自有其值得骄傲的校格。"第一，北大是常为新的，改进的运动的先锋，要使中国向着好的，往上的道路走。"[1]"第二，北大是常与黑暗势力抗战的，即使只有自己。"尽管还有许多不如意，也中了许

---

[1] "第一，北大是常为新的，改进的运动的先锋，要使中国向着好的，往上的道路走。虽然很中了许多暗箭，背了许多谣言；教授和学生也都逐年地有些改换了，而那向上的精神还是始终一贯，不见得弛懈。自然，偶尔也免不了有些很想勒转马头的，可是这也无伤大体，'万众一心'，原不过是书本上的冠冕话。"（鲁迅《我观北大》，1925）

多暗箭,背了许多谣言,北大还是活的,还在生长。照鲁迅的说法,"凡活的而且在生长者,总有着希望的前途"。

既然如此,却之不恭,"北大派么?就是北大派!怎么样呢?"

虽是命题作文,鲁迅也能自出机杼,千把字的短文,还连带扫了一下章士钊的"整顿学风"。当然,命题作文也有难处,以客卿的身份,不太好说北大的坏话。文章结尾,鲁迅预先声明,明年若再出纪念刊,难以从命,因为,"说起来大约还是这些话"。

马寅初《北大之精神》
(商务印书馆 1928 年版《马寅初演讲集》第四集)

1927 年 12 月 19 日,在杭州北大同学会举行的纪念校庆二十九周年集会上,刚刚脱离北大的经济系教授马寅初(1882—1982)发表演讲,题为《北大之精神》。此文收入商务印书馆 1928 年出版的《马寅初演讲集》第四集,流传不多,值得广为介绍。

关于北大传统的概括,历来五花八门,就中当推马先生的说法最为别致。不但"精神",而且"主义",在外人看来,或许有"大北大"的嫌疑。可将为了国家与社会,"虽斧钺加身毫无顾忌"作为"北大之精神"[1]，我以为还是抓住了根本。

身为北大的首任教务长，马寅初1950年代方正式出任校长，时间长达十年。50年代的大学校长与30年代的大学校长，其所处环境及责任、权利等均有很大差别。即便如此，你仍能感觉到马校长不时露出的棱角。发表《新人口论》，主张控制人口增长，"单枪匹马"挑战主流意识形态，与上述"北大之精神"若合符节。

刘半农《北大河》

（1929年12月《北京大学卅一周年纪念刊》）

在众多校庆感言中，中国文学系教授、英年早逝的刘半农（1891—1934）所撰《北大河》别具一格。就像此文开篇所说的，纪念刊上的文章，不外两种写法：一是说好话，一是说老话。不想追忆逝水年华，也不想恭喜升官发财，

---

[1] "回忆母校自蔡先生执掌校务以来，力图改革。五四运动，打倒卖国贼，作人民思想之先导。此种虽斧钺加身毫无顾忌之精神，国家可灭亡，而此精神当永久不死。然既有精神，必有主义，所谓北大主义者，即牺牲主义也。服务于国家社会，不顾一己之私利，勇敢直前，以达其至高之鹄的。"（马寅初《北大之精神》，1928）

刘教授就从北大三院门前"日见其窄"的小河说起。

五四那一代学人，多有比较丰富的想象力。与蔡元培一样，刘半农也相信美育的功能。从审美意识与人格熏陶的角度立论，这"北大河"的作用，可就非同寻常了："它一定能于无形中使北大的文学，美术，及全校同人的精神修养上，得到不少的帮助。"[1]

可惜，刘先生的主意没被接纳，那虚拟的"北大河"，真的被不幸而言中，终于"化为平地"了。大学生之陶冶性情，需要江山日月相助，当年奔走国事的革命者，大概不以为然。可今日燕园，"绿水涟漪，垂杨飘柳"的未名湖，确实成了莘莘学子安顿灵魂并获得灵感的"圣地"。

周作人《北大的支路》

（上海良友图书公司 1936 年版《苦竹杂记》）

到为北大校庆三十二周年撰写文章时，周作人（1885—

---

[1] "总而言之言而总之，我虽然不相信风水，我总觉得水之为物，用腐旧的话来说，可以启发灵思；用时髦的话来说，可以滋润心田。要是我们真能把现在的一条臭水沟，造成一条绿水涟漪，垂杨飘柳的北大河，它一定能于无形中使北大的文学，美术，及全校同人的精神修养上，得到不少的帮助。"（刘半农《北大河》，1929）

1967）执教北大，已经十有三年。已经开辟了"自己的园地"，且对"闭门读书"颇有心得的周作人，不满世人眼里只有"政治的北大"，希望略作补充，谈谈"学术的北大"：

> 北大的学风仿佛有点迂阔似的，有些明其道不计其功的气概，肯冒点险却并不想获益，这在从前的文学革命五四运动上面都可看出，而民六以来计画沟通文理，注重学理的研究，开辟学术的领土，尤其表示得明白。

针对年来政客式的拥护与打倒，以及时人之急功近利，周作人提醒北大学人，注意那不太时尚但很重要的希腊、印度、阿拉伯以及日本文化的研究。宁愿从事此等"值得萤雪十载去钻研他的"学问，而不去追逐容易博得掌声的时髦玩意儿，周作人称，这便是北大之所以为北大。

"北大的学风宁可迂阔一点，不要太漂亮，太聪明。"此语大有见地。声称不抱北大优越主义的周作人，只是强调"北大有他自己的精神应该保持"[1]。接过蔡元培"读书不忘救国，救国不忘读书"的口号，本意在纠偏救弊的周氏，依然采取低调的姿态，假定救国乃北大的"干路"，那么，"读书就算做支路也未始不可以"。弃"干路"于不顾，而在"支路"上大做文章，其实隐含着周氏对于其时北大学风的某种批评。

1998 年 3 月 22 日于京北西三旗

附记

北大百年校庆前夕，我应中华书局之邀，编注了《北大之精神——十先贤对北大传统之建构》。选择十则短文，各加"注释"和"说明"，阐释"北大精神"是如何被建构起来的。这册薄薄32页的《中华活页文选》(1998年

---

[1] "我重复地说，北大该走他自己的路，去做人家所不做的而不做人家所做的事。北大的学风宁可迂阔一点，不要太漂亮，太聪明。过去一二年来北平教育界的事情真是多得很，多得很，我有点不好列举，总之是政客式的反复的打倒拥护之类，侥幸北大还没有做，将来自然也希望没有，不过这只是消极的一面，此外还有积极的工作，要奋勇前去开辟荒地，着手于独特的研究，这个以前北大做了一点点了，以后仍须继续努力。我并不怀抱着什么北大优越主义，我只觉得北大有他自己的精神应该保持，不当去模仿别人，学别的大学的样子罢了。"（周作人《北大的支路》，1936）

17期，1998年4月第一版），校庆期间大量赠阅，流传甚广，影响了日后众多关于北大历史、传统及精神的"言说"。考虑到大部分选文不难找到，这组文章收入《北大精神及其他》（上海文艺出版社，2000）时，只做了简单的摘引；只有严复的《论北京大学校不可停办说帖》未曾公开发表过，为便于读者全面了解，故全文抄录。如此谈论"北大传统"，与此前撰写《老北大的自画像——"校庆感言"》大有关系。都是选择北大教授或校长的视角，借以勾勒"老北大"的精神风貌，两组文章选文接近，之所以不避重复，是希望呈现不同的语境与思路——《北大之精神——十先贤对北大传统之建构》更像是北大人的"内部版"。

第 088 页注释 [1] 的内容：

《论北京大学校不可停办说帖》全文如下：

北京大学创建十有余年，为全国最高教育机关，未尝一日停辍。去年武汉事起，学生相率散归。代谢之后，国用愈绌，几至不名一钱。此校仅图看守，亦且费无从出。前总监督劳乃宣谢病而去。本校[长]受任于危难之际，承袁大总统谆切相托，义难固辞，勉强接事。时与学部度支两首领再四磋磨，商请用款，迄无以应。不得已乃陈明总统，由华俄银行暂借银数万两，楦柱目前，重行开学。此本校长接办以来之大概情形也。比者颇闻斯校有停办之议，本校长始亦赞同其说，而详审事实，有未可者。请为大部觊缕言之。

查北京大学考其程度教法，欲与欧美各国大学相提并论，固不可同年而语，然在建置之初，固亦极当时之人才物力，竭蹶经营，以勉企其所蕲向之鹄的。又积十余年之因仍迁嬗，糜财耗时，而后有今日之地位，为全国中比较差高之学校。今若将其废弃，是举十余年来国家全力所惨淡经营，一旦轻心掉之。前此所糜百十万帑金，悉同虚掷。且北京为革命后地方完全未经破坏之区，前日大学形式依然存在。学生在校肄习，历有岁年，纵不能更照旧章予以出身奖励，将持何理由而一切摧残遣散之乎？此则停办大学之未可一也。

夫各国之有大学，亦无法定之程度。取甲国之大学与乙国之大学相比观之，不能一致也。取某国内甲地之大学与乙地之大学相比观之，亦不能一致也。此固有种种之原因、种种之历史，从未有一预定之程度，必至是而始得为大学，不至是而遂不得为大学者也。且程度亦何常之有，吾欲高之，终有自高之一日，若放任而不为之所，则永无能高之时，此则停办之说之未可二也。

且吾国今日应有大学否乎？往者初立大学之时，言教育者即多訾议，以为吾国教育方针，必从普通入手，今中小学未备，而先立大学，无基为墉，鲜不覆溃。则不知高等大学与普通教育双方并进，本不相妨。普通教育所以养公民之常识，高等大学所以养专门之人才。无公民则宪法难以推行，无专门则庶功无由克举。今世文明诸国，著名大学多者数十，少者十数。吾国乃并一已成立之大学尚且不克保存，岂不稍过？且北京者，民国之首都也。天津西沽大学又有历年，其学科阶级，夙在高等学校之上。江浙各省及湖北武昌，亦方议建立大学，北京既称国都，反出行省之下，本末倒置，贻诮外人，此则停办大学之未可三也。

且国家建立大学，其宗旨与中小高等各学校不同。中小高等皆造就学生之地，大学固以造就专门矣，而宗旨兼保存一切高尚之学术，以崇国家之文化。各国大学如希腊、拉丁、印度之文学哲学，此外尚有多科，皆以为文明国家所不可少，设之学官，立之讲座，给予优薪，以待有志。有来学者，得其师资，即使无人而各科自为研究，探赜索隐，教思无穷，凡所以自重其国教化之价值也（日本有森泰来者，为全国中能诗之第一手，而其大学即延之以为诗学讲师。夫日本之于汉文，早已视同刍狗，于诗学乎何有？此其专为目前效用计哉。亦所以备具大学之科目，而自隆其国家之声价也。其余如吾国小学、经学及阳明心学、佛教梵文等，无不加以特别之研究。彼固醉心欧化，而其保全中国旧学若此。今日革新方亟，旧学既处于劣败之地，势难取途人而加以强聒，顾于首都大学，似不妨略备各重要主科，以示保存之意。全国之大，必有好古敏求之士，从而为之者。即使向往无人，亦宜留此一线不绝之传，以符各国大学设科之意。至于科目，亦宜详加甄采，以备仿循，不独为造就目前学生计也）。如此则学生之人数多寡有无，皆不足以沮进行之计画。况既为全国比较差高之学校，当亦有比较相当之学生，既有造就之盛心，必不患无学者。此次开学，蒙总长莅校，有设立研究会之政见，但若依前说办理，则功效当复相同，是则为吾国保存新旧诸学起见，停办之议之未可四也。

至于养校之经费，则窃以谓今之大学，固当先问其宜存与否，存矣，则当问其进行之计画为如何，不得以筹费之难易为解决也。如费之难易为解决，则今日财政窘迫现象何如，国家必一事不兴而后可。不为积极之经营，而徒为消极之计算，虽举国之生灵，咸令槁饿，其于国家大计，所补几何？假必为建设之事，则国家肇建万端，所需经费何限，区区一校所待以存立者，奚翅九牛之一毛？其所保持者甚大，所规划者至远，如此，夫何惜一年二十余万金之资，而必云停废乎？此则不佞所大惑不解者也。至于斯校以前办理之未尽合法，固为学界所共知，但今所急宜提议者，在于存废问题。如其必废，则何所复言；如尚可存，则种种改良手续，方自今始，岂得因循苟率，而以偷惰为安？但本校重开在大乱停阁之后，加以暑假期迫，生徒未尽来归，故虽稍稍布置，只能粗立纲领，终未确定规模。以议者纷纭，既有结束种种问题，自不得不先详存废理由，以凭核断。大部如以鄙见为不然，则方来之事，请待高贤。若以为犹有可从，则改革之谋，请继今以进。谨议。

老北大的自画像
——"校庆感言"解读

关于大学的叙述,历来内外有别。或情深意切,或熟悉内幕,个中人的说法,往往与外人不太相同。关系密切,可能体贴入微,也可能曲为回护,"自画像"的利与弊十分显豁,关键在于找到恰当的解读方式。

讲述大学历史或"光荣传统",除了众所周知的"内外有别",还有一点同样值得重视,那便是:同是个中人,因立足点的关系,其视野"远近高低各不同"。同一件事,比如最为敏感的闹学潮,校长与学生、在校的教授与已经毕业的校友,评价很可能天差地别。本文之选择教授以及校长的视角,借以勾勒"老北大"的精神面貌,基于如下考虑:首先,老北大的教授们颇具自我批判意识,比起学生的情绪化表述来,更值得重视;其次,学生流动性很大,教授们更能代表老北大的整体风貌；最后，之所以强调教授的视角，因此前以学潮为主体的"新文化叙事"，基本上是站在激进学生或某一政党的立场，有必要略做补充。

本文之选择十篇北大人撰写的校庆感言，按编年史的方法略做铺排，借以呈现北大校史的某一侧面，此乃文章的表面结构。至于文章的深层结构，则是借解读"感言"，建立关于"北大传统"的对话。比起1950年代以后之力图为北大传统"定调子"，从蔡元培到熊十力的"众声喧哗"，我以为更值得仔细倾听。

蔡元培《北大二十周年纪念会演说词》（1917）

1917年1月，蔡元培走马上任，执掌当时唯一的国立大学北京大学。同年12月17日，在校庆二十周年纪念会上，蔡校长发表讲话，先从在德国游学时观赏莱比锡大学五百周年纪念以及柏林大学百年校庆的感受说起。后者创办的时间，只有前者的五分之一，可如今竟后来居上。以此推论，校龄只有柏林大学五分之一的北京大学，"苟能急起直追，何尝不可与为平行之发展"。

纪念的话说过，该进入正题了。其时蔡元培正关注"大学改制"，此后一个月发表的《大学改制之事实及理由》，开篇便是"窃查欧洲各国高等教育之编制,以德意志为最善"。纪念会的讲话,也是以德国大学作为标尺,赞扬北大之由注重"实用"逐渐转为强调"学理":

> 本校当二十年前创设时,仅有仕学、师范两馆,专为应用起见。其后屡屡改革,始有八科之制,即经学、政法、文学、格致、造科、农科、工科、商科是也。民国元年,始并经科于文科,与德国新大学不设神学科相类。本年改组,又于文、理两科特别注意,亦与德国大学哲学科之发达相类。所望内容以渐充实,能与彼国之柏林大学相颉颃耳。

蔡元培的教育理想,与其游学德国的经历大有关系。正如罗家伦所说,"他对于大学的观念,深深无疑义的是受了十九世纪初期建立柏林大学的冯波德(Wilheln Von Humboldt)和柏林大学那时代若干位大学者的影响"(《国立北京大学的精神》)。柏林大学的榜样,在蔡元培的视阈里,一是强调研究自由,一是主张注重学理。前者发展出人所共知的思想自由与兼容并包两大"主义",后者则演变成为以文、理二科为中心的办学思想。

民国初建,蔡元培主持制订《大学令》,便已主张"大学以文、理二科为主"；出长北大后提倡大学改制，理由也是："文、理二科，专属学理；其他各科，偏重致用。"蔡校长毫不讳言其重"学"而轻"术"，甚至称治学者方可称为"大学"，治术者只能说是"高等专门学校"。基于这一设想，蔡元培大力扩充文、理两科，并停办了工科和商科，表面的理由是以便集中经费，骨子里却是看不起应用学科。

三年半后，蔡校长出访英国，在爱丁堡中国学生会及学术研究会发表讲话，其中有一段可与上述演说相发明："学与术可分为二个名词，学为学理，术为应用。各国大学中所有科目，如工商，如法律，如医学，非但研求学理，并且讲求适用，都是术。纯粹的科学与哲学，就是学。学必借术以应用，术必以学为基本，两者并进始可。……所以希望留学诸君，不可忽视学理。"蔡校长的这一办学宗旨，影响极为深远，直到今天，北大仍以基础研究见长。

胡适《回顾与反省》（1922）

胡适与北大渊源极深，从名教授到名校长，到1950年代成为主要批判对象，几十年风风雨雨。为纪念校庆廿五周年而撰写的《回顾与反省》，着重在"反省"：北大"开风气则有余,创造学术则不足"。因此,胡适对时人津津乐道的"注重学术思想的自由,容纳个性的发展"一笔带过——那确实只是世界大学的通例,不足以作为北大的独创;作为生日祝词,胡适的调子竟如此之低:"祝北大早早脱离裨贩学术的时代而早早进入创造学术的时代。"

1920年代的北大,在中国已经很有名气。胡适在《努力周报》上发表题为《北京大学》的时评,对北大之"暴得大名"忧心忡忡。以上颇为苛刻的评论,大概只有北大人自己可以说;也只有出自北大人之口,才不会招致北大人的强烈反感。历年北大人所撰纪念文章中,对北大的历史与现状具有清醒认识,在"回顾"时注重自我反省而不是自我表彰的,虽算不上主流,但毕竟是一种不容忽视的声音。

李大钊《本校成立第二十五年纪念感言》(1922)

这则刊于1922年12月17日《北京大学日刊》上的短文,以往极少受到关注,因其与世人眼中以传播马克思主义并参与创建中国共产党而著称的李大钊形象不太吻合。这则"纪念感言",只字未提如火如荼的学生运动,也没有从思想革命的角度立论,反而批评北大"学术上的贡献实在太贫乏了"。在我看来，这正是革命先驱李大钊过人之处。

鲁迅《我观北大》（1925）

1925年12月，应北大学生会的紧急征发，鲁迅为校庆二十七周年撰写了《我观北大》。虽是命题作文，鲁迅也能自出机杼，千把字的短文，还连带扫了一下章士钊的"整顿学风"。当然，命题作文也有难处，以客卿的身份，不太好说北大的坏话。文章结尾，鲁迅预先声明，明年若再出纪念刊，难以从命，因为，"说起来大约还是这些话"。

马寅初《北大之精神》（1927）

1927年12月19日，在杭州北大同学会举行的纪念校庆二十九周年集会上，刚刚脱离北大的马寅初发表演讲，题为《北大之精神》：

> 回忆母校自蔡先生执掌校务以来，力图改革，"五四"运动，打倒卖国贼，作人民思想之先导。此种虽斧钺加身毫无顾忌之精神，国家可灭亡，而此精

神当永久不死。然既有精神，必有主义，所谓北大主义者，即牺牲主义也。服务于国家社会，不顾一己之私利，勇敢直前，以达其至高之鹄的。

在马先生发表上述演讲前四年，蒋梦麟也有同题文章，不过讲的主要是如何"整饬纪律"。其时正代理北大校长的蒋先生，夹在坚持政治抗议的学生与要求社会稳定的政府之间，正伤透了脑筋，哪敢再鼓励学生们发扬"牺牲主义"而"勇敢直前"？作为大学行政官员，专攻教育学的蒋梦麟校长是称职的；但要讲"北大之精神"，富于理想情怀与独立意志的马寅初，或许更具代表性。

刘半农《北大河》（1929）

刘教授突发奇想，将北大三院门前的那条小水沟命名为"北大河"，并感慨其十几年来"河面日见其窄，河身日见其高，水量日见其少，有水的部分日见其短"，建议由校方组织清污栽树，并勒石纪念。以下这段话，很适合今日的情景：

> 假如到了北大开一百周年纪念会时，有一个学生

指着某一株树说:"瞧,这还是我曾祖父毕业那年种的树呢,"他的朋友说:"对啊!那一株,不是我曾祖母老太太毕业的一年种的么?"诸位试闭目想想,这还值不得说声"懿(猗)欤休哉"么?

与蔡元培一样,刘半农也相信美育的功能。从审美意识与人格熏陶的角度立论,这"北大河"的作用,可就非同寻常了:

> 要是我们真能把现在的一条臭水沟,造成一条绿水涟漪,垂杨飘柳的北大河,它一定能于无形中使北大的文学、美术,及全校同人的精神修养上,得到不少的帮助。

可惜,刘先生的主意没被接纳,那虚拟的"北大河",真的被不幸而言中,终于"化为平地"了。

陈大齐《我们今后的责任》(1929)

其时正代理北大校长的心理学家陈大齐,为《北京大学卅一周年纪念刊》撰文,实在不太好落笔。先是奉系军阀张作霖，后有国民党新政府，对北大的民主传统均很不放心，各种改组方案，都指向北大校名之取消。此举理所当然地遭到北大师生的强烈反对，历经一番游行、罢课、抗议，政府终于表示妥协。这一年的8月，国民党中央议决停止大学区制，北大因而正式脱离拼凑起来的北平大学，恢复"国立北京大学"的名称。

刚刚恢复建制的北大，百废待兴；而如何使得热血沸腾的学生们，重新回到课堂，也不是一件简单的事情。就像所有校长在校庆纪念会上的表现一样，陈代校长也是大谈如何保持本校已有的光荣传统。不过，陈文还是有些自己的想法，涉及刚刚从被淹没厄运中挣脱出来的北大未来的发展途径：

> 本校要想保持过去的光荣，并且发扬而光大之，唯一的方法只有在学术上努力做出些成绩来。大学本是研究高深学术的处所，大学的职务本在于发扬学术，所以大学要想获得荣誉，自应在学术上努力。假使舍却了这条正道，而到旁路上去求，恐怕愈迷愈深，不但达不到目的，终且适得其反。

这里的大谈"高深学术"，并非老生长谈，乃针对五四运动以后北大连绵不绝的学潮。北大以学潮起家，北大也以学潮遭谤，作为校长，陈大齐不能不对此表态。既不能伤害学生的政治热情，也必须转移其注意力，于是强调大学获得荣誉的正路是"发扬学术"。几乎所有的教育家，都不喜欢学生动辄罢课，将其作为政治斗争的手段，代价实在太大。走出校门后，成为职业革命家的毕竟是极少数，大部分学生将懊悔在学期间的荒废学业。可大学生除了近乎"自残"的罢课，还有什么有力的斗争武器？即便思想激进的师长，也都强调学生的责任是求学，只在迫不得已的情况下，才从事实际政治活动。可是，何时方是"摆不稳一张书桌"的危急关头，各人的感觉很不一样。因而，关于学潮利弊得失之争，永无定论。

陈文还有一点值得关注，即强调北大以理论科学而不是应用科学为主。后者易见成效，前者则"不切实际"，在教育经费严重短缺的当年，如何把有限的资金投放到最急需的地方，每个校长都必须作出抉择。陈氏继承蔡元培的思路，一如既往地注重理论科学，理由是：

> 就学问的本质和发展讲，原是为学而学，并非为用而学。为用而学，学问不易成就，实用亦受影响。为学而学，学既成就，自能施诸实用。故自然科学不

发达的国家，不能有充分的物质上建设，社会科学不发达的国家，不能有精神文明的发皇。理论科学确是应用科学之母。

百年北大，在几次大转折的关头，历任校长均坚持有点迂阔的"为学而学"的正路，这是因为，自认本校"对于新中国的建设，负有重大的责任"；别人可以放弃投入大收效迟的理论科学，北大不能。这种学术上的远大抱负，以及强烈的责任感，与其政治上的"以天下为己任"相得益彰，共同构成了北大的"大气"。

周作人《北大的支路》(1930)

到为北大校庆三十二周年撰写文章时，周氏执教北大，已经十有三年。如此"老北大"，按理说，该是最有发言权的了。可擅长腾挪趋避的周氏，一开篇，便故意压低调门：

总之我觉得北大是有独特的价值的。这是什么呢，我一时也说不很清楚，只可以说他走着他自己的路，他不做人家所做的而做人家所不做的事。

走自己的路，保有强烈的个性，这确实是北大的特点。可单有这些还不够，"文章"还没进入"正题"。已经开辟了"自己的园地"，且对"闭门读书"颇有心得的周作人，不满世人眼里只有"政治的北大"，希望略作补充，谈谈"学术的北大"。"北大的学风宁可迂阔一点，不要太漂亮，太聪明。"此语大有见地。从蔡元培之注重学理，到周作人的主张迂阔的学风，再到熊十力的追求"穷大极深之业"，北大人之着眼未来，不争一时一地之得失的思路，一以贯之。

陶希圣《北大自己对自己的看法》（1933）

此文刊于《北京大学卅五周年纪念刊》，作者时任北大教授。从1915年入北大预科，到1922年毕业于北大法科，按时下的说法，陶希圣算得上是个"全北大"。陶氏一生，与政治纠葛很深，包括抗战中出任蒋介石侍从室秘书，为其起草《中国之命运》一书，以及去台后任国民党中央常委等。撰写此文时，陶氏还没步入政界，仍是持书生立场，故对北大学生之与政府步调很不一致，十分欣赏。日后重读此文，陶君不知是否"悔其少作"。

"九一八"事变爆发后，北大学生上街游行，发抗日救亡通电，组织南下示威团等，对政府施加压力。于是，时贤颇有高论，以为大学生之"倾向于政治斗争"而不是专业知识，乃中国教育失败的象征。陶文借纪念北大校庆，批评将政局动荡归结于学潮不断的说法。在陶氏看来，是社会需求的诱导，而不是知识分子别有用心的教唆，使得学生走上街头。倘若北大学生对于社会的需求无动于衷，这样的教育，说不上成功：

> 譬如在民国八年，政府要一个安分守己的北大，社会却要一个揭大旗领导学生到赵家楼去的北大。北大担起这个使命，北大就大了。但是这不是北大自己所能决定的。社会做了北大的后援，北大才有五四的光荣。北大如没有社会的后援，民国二十年的示威运动不过烟消云散罢了。

社会需要学生的冲击，同时，学潮也只有在适应社会需求时，才可能得到社会的后援，也才可能获得成功。在这个意义上，陶教授提醒学生："北大不要太自大了。北大也不可太自小了。"

陶氏晚年撰《蔡先生任北大校长对近代中国发生的巨大影响》，强调蔡之主张政学分离，读书不是为了做官，以及教育的相对独立,对近代中国思想文化的走向影响极大。依陶氏的说法,"当时北大学生与政客和军阀,在蔡先生的教导下分家了"。这一代表中国教育现代化的政治与学术之"分家",其实没那么简单,更不是一帆风顺。但有一点,对于北大人来说,更注重社会的需求,而不是政府的号令,乃至不惜与当局发生大大小小的摩擦,却是自觉的。"春江水暖鸭先知",思想敏锐,以及敢为天下先,固然是北大的优势;可有一句老话,"枪打出头鸟",北大并不总是幸运的。

熊十力《纪念北大五十周年并为林宰平先生祝嘏》(1948)

上述诸文,不管语轻语重,都是站在五四新文化的立场,表彰北京大学的历史贡献。即使有所批评,也只是希望"百尺竿头更进一步"。长期任北大教授的哲学家熊十力,其思路却大不一样。承认蔡元培出长北大以及胡适的提倡文学改革,对于社会的影响"不可谓不巨",可对后者评价却不高。基于"人类如有趋向太平之几,必待儒学昌明而后可"的设想,熊对五四新文化运动的"打倒孔家店"极为不满。"三十余年来,六经四子几投厕所。或则当作考古资料而玩弄之。"与此相对应的,便是举世学人之追摹西学,"一意袭外人肤表,以乱吾之真,将使民性毁弃,绝无独立研究与自由发展之真精神"。对此时代大潮,熊氏大不以为然:

> 清季迄今,学人尽弃固有宝藏,不屑探究。而于西学,亦不必穷其根底,徒以涉猎所得若干肤泛知解,妄自矜炫。凭其浅衷,而逞臆想,何关理道。集其浮词,而名著作,有甚意义。以此率天下,而同为无本之学,思想失自主,精神失独立,生心害政,而欲国之不依于人,种之不奴于人,奚可得哉。

这里所批评的崇拜西学之"新潮",与北京大学以及现任校长胡适大有关联。此文作为一家之言,不谐时俗,却值得认真思考。北大的兼容并包,不局限于蔡元培主事的十年,也并非只是当政者的雅量。教授可以批评校长,谈学理尽可一针见血,不必考虑是否伤和气,此乃真正的"北大传统"。当初,青年教授胡适可以批评校长蔡元培的《石头记索隐》是猜"笨谜"(《〈红楼梦〉考证》),如今熊十力论及胡校长的历史功绩,不假辞色,都不值得大惊小怪。熊氏称,胡适的提倡科学方法,固然使得青年注重逻辑,可功绩仅在于考核之业：

> 而在哲学方面，其真知慎思明辨者，曾得几何。思想界转日趋浮浅碎乱，无可导入正知正见之途，无可语于穷大极深之业。

胡校长不见得真能接受熊十力的批评，但不会、也不可能阻止以上意见的发表——谈论北大学风，此"一叶"，或许真的可以"知秋"。

已经离开北大的和仍在北大工作学习的，对北大的感觉不一样；校长与学生，对北大的期待也不一样；事后追忆与临场发挥，对北大的描述更不一样。但以上十文，给人总的印象，可用"大气"二字概括。以北大在现代中国的历史地位，有"以天下为己任"的责任感不难，难的是清醒的自我估价与自强不息的精神。

常有人追问，能否用一两句话来概括北大传统？我的感觉是不可能。历来鼓励"众声喧哗"、蔑视"定于一尊"的北京大学，一旦被口号化，必定伤筋动骨，弄不好面目全非。与其寻求很可能并不存在的"定论"，不若铺陈若干北大历史上曾经有过的"叙述"，借解读"老北大的自画像"进入历史，体会那只可意会难以言传的"北大之精神"。

老北大的可敬与可爱,还在于即便是"纪念感言",也都各具个性且有声有色,并非一味张扬"光荣传统"。作为后学,师其心意,也以此亦文亦史、亦古亦今的"对话",奉献给北大百年校庆。

1998年2月16日于西三旗

(初刊《北京文学》1998年5期;此次收录,删去若干与《北大传统之建构》重叠者)

作为话题的北京大学
——历年"纪念册"述评

刊行纪念册,大概是所有校庆活动中最为"影响深远"的了。其他如领导训话、明星演出、体育比赛、集体聚餐等,即便十分精彩,事过境迁,也都烟消云散。唯有纪念册,能够为当事人留下美好的记忆,陪伴其走南闯北,几十年后,蓦然回首,还有翻阅、品味、追忆、感叹的缘分。只是此类书刊,多为会场赠送,随看随丢,即便有心人,其收藏也相当有限。至于将此类读物统一整理,系统阅读,更是绝无仅有。

一般说来,为校庆而编印的纪念册,其作者与读者,均限制在本校范围内。即使公开出版,流通也十分有限。不过,可别小看这些"内部读物",其对所谓的"校史""校风""校格"的诠释,很可能比皇皇巨著更直接,更鲜活,也更流传久远。

北大历年纪念册之所以值得认真品读，还取决于这所大学在二十世纪中国的特殊地位。一代代的北大人，在校庆到来之际，与自己的前辈或后辈在一起，交谈往事，畅想未来，建构各人心目中的"北大传统"，阐发其所理解的"北大精神"。这种场面，对于当事人来说，当然值得迷恋；可我想说的是，即便对于旁观者，同样也有难以抗拒的魅力，那便是跳出北大，以史家的眼光，审视北大人对于自家历史传统以及精神生活的述说，在了解这所大学历史的同时，把握它所代表的文化传统与思想潮流。

北大人将北大作为话题，这是个好主意；可我还想再进一步，探究北大人谈论北大时的语调、神态、手势，以及效果。

《京师大学堂同学录》（1903）

大概是受科举时代"题名录"的影响，有关京师大学堂的纪念册，最早的当推此"同学录"。戊戌年间创办的大学堂，不到两年，便因庚子事变而风流云散，没有留下足以说明是否举行过校庆活动的任何资料。又过了两年，即1902年的12月17日，复办的大学堂正式开学。开学刚满一年，便有此"同学录"的刊行——称其为北大最早的"纪念册"，大概不会有疑义吧？

北大历年校庆"纪念册"的构成，最主要的，莫过于学校沿革、现行学制、校庆感言，以及师生名录等。因组织者（校方或学生会）及时机（大庆或小庆）的不同，纪念册的面目，会有很大差异，但总是在这几大项中翻来倒去。以"同学录"为题，篇首"依其职掌之轻重以次胪列"从管学大臣到教习、执事的姓名爵里，以示敬意，此与科举时代的"题名录"没有什么区别。至于此后作为"纪念册"主体的校史略以及校庆感言，在此"同学录"中，则依靠文案副提调王仪通和谷钟秀的两则序言体现出来。

王序开篇即简要介绍大学堂的创办以及此回的恢复，虽寥寥两三百字，大致讲清了学校的历史。接下来便是"同学录"刊行之因缘：大学堂开学不久，因参加癸卯会试，不少学生先期乞假；到了四月间，乡试渐近，"乞假去者盖十之八九"。可见科举不停，"学堂永不见信于人，教育万无普及之望"，唯一的办法便是派学生出洋留学——此"同学录"即应放洋学生的要求而刊刻。

谷钟秀的《叙》则从"群之时义大矣"入手，谈论编辑同学录的意义。于"君子群而不党"外，添上一句颇具江湖气的"四海之内皆兄弟"。至于同学录的编辑经过，谷君也有介绍：

> 北京大学开学之二季，同学二百有余人，管学大臣张选派出洋游学者，三十余人。于其别也，率有离群索居之感。张君熔西、黄君润书等咸曰：此群不可一日解。因建议刊一同学录，并撮合影一，弁之卷首，各手一册，以志不忘。录既成，属序于予，予曰：形式之群，离合适然而已；惟精神之群，当与诸同学共勉之。

《北京大学史料》第一卷（北京大学出版社，1993）收有光绪二十九年十一月初三《管学大臣奏派学生前赴东西洋各国游学折》，称"诚以教育初基，必从培养教员入手，而大学堂教习，尤当储之于早，以资任用"，并开列31名"派往日本游学"和16名"派往西洋各国游学"的学生名单。送学生出洋，所费甚巨，大学堂"力有不支"，何以如此"勉为筹划"，难道只是因"该学生等志趣纯正，于中学均有根柢，外国语言文字，及各种普通科学，亦能通晓"？

"派往西洋各国游学"的第一名俞同奎，学成归来后真的出任北大教授。1948年为纪念校庆五十周年，俞氏撰写了《四十六年前我考进母校的经验》，提及此次出洋留学的内幕。1903年的四五月间,大学堂学生为拒俄而举行集会、发布通电,打破了明清两代不准生员议政干政的禁令,令清廷大为震惊。如何对付此等新兴的政治抗议,其时正十分虚弱的朝廷举棋不定,于是有学生要求提前出国深造:

> 张百熙先生本为维护我们最力的人,竭力促成这一件事。在那拉氏这一方面,亦以为这班捣乱分子,应该让他们快快滚出国门去,乐得耳根清净,因亦照准。于是校中乃考选英法德俄日语言文字略有根底的学生三十余人,分送出国。这是北大第一次派学生留学东西洋的历史,亦即是北大学生争取自由的第一幕。

那时的清廷,不知现代学生运动的厉害,以为送出国去便可万事大吉,殊不知学潮愈演愈烈,竟成为二十世纪中国政治斗争的一着高棋。当然,以后的学生,可就没有如此幸运了,其政治抗议,换来的很可能是流血牺牲,而不是公派留洋。

《国立北京大学廿周年纪念册》(1917)

《京师大学堂同学录》毕竟带有科举时代"题名录"的阴影,真正开启北大"纪念册"传统的,是1917年出版的《国立北京大学廿周年纪念册》。既然是二十周年校庆,很多人(包括北京图书馆所编《民国时期总书目》)想当然地,将此书的出版时间定为1918年。殊不知,这里有个小小的秘密。这本北大历史上编撰最早、篇幅最大、体制最完整的纪念册,起先是"临时由学生数人发起",而后才由学校追认的。这一点,蔡元培校长在演说词中讲得很清楚。为何不顾校方准备纪念二十五周年校庆的公告,临时发起此二十周年纪念?是年早些时候,上海南洋公学举行二十周年纪念,北京高等师范也有九周年校庆的盛举,看人家"扬厉铺张,风动一时",自认"夙著光荣历史"而至今"尚无纪念之事"的北大学生,终于坐不住了。不要说等不及廿五大庆,连虚岁、周岁之分也不管了,先斩后奏,就这样办起了二十周年庆典(朱一鹗《北京大学二十周年纪念会纪事》)。当然,校方最终还是给予大力支持的,比如,蔡校长便命秘书将学校档案借给编辑之一陈钟凡,使其得以完成校史性质的"沿革一览"(陈钟凡《蔡孑民先生对于史学上的计划》)。

除了"沿革一览",此纪念册还包括"规程一览""集会一览""职员一览""学生一览"等,前有校舍摄影及平面图,后有陈汉章的《中国历代大学学制述》,可以说应有尽有了。我感兴趣的,则是诸位学长对于校庆的感言。

接受陈汉章教授的考证成果,承认"吾国自虞夏时,已有大学之制",但蔡校长依然认定:现在的北京大学,只是二十岁之青年。将京师大学堂的创立,作为西学东渐的象征,依此思路,蔡元培、王宠惠、范源濂、章士钊、陶履恭等在序言或演讲中,确立了有关北大校史的叙述基调。至于以英、法、德、美等国历史悠久之大学,作为北大的衡量标准及发展目标,也使得此后北大人谈论北大时,不会轻易满足于现状。如此首开记录,对日后校庆纪念的影响,最明显的,很可能是一种"挑剔的目光"。

《北大生活(写真集)》(1921)

大概因为并非逢五逢十,不属于"大庆之年",这一回的校庆纪念册,方才得以如此别出心裁:横16开本,81页,以生活照片为主体,而将此前此后普遍看好的《北大的沿革和大事记》《北大现在的组织》作为附录。封面题为《北大生活》,目录页则是《北大生活写真集》——

后者无疑更能显示该书的特色。

以"写真集"的形式纪念北大校庆，此举的优势有三：一是一改往昔满纸黑墨的惯例，以图片为主，赏心悦目；二是保留了许多珍贵的历史照片，今日之办展览、拍电视、编校史，可以漏过许多大同小异的高头讲章，却无法漠视这册薄薄的"写真集"；三是注重日常生活场景，相对忽视众所周知的"大人"与"大事"。此举既缘于史观的变化，又因应了图象的特殊要求，编者将眼光集中在经久不衰的学校建筑以及普通学生的课余生活，确实大有见地。

可惜的是，摄影师的水平不是很高，印刷技术也略逊一筹，再加上岁月流逝，"写真集"正日渐老去。真希望有好事者将其重刊——以今日的技术水平，必能使之重新"焕发青春"。

《北京大学廿五周年纪念刊》（1923）

北大的二十五周年纪念，总共举行过两次。自1917年"抢跑"，随后的几年，北大均以"虚岁"计龄。如此计算，不合民国历法改革精神，调整的办法，便是1923年的重度廿五。此系校史上的笑话，不过，也使我们有两回纪念刊可供比较。前者不曾独立出版，严格说来，只能算是"纪念号"。1922年的《北京大学日刊》，除了12月17日标明"二十五年之成立纪念号"外，此后连续几天，都有关于校庆活动的报道，并刊载了若干演说词。其中，当数蔡元培校长的演说最为有趣，因其委婉地表示了对此次活动的疑惑：

> 本校自从京师大学堂开办以来，到了昨日，恰恰满足二十四年，今天是二十五年的第一日。本来打算满了二十五年再来开个纪念会，表示我们庆祝的意思。……今天这个纪念会，是要想振起精神，在这一年内好好的预备一下，在明年开会时果然实现预定的计划，这是今天开纪念会的缘故。

开纪念会的本意，确实也只是为了"振起精神"。提前过廿五生日，就算计算有误，也没什么大不了的，明年纠正就是了——作为校长，宽厚的蔡元培参加了纪念会，但保留不同意见。

第二年的校庆纪念日，蔡元培不在国内，校务由总务长蒋梦麟代理，纪念刊也以蒋先生的《北大之精神》打头。从12月6日起，《北京大学日刊》每日登载纪念增刊的征文启事，希望师生提供纪念词、学术论著、对于学校将来的设想,以及学生的业绩等。这回的纪念刊,8 开 48 版,单独印行 2000 份,在会场广为散发。

两回廿五生日的纪念会均参加,且都发表演讲的,一是总务长蒋梦麟,主调是在发扬自由研究传统的同时,"整饬纪律";一是教务长胡适,大谈北大应该"早早进入创造学术的时代",连带介绍其生日与北大偶合,故"比别人格外高兴"。二长的演讲,只能说是忠于职守,实在说不上精彩。倒是众多师生的积极参与,使得纪念刊颇有可看处。除了常见的关于北大的责任、使命、未来、希望的感言外,还有江绍原的论文《宗教史的研究》、冯至的诗《昆仑山飞来的青鸟——北大念五周年纪念而作》等。

"何谓北大传统?"此乃历年纪念册的永恒话题,这一回也不例外。众多阐释中,学生活动家、北大马克斯学说研究会的发起人之一朱务善撰写的《北大精神》,颇具特色,值得推介。将"北大精神"界定为公开研究与自由思想,本无特出之处;可朱氏由此推导出北大的两条大路:一是思想革命兼文学革命;二是社会运动兼政治运动:

> 总而言之,北大精神是科学的平民的非宗教的非干涉的,而其尤足令人佩服不置的,还是当仁不让之"干"的精神。

不只思想，而且行动，如此方才是完整的"北大精神"。五四时代激进的知识分子，正是从这里找到了介入现实政治的合理性。

有趣的是，朱文还将北大的现状与欧洲和日本之大学做比较，而且颇具自信，哀叹日本的大学所受压制太强烈。那时的北洋军阀正忙着互相厮杀，对大学的"思想问题"，一时无暇顾及。再说，科举时代虽然过去，西学大潮扑面而来，读书人余尊尚在，在大学里谈谈马克思主义亦无大碍。可这不等于说中国的大学享有独立思考并批判现实的特权。以1926年的三一八惨案为标志，军阀们终于大开杀戒，此后便一发而不可收拾。最明显的一点是，北大师生的"思想自由"，此后便不再是天经地义的了。

《北京大学卅一周年纪念刊》（1929）

按照惯例，逢五逢十的纪念刊，总是比较好看。这一回，为何选择的是卅一而不是卅周年纪念刊？王国铨《我们为什么要举行北大卅一周年纪念会》，对此有简要的解释：三十周年校庆时，北大师生正因反对大学区制、争取复校而受到国民党政府的武力压制，校庆活动很不像样："去年的今日，二院大礼堂只聚了二百多同学，两个旧教授,门首高悬着一副白布对联,冷清清的举行了那告朔式的卅周年纪念。"1933年刊印的《国立北京大学校史略》,对此有更为精彩的描述:

> 是年冬,我校三十周年纪念日,例应盛为庆祝。以方争求复校期中,仅于某夜有学生数十,提灯巡游景山东街、北河沿一带,呼口号以见志。朔风吼天,枯枝摇雪。灯光疏暗,呼声弗扬。虽云志庆,实写悲也。

终于,"公理得到了最后的胜利",北大恢复了原来的校名和建制,卅一周年因而晋升为"大庆",纪念刊也堂而皇之成了"大刊"。

其时已经转任中央研究院院长的蔡元培,为该刊作序,针对北大学生的特点,着重谈了两个问题。一是"要以学术为唯一之目的,而不要想包办一切",这自是对北大学生强烈的政治参与意识的委婉批评。一是"要去尽虚荣心,而发起自信心"。老校长称,北大五四一役之光荣,"盖当时首都仅有此唯一之国立大学,故于不知不觉中当艰难之冲,而隐隐然取得领袖之资格"。如今大学林立,且首都南迁,"北大不过许多大学中的一校",不该"妄自尊大"。

老校长所言有理，1920年代末的中国，北大确实不再是唯一的"最高学府"。首都南迁，北大得不到国民党政府的大力扶持，办学规模及经费均不如南京的中央大学。可不在天子脚下，也有好处，尤其是老北大之推崇思想自由与兼容并包，与国民党的党化教育政策明显背道而驰。若非远在北平，国府鞭长莫及，真不知道还能不能较好地保持"北大之精神"。

代理校长陈大齐《我们今后的责任》之大谈在学术上努力，方才是大学获得荣誉的正路，也是针对近年学生日益高涨的政治热情。而《北京大学概况》对"校风之特点"，也转而强调较为玄虚的（1）具独立精神（2）有特别见解（3）做事有坚强之毅力（4）服从真理（5）气量宽宏。学生则不这么看，李辛之《北大之过去与现在》依然强调北大以养成领袖人才、领导新思潮运动，以及与旧势力抗争为目的。其中强烈的"领导意识"，与蔡元培的说法恰好相左。或许，北大人即便"自我压抑"，也无法掩盖其咄咄逼人的气势，以及领袖群伦的潜在欲望。只是少不更事的学生，比起饱经沧桑的教授和校长来，更容易将此"气势"和"欲望"表达得淋漓尽致。

毕竟是学文学的，李长之的说法更有趣些："二院的建筑成就了北大的象征。"因其具有某种神秘性，外表笨拙,而内里精致。称北大的教员宽宏大量,使得学生"如坐春风";校方要求不太严格,可照样人才辈出,此类"溢美之词"尚无伤大雅。下面这句话,可就要引起其他大学学生的抗议了:"再没有比北大的学生之学校意识更深的了。"(《北大现在给我们印象和我们对于她将来的希望》)

《北京大学卅五周年纪念刊》(1933)

这一回的纪念刊,由北大学生会负责筹备。从决议到正式出版,只有短短九天时间,借用一句时兴的套话:"粗疏之处,在所难免。"由学生会出面也有好处,那便是"童言无忌",不必以整个学校的前途做抵押。实际上,在我所能看到的校庆纪念刊中,没有比它更激进的了:自始至终,斥责政府无能。

以筹委会名义发表的《纪念宣言》追问,在"日本帝国主义强占我东北四省,法帝国主义侵占我海南九岛,英帝国主义眼睁睁要攫取我西藏西康",而政府又一再委屈求全的状态下,北大人何以纪念卅五周年校庆:

> 两年前的今日,北大学生曾经反抗过政府对帝国主义的一贯投降的政策,做过轰轰烈烈的南下示威运

动,唤醒了数千百万的民众,来反抗帝国主义的蛮横。然而,两年来,北大却成了粉饰太平的"学府"!我们大家睁眼看看民族危亡的情况,回顾自己醉生梦死的悠悠度日,这时,我们想想我们自己是国家的中坚分子呢?还是只知吃饭的废物呢?

就像《编者底话》所说的,这回的纪念刊,肯定"使某方面看了不舒服",但所载各文,虽言辞激烈,确是"同学方面之现阶段的精神的流露",应允许其"尽量表现"。

值得注意的是,老校长蔡元培接到学生的电报催请后,航空寄来意味深长的题词:"风雨如晦,鸡鸣不已。"而名教授刘半农的《三十五年过去了》,则从鲁迅设计的校徽说起,同样表达了忧愤的心境:

> 我以为这愁眉苦脸的校徽,正在指示我们应取的态度,应走的路。我们唯有在愁眉苦脸中生活着,唯有在愁眉苦脸中咬紧了牙齿苦干着,在愁眉苦脸中用沉着刚毅的精神挣扎着,然后才可以找到一条光明的出路。

作为教授,刘半农最后还是落实到"应当努力于雪学术耻",而不是直接上战场。可蔡、刘二君的忧患意识,与学生的基本立场,其实是相通的。

这一期的纪念刊,除了政治抗议外,有几篇小文章,值得一读。一是日后成为著名文学史家的陈世骧所撰《北大外景速写》,一是徐靖方、许文超两则妙趣横生的《北大老》,还有便是顾麟生的《我们的北大》——后者之提议校方接管景山、整治"北大河"、创建艺术学院,以及附议改"景山东街"为"许景澄路"、改"汉花园""沙滩"为"五四路"、改"北河沿"为"大学路"等,都是很好的"创意"。

《国立北京大学一九三七级毕业同学录》(1937)

从1903年的《京师大学堂同学录》,到1948年的《国立北京大学历届校友录》,四十多年间出版的众多"同学录",确实体现了北大学生强烈的"母校意识"。大约从1920年起,北大应届毕业生的"同学录",不再只是文字介绍,而是以照片为主。而且图册越编越精美,足以陪伴主人"走遍天涯"——不止一位老学长,向我炫耀其珍藏了几十年的"我们那一届的同学录"。

此类印刷精美的"同学录",以1937级的那一册为顶峰，而后便风光不再了。除了名人题词、师长形象外，"同学录"的主体是每位同学的"玉照"（注上名号、籍贯、年龄等，便于日后辨认）、学校的建筑物、校园生活的场景，以及简要的校史等。而1937级的这一册，还有另外两项发明，一是增加历届学生名录，一是配上若干北平风光。此举带有象征意味："同学录"至此包罗万象，很难再有所突破；而很快抗战军兴，北大南迁，颠沛流离中的北大人，只能依靠这册"同学录"（假如有的话），追忆故都和母校——此册印成，北平已在战火之中，有多少同学能够得到它并保存下来，实在不无疑问。

作为北大同学录"最后的辉煌"，此书唯一的缺陷是题词不够精美。当校长不容易，每年都得为各种纪念册题词，可蒋梦麟的"努力前进"，也实在太乏味。文学院院长胡适的"有一分证据，说一分话"，过于平实；外国语文学系教授周作人抄录蔼理斯的话，即便内容贴切，也是近乎偷懒。对比1934级同学录上马叙伦精美的书法和《贺新凉》词，或者黄节之恭录顾亭林论学语"博学有耻"，均大为逊色。大概只能解释为时局艰难，人心惶惶，实在高雅不起来。

《北京大学五十周年纪念特刊》(1948)

四十周年校庆时,北大正偏居昆明(作为西南联大的一部分),没办法举行隆重典礼,只是铅印了一册《国立北京大学四十周年纪念论文集》。其时战事紧张,印刷困难,论文集封面注明1938年12月17日编印,1940年1月20日出版。好不容易熬到抗战胜利,北大重归红楼,应该好好庆祝了;可很快地,内战炮火又起,学校成了党争的重要阵地。即便如此,北大的五十大庆,还是相当热闹。

出版物方面,除了论文集、校友录、展览概要、善本书录等,最值得关注的,是或单独刊行或收在"五十周年纪念一览"中的《北京大学五十周年纪念特刊》。这一回的校庆活动,校长的印记相当明显。《水经注》版本的展览,以及突出图书馆善本书和文科研究所的贡献等,均可见胡适的个人趣味。至于纪念特刊的编排,也都颇具匠心。清一色的回忆文章,没有空发议论的,且都出自著名教授之手。文章不多,但大学发展的每个阶段,都有所涉及。若严格依照时间顺序排列,齐如山的《记同文馆》应该放在第一位,考虑到北大历来以京师大学堂为老祖宗,同文馆只是在溯源时提及,故将齐文略为挪后——如此周密的考虑，可见编者历史意识之强烈。

大学堂老校友邹树文、王画初、俞同奎的回忆文章十分珍贵，大概也只有胡适这样有历史癖的校长，才会去认真组织与发掘。其他文章，也都各具特色，如熊十力以思想及气势取胜，杨振声、罗常培以史料翔实见长，而冯友兰的《北大怀旧记》，则颇有幽默感。尤其是提及那张很有名的北大哲学门毕业留影，寥寥数语，一下子写活了陈独秀、梁漱溟两位师长：

> 我们在民国七年毕业的时候，全体师生照了一张像。陈先生与梁漱溟先生坐在一起。梁先生态度恭谨。陈先生则很豪放。他的一只脚，直横伸到梁先生面前。等到照片洗出以后，我们送一张与陈先生。他一看，说："很好，只是梁先生的脚，伸出太远一点。"我们的班长孙时哲（本文）说："这是先生的脚。"陈先生也为之大笑。

"特刊"所收十篇署名文章，均可读，水平比以往任何纪念册都高。可缺了学生的视角，总是一种无法弥补的遗憾。

北大的五十大庆，办得虎头蛇尾，准备工作做得很认真，可正式举行庆典的前两天，校长胡适乘蒋介石派来的飞机南下。12月17日凌晨二时许，也就是庆典举行前几个小时，解放军进驻北平西郊罗道村，北大农学院率先进入新时代。围城中的北大校庆，虽然照样举行，但不可能真的"处变不惊"。

《北京大学六十周年》(1958)

北大的五十周年与六十周年，两次大庆，竟有天壤之别。新旧政权交替、北京再次成为首都、北大校园由城里转移到西郊、校庆纪念日由12月17日改为"五四"等，其中任何一件，都深刻地影响着北大的未来。唯一具有连续性的，是胡适再次充当校庆纪念的重要角色，只不过一正一邪形象迥异。

这一回的校庆纪念活动，最值得骄傲的，是完成了《北京大学六十周年》。这部由"校史编纂委员会"撰写的书稿，虽然只是"初稿"，不曾公开发行，但毕竟可见时人之自信，敢于一直写到当下。全书共八章，16开本，175页，其中最具特色的是最后一章《中华人民共和国成立后向社会主义迈进的北京大学(1949—1958)》。这一章的第二节，标题是"几次伟大的政治运动为北京大学的大跃进奠定了基础"，所述"运动"包括抗美援朝、土地改革、三反和思想改造、肃反、整风和反右等。据说，经历这一系列政治运动，北大"旧貌换新颜"。其中"展开对资产阶级学术思想的批判"，与本文关系尤为密切：

> 胡适反动学术思想的影响是多方面的，从政治到历史，从哲学到文学。自"五四"以来，学术界都在不断地受到他的影响。特别是与他历史关系较深的北京大学。为了在学术上真正树立起马克思主义的红旗，必须坚决地肃清他在各方面的反动影响。

比起同时由文物出版社推出的一套十二幅图片，以及上海人民美术出版社印行的精美画册，这本没能公开发行的校史初稿，更具学术史意义。

北大校史的写作非同小可，因其牵涉20世纪中国政治文化的许多重要命题。史料缺乏，固然是难以下笔的重要原因；如何阐释，更是关键所在。作为中国现代史上最具影响力的大学，没有一部稍为像样一点的校史，实在说不过去。1933年底，为纪念校庆三十五周年，校方组织编撰了《国立北京大学校史略》，双面17页，线装一函，也是"非卖品"，且开宗明义："欲纪其详，有待专志。今兹说述，只及要纲。"为了那部众望所归的"专志"，北大

专门成立了编纂处,请看下述"校史略"的预告:

> 梦麟念我校自清季创办以来,校况之良窳,校誉之升沉,学制之更移,精神之转变,人员之进退,多经岁月,知者将稀。求诸档文,亦虑损阙。非写专书,恐无以信今传后。因拟创编《国立北京大学志》,设编纂处,以刘复为主纂。

刘先生不辱使命,编纂处工作也颇有成效,现存北大档案馆的"校志稿",保留了不少重要的史料。至于定稿,则遥遥无期——刘先生不幸早逝,以及抗战爆发北大南迁,可能都是"专志"难产的原因。

《北京大学六十周年》的写作,吸取了"校志稿"部分考证成果,但转移了叙述立场。"初稿"完成后,二十年间没能认真修订,原有的毛病日益刺眼,以至非全部推倒重来不可。1980年代初,北大校方集中力量,终于写出差强人意的"半部"校史——因其只叙述到1949年。百年校庆即将来临,校方依然"多闻阙疑"。真正的北大百年史,不知何年何月才能问世!

北大六十大庆,拿老校长胡适"祭刀",实在有失公允。台北的北大校友会,于是反其道而行之,大张旗鼓地为胡适祝寿；国民党当局也借此大做文章，争夺关于"北大精神"的阐释权——北大再次成为国共两党争斗的战场。随后出版的《国立北京大学成立六十周年纪念》，薄薄一册，32页，毛子水、罗家伦的文章以及"大事年表"均为旧作，唯一新写的，是短短一页《向胡校长祝寿献词》。如此简陋的纪念册，本不该勉强出手，实在是因胡校长太寂寞了，需要一点后学的安慰。

《精神的魅力》（1988）

北大的七十大庆，正值"文革"高峰，那"大学还是要办的"的最高指示还没有发布，北大前途生死未卜，根本谈不上校庆纪念。八十大庆时，教育部正在北京召开全国教育工作会议，讨论如何在教育战线"拨乱反正"。当务之急是以实事求是的态度，批判"四人帮"所狂热鼓吹的个人崇拜，并确定新时期的教育方针，而不是举行校庆纪念。一直到九十大庆时，北大方才心情舒畅，有可能好好庆祝一番。

校方组织的出版物中，《今日北大》侧重介绍北大的历史及现状，《精神的魅力》则突出个人与学校的精神联系。作为"纪念册"，后者更可读，影响也更大。"六十五篇作品，六十五支心曲"，上至耄耋长者，下至青年才俊，全都"辞采飞扬，情思泉涌"，使得该书特别能够吸引年青读者。而其突出"精神的魅力"，确实抓到了北大最引人入胜处。迄今为止，关于北大校庆的纪念册，没有比这本发行量更大的了。

正因为这是一次成功的策划，影响极大，不妨略为吹毛求疵。将校庆纪念定位在"我与北大"，如此个人化的叙述，必定是文章好读，但没有多少历史感——对比此书与"五十周年纪念特刊"，差距格外明显。与此相适应，该集文章，主观抒情多，而理性分析少，对现实中的北大一味赞美，与1930年代由学生会组织的大不一样。最后，从二十周年纪念起，北大人始终盯着世界一流大学，校庆感言，总念念不忘牛津剑桥、哈佛耶鲁、巴黎柏林，不像现在的文章，多将目光局限在沙滩与燕园。

为了纪念北大百年，今年会有许多出版物问世，能否传得下去，拭目以待。此前的纪念册，多只在校园内流通；这回却不同，许多与北大没有直接因缘的文化人，也将北大作为一个重要的话题：或集中谈论北大的历史与现状、逸事与精神；或借北大校史探究20世纪中国的政治、思想、文化、教育；或醉翁之意不在酒，虚晃一枪，推出自家治国安邦的大计。

所有这些，我都很感兴趣，并乐意倾听。理解百年中国的"光荣与梦想"，"北京大学"，绝对是个很好的叙事角度。之所以欢迎众多同好加盟，包含小小的私心，即：为本文寻找"续篇"。

1998 年 2 月 20 日于京北西三旗

（初刊《读书》1998 年 5 期）

第二辑

校史杂说

北京大学：从何说起？

明年五月四日，北京大学将庆祝百年校庆。如此盛举，两年前便已见诸各种传媒。近日出游，不断有校友询问详情，或愿为母校出钱出力，或准备回来共与盛会。作为北大的一员，本人自是不甘落后，也很想为百年一遇的盛典"添砖加瓦"。捐不出大笔资产，于是献上一组短文，也算"千里送鹅毛"。

既然是"百年校庆"，顺理成章，应该从头说起。可单是"大学的诞生"这么简单的问题，也让我无从落笔。首先，前五十年的北大，校庆基本上是12月17日；后五十年的校庆，何以改为"五四"？其次，各种有关著作——包括校方组织撰写的校史，述及北大的诞生时，为何全都语焉不详？最后，既然无法考定京师大学堂（北京大学前身）的开学日期，当初的校庆纪念日，又是如何推算出来的？

真应了那句老话："一部十七史，不知从何说起。"为了尊重历史，就从这"不知从何说起"说起。

校庆纪念日一旦确定，余下的问题，便是一年一度的"狂欢"。至于最初的动议，除了有考据癖者，或者校史专家，一般不会寻根究底。不幸的是，北大举行五十周年校庆时，恰好是"有考据癖"的胡适当家。为求万无一失，胡校长请本校第一班有学位的毕业生之一邹树文"回忆回忆"。真没想到，这一"回忆"，竟出了大问题：实行多年的校庆，很可能是张冠李戴。

邹树文的《北京大学最早的回忆》，收录在 1948 年 12 月由北大出版部印行的《国立北京大学五十周年纪念一览》。一个月后，北平和平解放。不难想象，邹文流通不会很广，故值得大段征引：

> 北京大学校庆十二月十七日，决不是戊戌北大的任何纪念日，而是壬寅京师大学堂的开学纪念日。何以说不是戊戌年呢？那年到了十二月十七日，早已经过了政变风潮，康有为梁启超已逃走了，戊戌六君子已经杀身成仁了，那还在反动潮流初发展的时候，由

此反动潮流而形成最高潮的庚子之变,何以能那样的开这个"二毛子"的洋学堂呢?何以说是壬寅呢?(一)北平师范大学导源于京师大学堂师范馆,这个师范馆是壬寅才创始的,这个校庆日期,据说是我的同馆同班同学王桐龄先生所考订出来的,师范大学即用此同一个日期为校庆而纪年,则推始于壬寅而不溯及戊戌。(二)我在壬寅年入学开学的时候,还记得每日天还未亮,每桌点了蜡烛吃早饭,学生与教职员同桌进餐,如此开学不久,约有一个月光景,亦就放学了。那时用的是阴历,放学总在封印将近的日期。前清以十二月下旬封印,那时候各衙门将官印封起,以便过年后再择日开印,所以封印与开印的时间以内,便成规定的假期了。胡适之校长对于我这个推断,亦颇为首肯。但是全凭记忆与推想,还不足成为定论。我愿胡校长本他的考订《水经注》精神,将这个校庆日期的来源,确实考订一下。

邹先生并非史学专家,这段话有明显的纰漏;但当事人的证词值得充分重视,因其足以撼动已经实行了几十年的北大校庆之根基。不只胡校长认真对待,每个对北大历史感兴趣的读者,都必须面对这个"严峻的挑战"。

怀疑戊戌年的京师大学堂不曾存在（史家何炳松《三十五年来中国之大学教育》也持此说），此说失考。至于西太后发动政变，维新派的改革措施几乎全被废除，何以大学堂仍能继续筹办？这倒是个好问题，值得认真叩问。《国立北京大学廿周年纪念册》中的《大学成立记》，提供了广泛流传的答案：

逮八月政变，新政并罢，惟大学以萌芽早，得不废。

这段被各种有关戊戌变法及京师大学堂的著述所引用的"名言"，其实是从罗惇曧的《京师大学堂成立记》直接抄来的。罗氏乃京师大学堂编书局分纂，文章又发表于辛亥革命刚刚过去的1913年（《庸言》1卷13号），很多相关史料未及使用，偏颇在所难免。奇怪的是，后世的史家，为何相信这种明显站不住的说法。重掌大权的西太后，考虑的是政权的巩固，而绝非政策的连续性，"萌芽早"不能保证其得以不被废除。

不过，戊戌年八月十一日（西历9月26日）取消一切新政的谕旨里，确实对大学堂网开一面：

大学堂为培植人才之地，除京师及各省会已次第兴办外，其余各府州县议设之小学堂，著该地方官斟酌情形，听民自便。

为了"培植人才"，特意保留大学堂，此举就像管学大臣孙家鼐的奏折所说的，"具见圣鉴广远，乐育弥宏"。可是，如此冠冕堂皇的旗号，背后难道没有别的文章？

邹文说得不错，政变发生后，京城里风声鹤唳，谈"西学"色变。九月十八日的《国闻报》，报道刑部主事张元济被革职后，其创办的通艺学堂"无人接办"，师生"风流云散，不知去向"。更有趣的是以下这段话：

并闻近月以来，凡都中士大夫有谈及西学新法者，同寮之中均闻而却避。盖恐人指之为康党，以致罗于法网。故自同文馆以外，竟无人再敢言声光化电之学，念爱皮西提之音。

如此昏天黑地之中，何以唯独留下明显也是新政业绩的大学堂？十月二十三日的《国闻报》，刊出《北京大学堂述闻》一文，试图给予解释：

北京尘天粪地之中，所留一线光明，独有大学堂一举而已。然闻得礼部各堂官以及守旧诸臣，亦均不以此举为然，视学堂一事若赘疣。然推原其故，所以不能径废者，盖因外洋各教习均已延订，势难中止，不能不勉强敷衍，以塞其口。以故在事诸人，亦均无精打采，意兴索然。

害怕引起外交纠纷，只好"将错就错"，让拟议中的大学堂正式开办——如此推想，符合晚清的"国情"。可单有这些，似乎仍不足以促使当局痛下决心，保留京师大学堂这个"赘疣"。

慈禧太后的"罢新法，悉复旧制"之所以不彻底，"独留京师大学堂"，很可能因其涉及朝廷中的权力再分配。管学大臣孙家鼐属于帝党，且"所用多为翰林旧人"，自然引起刚毅、徐桐的不满，坚决要求取缔，据夏孙桐《书孙文正公事》称，"赖荣文忠（荣禄）调护未获"。据说，当初筹办大学堂，"时刚毅自命正学，欲以办学自任，枢臣翁同龢患之"，改聘协办大学士孙家鼐（罗惇曧《京师大学堂成立记》）。日后刚毅大权在握，对大学堂必欲置之死地而后快，自在"情理之中"。至于政变成功后，刚毅、荣禄之争宠与争权，更属于当年报纸的"热点追踪"（参见光绪二十五年五月初一日《知新报》的《北京要事汇闻》)。将朝廷的权力争斗考虑在内,方能解释以血腥镇压维新派著称的慈禧宠臣荣禄,会反过来呵护明显属于新政的大学堂。

当年大学堂的西学总教习丁韪良,在其《北京围城》(*The Siege in Peking: China Against the World*,1900)中,提供了另一种解释,可与上述说法相补正。据说,丁韪良担心大学堂会被取消,于是前往拜见荣禄,得到的答复是:"查禁大学堂,将会在外国人面前丢面子。"在最高当局看来,留下大学堂,既可装点门面,又可平衡权力,且不威胁其统治,因而也就没必要赶尽杀绝了。这才能理解,后世史家极为关注的大学堂之开学,当年普遍不被看好:既然只是因"皇恩浩荡"而得以"苟延残喘",难怪当事人及新闻界"意兴索然"。

至于因庚子事变停办两年的京师大学堂,壬寅年复校的情形可就大不一样了,其于十一月十八日(西历12月17日)开学,直接材料俯拾皆是。光绪二十八年十一月十七日有上谕云:

> 管学大臣张百熙奏,大学堂定期在本月十八日开学,先办速成一科,并购地建造学校。报闻。

光绪二十九年（1903）刊行的《京师大学堂同学录》，前有大学堂文案提调王仪通的序言。该文提及戊戌之大学堂时，已经颇为茫然；至于壬寅复校之经过及时期，则言之凿凿。更有力的证据是，刚刚创刊不久的《大公报》（1902年6月创办于天津），极为关注大学堂的复校经过。11月19至21日刊登头场及二场考题，12日4日刊出录取名单并公布开学日期，12月12至16日刊出大学堂诸堂规，12月18至20日连续报道大学堂开学典礼的演习以及正式举行。

既然现有的校庆，纪念的是壬寅年的京师大学堂；那么，最让人挂念的，自然是戊戌年大学堂的开学。邹先生点名叫阵，胡校长不会无动于衷。1960年岁末，台北的北大同学会庆祝北大的第六十二周年，胡适忍不住旧事重提，请罗家伦、劳干、吴相湘、全汉升等有历史兴趣的朋友帮忙，希望能考出京师大学堂创办的准确日期，以回应邹树文的挑战。经过一番"上穷碧落下黄泉"的努力，适之先生终于撰写出《京师大学堂开办的日期》一文，提出作为京师大学堂成立纪念日的三种选择：

（一）戊戌五月十五日（1898年7月4日），大学堂章程成立，任命孙家鼐为管理大学堂事务大臣。

(二)戊戌六月初二日（1898年7月20日），批准拨马神庙四公主府为大学堂校址。

(三)戊戌十月二十日（1898年12月3日），京师大学堂在困难的政治环境里开学。

若是全都证据确凿，自是第三说最有竞争力。问题在于，京师大学堂真的在十月二十日那天开学了吗？胡适的依据，仅仅是《德宗景皇帝实录》卷四百三十二的一段话：

（戊戌十月）庚子（十月二十日），协办大学士孙家鼐奏开办京师大学堂。报闻。

接下来的，便是胡适的大胆假设："'报闻'就是批'知道了'。这二十个字使我们知道那个筹备了许久的京师大学堂居然在十月二十日开学了。"

撰有专著《京师大学堂》的台湾学者庄吉发，1960年代末发表《京师大学堂开办日期考》，对胡适的假设提出批评。理由是：十月二十日是颁布上谕的日子，不能将其断为大学堂的开办日期。戊戌年十月间，各地正纷纷贴告示，限于本月二十四日以前亲赴大学堂考试。此说既见于十月二十三日的《国闻报》，也见于十一月初四日的《申报》，不会是误传。既然入学考试尚未举行，哪来的开学典礼？

根据创办于上海的英文周报《北华捷报》(The North China Herald) 1899 年 2 月 6 日（戊戌年十二月二十六日）的报道，"京师大学堂于两周前举行隆重开学仪式"，庄吉发于是得出一个重要结论：

> 因此，与其说"早在'五四'以前，北大当局在蔡元培校长主持下就已经将创立的'年'（1898）和复校的'月日'（12 月 17 日）揉合成为周年纪念日"，毋宁说是光绪二十四年十二月十七日（阳历 1899 年 1 月 28 日）京师大学堂开学的阴历日期和 1902 年 12 月 17 日（阴历光绪二十八年十一月十八日）京师大学堂复校后开学的阳历日期的巧合。(《京师大学堂》第一章）

庄先生此说有明显的漏洞，从十二月十七至二十六，不到十天时间，与"两周前"的提示明显不合。再说，农历十二月十七，离封印放假只有两三天（据富察敦崇《燕京岁时记》，清时于每年十二月十九至二十二日四天之内择吉封印，为期一月），此时开学，有违常情。还有，光绪二十五年正月二十五日的《申报》上刊出《帝京珥笔》，其最后一则，确证此说之虚妄：

> 大学堂所收学生，于年终示传甄别。不论内班外班，均须考试一次。定期腊月十八、十九、二十、二十四等日，分做四次，以评甲乙而定去留。

若认定十二月十七为开学日期，那么，第二天起便必须连考四场。尚未开堂讲授，便来"期末考试"，实在不通。

有趣的是，庄君假设的前半，即戊戌之大学堂于十二月十七日开学，与1930年代的"一种说法"相吻合。《国立北京大学廿周年纪念册》（1917）以及为纪念校庆二十五周年而编撰的《国立北京大学概略》（1923），述及校史沿革时，都回避具体的开办日期。大概是为了兼及戊戌变法的光荣以及通行多年的校庆纪念，1933年由北大学生会负责编辑的《北京大学卅五周年纪念刊》，其中的《国立北京大学沿革概略》，以确凿无疑的口吻，断言戊戌之大学堂"以是年十二月十七日开学，是为本校成立纪念日"，后面加了个括号，称"原系阴历，后改阳历，仍用此日"。这是我所见到的最早的阴历转阳历的"圆满解释"，不知是否前有古人，至于后来者，则可举出以刘复为主纂的"国立北京大学志"编纂处编印的《国立北京大学校史略》(收录在《北大一九三四毕业同学录》)。可惜此说纯属猜测,没有任何旁证材料,很难让人心服口服。另外,《校史略》的那个旁注——"切实推之,当是次年一月二十八日也",也让北大人相当尴尬:弄不好,校史应改为从1899年说起。

北大的生日,难道真的无考?不妨先缩小范围,看能否使其面貌逐渐清晰。晚清的报馆,上谕用电报传送,一般的报道则用邮寄,故外地的消息往往滞后数日。如果《北华捷报》的报道属实("举行隆重开学仪式"云云,甚可怀疑),大学堂开学的时间,不会晚于十二月初。光绪二十四年十一月二十七日孙家鼐的咨文(见《北京大学史料》第一卷,北京大学出版社,1993),又使范围进一步缩小:

> 照得现在京师大学堂,业已开办。各省会暨外府州县,所有已设之学堂,均须将学堂章程、教习名字、学生额数,咨送本大学堂,以便核考。

孙君向来用词谨严,直到十月二十日的奏折,仍只称"筹设"。故这里所说的"业已开办",想来是指正式开学。如此说来，京师大学堂的开学，只能是在十月二十四日（通知考试截止日期）与十一月二十七日之间。

这种推算，与最早的校史记载颇为吻合。1909年，原京师大学堂庶务提调喻长霖撰《京师大学堂沿革略》，如此描述大学堂之草创：

> 适有诏复八股，遂以时文性理论录士得百余名，于十一月开学。学生不及百人，分《诗》《书》《易》《礼》四堂，《春秋》二堂课士，每堂不过十余人。《春秋》堂多或二十人。兢兢以圣经理学诏学者，日悬《近思录》、朱子《小学》二书以为的。每月甄别一次，不记分数。有奖赏，分三等。

如此强调"圣经理学"，与传统书院又有何异？考虑到当年大学堂处境险恶，孙家鼐光绪二十四年十月二十日奏折之突出"思想教育"，方才显得不无道理：

> 先课之以经史义理，使晓然于尊亲之义，名教之防，为儒生立身之本；而后博之以兵农工商之学，以及格致测算语言文字各门。

尽管学生少、课程旧，险些儿胎死腹中的大学堂，总算正式开学，这无论如何是值得庆幸的大喜事。至于高高在上的"洋大人"，不大理解如此曲折复杂的"中国国情"，受"帝国大学"名称的迷惑——其时的英文报刊，均将"大学堂"译为 The Imperial University，很容易妙笔生花，想象其必定"举行隆重开学仪式"。

戊戌年间勉强开学的大学堂，学生其实不止百人——我说的是包括仕学、中学、小学三部分的学生。大学堂开办不到半年，便受到御史吴鸿甲的弹劾："京师大学堂原拟招学生五百人，今合仕学、中学、小学生只有一百三十余人，而延定教习，添设分教，并此外办事诸人，名目繁多，岁糜巨款，徒为调剂私人之薮。"孙家鼐的答辩是，陆续传到的学生，已有二百十八人；至于大学堂而兼收中小学生，那是"以各省中学堂未能遍立"，"并非降格相就"（《德宗景皇帝实录》卷四四一）。就算加上中小学生，一二百人的大学，其开学典礼，实在说不上"隆重"。

吴御史所说的一百三十余人，实乃首批传到的住堂学生。因斋舍紧张，无法接纳所有录取生，只好分批传到。此说见于《申报》光绪二十四年十二月六日的《学堂纪事》。这篇"京师采访友人"的报道，不只介绍大学堂的斋舍建设、录取人数以及开学日期，尤为难得的是，保留了大学堂总办的告示：

> 兹照录总办告示曰：为传到事，前经出示，本学堂学生斋舍，按照定章原额尚不敷。兹将例应住堂各学生，分作三项，核定名数。计仕学院学生三十名，中学生六十名，小学生七十名。除照章报名入仕学院之学生十二名，由本学堂另行知会外，其余各生姓名具列如左。仰该生等于十八日到堂，十九日开学。如有不愿住堂者，限于十八日以前报明。如届期不报，立即扣除，以便续传足数。切切勿违，特示。

这则不见于任何史书的告示，几乎澄清了所有问题，且与上述喻长霖文和《北华捷报》的报道相吻合。当然，还有另一种可能性：因某种特殊原因，实际开学的日期，后来又有所推迟。可是，遍查此后半年的《申报》，不乏科举考试以及各式学堂的报道，就是未见大学堂更改开学日期的消息。倒是上引关于年终考试的报道，证实大学堂确实已经开学一段时间了。

接下来的问题，比较好解决。壬寅年，京师大学堂复校时，为了纪念戊戌大学堂之艰难崛起，选择同一天（十一月十八日）举行"隆重开学仪式"。这一回的典礼，方才称得上"隆重"，单看其事先举行预演，也可见主事者之用心。主持壬寅复校的管学大臣张百熙，戊戌年因"保送康有为使才，实属荒谬，著交部严加议处"，后得旨"著改为革职留任"（《清实录》第57册619页）。东山再起的张大臣，其选定的开学日期，与戊戌年的大学堂相同，绝非偶然的巧合。此等苦心孤诣，从奏折及当年的新闻报道里，看不出任何蛛丝马迹。大概是怕授人以柄，张百熙对此不作任何解释。

也正因其不作解释，后人不明就里，以为戊戌年的京师大学堂已无可考。倘若依旧阴历纪年，说不说倒也无所谓。问题在于，进入民国后，需要将校庆纪念日转换为西历，一团迷雾的"戊戌"自是落选，证据确凿的"壬寅"则脱颖而出。于是，便有了四十年似是而非的北大校庆纪念日：12月17日。

至于被长期遗忘的北大的真正生日，戊戌年的十一月十八，转换成西历，应该是1898年12月30日。

1997年10月21日于京北西三旗

（初刊《读书》1998年1期，题为《北京大学：从何说起——老北大的故事之四》）

北大校庆：为何改期？

北京大学最大的"身世之谜"，除了戊戌年间的创立，当属校庆的改期。前者因年代久远，资料匮乏，难以辨证尚在情理之中；后者近在咫尺，其时北大早已名扬四海，档案制度也相当完备，居然也会"失考"，大大出乎我意料。考过北大的诞辰（参见《北京大学：从何说起》，刊《读书》1998 年 1 期），连带讨论一下校庆的改期，本以为乃举手之劳，没想到竟"马失前蹄"。

依照常规，第一步的工作，便是了解当事人的意见。即当初将北大的校庆纪念日，从沿用多年的 12 月 17 日改为 5 月 4 日，理由何在。可就是这第一步，已经让我"大跌眼镜"。好几回峰回路转，答案似乎就在眼前，转眼间，又消失在云雾山中。直到落笔为文的今日，也只是依据蛛丝马迹略作推断，不敢说已得确解。真希望掌握此中奥秘的朋友，能够公开发言。在我看来，此乃了解1950年代以后北大命运的一把钥匙，不可掉以轻心。

关注北大校庆改期的，我肯定不是第一个——起码校史专家就无法回避。因而，不妨先倾听专家们的意见。可惜的是，1980年代出版的《北京大学校史》，只叙述到1949年为止；其他涉及1950年代以后北大命运的出版物，也不屑于纠缠此等"小事"。好不容易在《今日北大》（北京大学出版社，1988）中，找到了如下含糊其辞的描述：

> 1949年5月4日，即"五四"运动三十周年时，北大成立了由教授、教师和学生代表共23人组成的校务委员会，著名哲学家、教育家汤用彤教授任主任。为继承和发扬"五四"光荣传统，此后，北京大学将每年的5月4日作为校庆日。

这段话给人的印象是：北大校庆的改期，是在1949或1950年。遍查这两年的《人民日报》以及《北大周刊》，有校务委员会成立的详细报道，却未见改变校庆纪念日的只言片语。相反，第21期《北大周刊》（1949年12月16日）刊出汤用彤、罗常培纪念校庆五十一周年文章；

第 22—23 期《北大周刊》（1950 年 2 月 1 日）报道北大师生举行校庆纪念集会，马叙伦、徐特立发表讲话。另外，第 62 期《北大周刊》（1950 年 12 月 16 日）上，也有校庆五十二周年活动的预告。也就是说，起码在这两年内，北大仍坚持在 12 月 17 日举行校庆纪念。

1951 年 4 月 3 日，《北大周刊》改为《北大校刊》。同年 10 月 21 日出版的第 14 期《北大校刊》上，刊出《北京大学一九五一年度校历》，依然规定："十二月十七日，星期一，校庆放假一日。"按理说，此事再简单不过，继续追踪《北大校刊》就是了。可很快地，《北大校刊》停办。等到其后任《北京大学校刊》面世，已是 1953 年 10 月 1 日。正是在这一年多的"空白"里，北大完成了校庆的改期。持此说的理由是：1953 年年底，没有关于校庆的报道；第二年 5 月 3 日出版的《北京大学校刊》15 期上，通栏大标题为"纪念五四青年节，祝贺校庆五十六周年"。同年 5 月 7 日的《人民日报》上，也发表了题为《北京大学热烈庆祝五十六周年校庆》的新华社通讯，开篇便是："北京大学在'五四'运动三十五周年纪念日，隆重地庆祝五十六周年校庆。"

有了上下限时间，接下来的问题是，到底是何时、由何人提议，并以何种理由决定改变北大的校庆纪念日？翻遍这两三年的有关报刊，竟找不出任何痕迹，实在不可思议。原以为此举关系重大，定会引起热烈的争议；即使不允许讨论，也会由校方刊出公告，并略作解释。结果什么都没有，就这么"不明不白"地转变过来了。求助于北大档案馆，依然无济于事：在我所能查阅的范围内，未见蛛丝马迹。明知答案可能隐藏在学校党委的会议记录中，我也只好望洋兴叹。幸亏档案馆的馆长提醒，为此问题，北大党史校史研究室的专家已经调看了所有内部档案，不必再作徒劳的求索。依照她的指引，终于在北大内部发行的《高等教育论坛》1995年第3期上，找到了两年前便已完成的结论。由王学珍等先生撰写的《北京大学大事记》，在1951年12月7日那一天，记载了这么一件"大事"：

> 汤用彤副校长建议把北大校庆改为五月四日。他认为现在的校庆时间（12月17日）临近期末，师生都很紧张，不宜搞大的活动（这一建议当时虽未在一定会议上形成决议，但此后校庆的纪念活动实际上已逐渐改到五月四日）。

这段话，可与流传在北大人口中的另一种解释相印证：十二月中旬的北京，已经进入冬季，天寒地冻，校友往返不方便，不若春暖花开的"五四"，返校、踏青两不误。这两种"说法"，一着眼于校内，一着眼于校外，都很有人情味，非常可爱。可二者都回避了一个基本事实，即校庆纪念不同于旅游度假，并非取决于天气或者闲暇。

不能随意更改的校庆，竟被如此轻而易举地更改了，其中必有奥秘。先不讨论结局是否合理，单是"大事记"中的这段话，便是个很大的悬念：如此大事，为何没有"形成决议"？没有正式决议，如何"逐渐改到五月四日"？"逐渐"二字，更是令人疑窦丛生：到底是哪一年开始使用新的校庆纪念日？是考证不出来呢，还是不便明言？

依我的浅见，并非当事人思虑不周，或校史专家笔力不济，而是别有苦衷。正是这无从定义、不容辩白的"醉眼朦胧"，最能体现此事之"妙不可言"。不管是校史专家，还是像我这样的业余爱好者，非要把此事的前因后果说得一清二楚，几乎不可能——均嫌"证据不足"。问题是，据我所知，北大档案馆"文革"中并没遭严重破坏，为何当初校方不曾留下足够的证据，以供后人审核稽查？

稽古时可以做到"每下一义，泰山不移"，察今反而只能"以意逆志"，"诗无达诂"，此举颇具"中国特色"。以笔者所关注的北京大学的"身世之谜"为例：前五十年生日失考，乃力所不及；后五十年校庆改期，则是主动出击。因而，前者只需考据，后者则必须兼及阐释。即：在钩稽有关史料的同时，努力恢复并理解上一代人的处境及思路。

先把"大事记"未曾言明的"逐渐改到五月四日"略作交代。因应"汤用彤副校长建议"，原定十天后举行的校庆五十三周年纪念活动取消。既然是"除旧布新"，照常理，新的校庆纪念日当即生效。可第二年的"五四"，北大学生举行隆重集会，纪念的是青年节，而非校庆。第一次大张旗鼓地将青年节与北大校庆捆绑在一起"隆重纪念"的，是在1954年。也就是说，旧校庆废于1951年；新校庆始于1954年。换一种表述方式：首先是旧历的不合时宜，而后才有新历的取而代之。

依我的浅见，"旧历"之不合时宜，并非有碍学生的复习考试，而是因其象征着旧的教育体制；"新历"之独具魅力，也并非时人贪图五月春光明媚，而是象征着与老北大传统的决裂。此举须与"时代潮流"相参证，方能明了其准确含义。就在北大决定取消旧校庆的前后几天，《人民日报》特辟"用批评和自我批评的方法开展思想改造运动"专栏，发表清华大学营造系主任梁思成《我为谁服务了二十余年》、北京大学文科研究所所长罗常培《我究竟站在什么立场为谁服务》、燕京大学历史系教授侯仁之《学习文件使我进一步端正了自己的学习态度》等一系列文章，共同谴责旧大学之违背人民立场。紧接着，汤副校长连续发表讲话，"发现过去的北大像衙门，资产阶级腐朽思想统治着北大，要把这些脏东西清除掉，必须把反贪污、反浪费、反官僚主义运动继续下去"；否则，"赶不上国家的需要，也对不起人民大众"。作为三反运动和忠诚老实运动的重要组成部分，北大校方成功地组织了对原法学院院长周炳琳以及英语系教授朱光潜的连续批判，得到了毛泽东主席的赞扬（参见刊于 1996 年 1 期《高等教育论坛》上的《北京大学大事记》）。

对于北京大学来说，1952 年，确实是大转折的紧要关头：院系调整，迁居燕园，礼聘苏联专家，批判周、朱等，都预示着其发展方向，难怪时人津津乐道"新北大"。北大确实由此进入了一个新的时代，作为标志，改变校庆纪念日，似乎顺理成章——这才能解释汤副校长的提议如此迅速地付诸实施，且未见任何公开的异议。

提议改变校庆纪念日的是副校长汤用彤，可主张与老北大传统决裂的，却是属于那个时代追求进步的众多知识分子。改朝换代后的第一次校庆纪念，校务委员会主席汤用彤还只是批评老北大的"为学术而学术"，并力图重新阐释"兼容并包"口号；对北大传统深有体会的罗常培教

授,更发表《祝北京大学的新生》(《北大周刊》21 期),率先清算老北大的自由主义传统:

> 北大的思想自由传统在过去三十年是可以推动社会发展的,可是在新民主主义时代它却可以阻碍社会的发展。

这种否定老北大,自觉"加紧思想改造的教育"的言论,在《北大周刊》上比比皆是。依罗先生的思路,"从一九四九年二月二十八日起,人民的北京大学方才举行了奠基礼"。如此说来,改变校庆纪念日,实在不值得大惊小怪。日后之不以共产党北平市军事管制委员会接管北大的二月二十八日作为新的校庆日,已属思想落伍;倘若再坚持旧的校庆日,那更是冥顽不化。此后几年,北大人为了适应新时代的要求,一方面加强自我清算,另一方面重新诠释北大传统——作为"除旧布新"的表征,便是此校庆纪念日的改期。

问题是,同处"思想改造"的大潮,为何只有北大必须改变校庆纪念日?老北大传统实在顽强,思想改造任务十分艰巨,非如此不足以消除隐患——这是一种假设;北大师生善于追赶时代潮流,总是能自己提出并解决问题,自觉顺应变革的需要——这又是一种假设。还有一种说法，或许更实在些：并非每所大学都有如此辉煌的传统——比如五四新文化运动——可供"开发利用"。以上诸说，均属宏大叙事，有道理，可又都难以实证。我只想补充一个小小的细节，希望有助于理解北大校庆的不得不改期。

就在解放军进城前夕，北大校长胡适乘蒋介石派来的飞机出走。这位被共产党公布为"战犯"的文化人，其生日恰好与北大校庆同一天。如此偶合，因胡适与北大渊源殊深，而显得格外醒目。本是"文人雅事"，只可作茶余饭后的谈资（在北大校庆二十五周年纪念会上，胡适发表演讲，便以此起兴），不该深文周纳。可事实上，这一偶合被赋予强烈的政治色彩。新政权建立后，朋友间打趣的话题，竟成了不同派别争斗的战场。1958年，针对大陆的批胡运动，在台北大校友会大张旗鼓地为北大和胡适祝寿（参见《胡适之先生年谱长编初稿》第2767—2776页），其后出版的《国立北京大学成立六十周年纪念》称：

> 适之先生象征北大精神，所以我们为适之先生祝寿，也就是为北大精神祝寿。（《向胡校长祝寿献词》）

北大校方组织撰写的《北京大学校史》（上海教育出版社，

1981），也认定这两个生日的重叠，大有深意在。比如，胡适之热衷于纪念校庆五十周年，便是"为了抬高自己"，蓄谋"以庆祝校庆来为自己做寿"。大规模的批胡运动，1954年方才开始；可1949年5月《人民日报》发表陈垣《给胡适之的一封公开信》，第二年9月《文汇报》刊出胡思杜《对我父亲——胡适的批判》，大陆之"彻底清算胡适思想"，只是时间早晚的问题。面对此不可逆转的大趋势，与胡适关系最为密切的北京大学，不能不有所警觉。

当然，为了撇清与胡适的关系而修改校庆纪念日，未免显得太小气了点；可附着在"思想改造"这杆大旗上，可就理直气壮了。直到现在，我没有发现从"政治正确"角度阐述修改校庆纪念日的文字；即使有，估计也不会谈及胡适的生日问题。可这不便明言的"苦衷"，对当事人来说，或许并非无关紧要。

与老北大的失落相映成趣的，自然是新北大的崛起。新政权之力图清除旧教育制度的影响，以便迅速确立其意识形态的权威性，自在情理之中。改组学校领导、重新确定教育方针、增设马列课程等，此乃大势所趋；至于必须用改变校庆纪念日来表示进入新时代，则属于北京大学的创举。除了北大历来关注政治思潮的起伏，往往得风气之先，更与毛泽东本人的"引导"不无关系。

新政权建立之初,毛泽东与北京大学有过三次交往(参见萧超然《从图书馆助理员到共和国缔造者》,《北京大学学报》1997年5期)。1949年4月30日,毛泽东给"北京大学纪念五四筹备委员会"回信:

> 四月廿八日的信收到。感谢你们的邀请。因为工作的原故,我不能到你们的会,请予原谅。庆祝北大的进步。

同年12月,北大以全体师生的名义,再次给毛泽东主席写信,称为了庆祝五十一周年校庆,准备在十七日上午举行简单的仪式:

> 我们热烈地盼望您能在这一天,回到学校来,给我们一点指示!要是您有空,无论如何希望给我们写几句话,给一点指示!还有一件事要麻烦您,最近我们要制新的校徽,想请您给写"北京大学"四个字,希望您能答应我们。

这封信迟迟得不到回音,后来才知道,此前几天毛泽东赴苏联与斯大林谈判去了。回国后,毛泽东补写了校徽,对参加校庆一事未做任何评论。1950年的五四前夕,"国立北京大学全体师生员工"再次上书,要求毛主席为即将举行的"与五四运动有关的史料展览"题字。收到信后第二天,毛泽东题词:

> 祝贺"五四"三十一周年
> 团结起来为建设新中国而奋斗

专家们从题写校徽,读出了毛泽东对北大的特别关怀。我则希望从另一个角度切入:毛主席对五四时期的北大甚有好感,而对12月17日的校庆相当冷淡。两次收到关于五四纪念活动的上书,均迅速答复;至于北大校庆,则不置可否。

当然,这只是猜测。但这一猜测,可从另外的角度得到证实。就在毛主席无暇参加的北大校庆五十一周年纪念集会上,毛主席的老师徐特立应邀发表演讲:

> 北大是一个有伟大历史意义的学校,今天五十一周年纪念日值得纪念的,并不是它的前二十年,而是五四运动以来的后三十一周年,因为今天新民主主义革命成功是从五四运动开始的。

同时发表演讲的，还有教育部长马叙伦。《北大周刊》刊出这两篇演讲稿时，徐在上而马在下，这大概不能简单地理解为传统中国的"尊老敬贤"。

毛泽东对五四时期北大的好感，主要基于其理论体系，而不是在北大图书馆工作三四个月的个人经历。这一点，《新民主主义论》中早有充分的表述，徐特立的说法，不过是"活学活用"而已。新政权建立后，毛泽东对五四运动的高度评价，实际上成了北京大学寻求变革与发展的"护身符"。举个例子，平常每日四版的《人民日报》，专注国内外瞬息万变的局势，文化单位的消息绝少能挤上第一版。而北京大学竟数度获此殊荣，这全托"五四"的福。

1949年的5月4日，《人民日报》出版《五四运动三十周年纪念特刊》，头版头条是陈伯达的《五四运动与知识分子的道路》，4—6版则发表吴玉章、郭沫若、茅盾、黄炎培、胡风、周建人、杨振声、何干之、俞平伯、宋云彬、叶圣陶、何家槐、臧克家、王亚平、柏生等人纪念五四的文章。接下来的几天，连续报道全国青代会的开幕词、工作纲领、大会宣言等，也都强调如何继承五四的光荣传统。新政权对五四运动历史意义的突出渲染，无疑有利于北大的重新占据中心地位，并谋求进一步的发展。

第二年的"五四"，敏感的北京大学抓住机遇，大做文章。其顺应时代潮流的重大举措，得到新政权的大力支持。《人民日报》连续两天报道北大的纪念活动。5月3日是《毛主席和先烈李大钊同志／五四时代的工作室／定五四举行揭幕礼》《北大纪念五四各项节目排定》；5月4日则发表北京大学通讯组撰写的《毛主席和李大钊同志纪念馆介绍》，并附有上述毛主席应北大要求而写的题词。

"五四"的急剧升温，使得原先的北大校庆相形见绌。《北大周刊》第63期（1950年12月16日）登出《本校五十二周年校庆将到，庆祝办法以举行展览为主》，宣布不另举行庆祝仪式，展览的重头节目则是"北大革命史料展览"。据校方称，"这虽是北大的校史展览，但也是中国新民主主义革命史的一幅缩影"。此说之得以成立，自是以毛主席对五四运动的高度评价为准的。依此思路铺排的校史，清末民初的北大，必然日渐隐入历史深处。三年间，北大对待校庆纪念活动的态度，发生了戏剧性的变化。第一年，邀请毛主席出席并讲话；第二年，改为举办以革命史料为主的展览；第三年，临时决定取消任何纪念活动。

假如当初毛主席出席五十一周年校庆纪念会，或者五四运动的光荣不属于北大，我很怀疑12月17日的校庆，是否还会因影响复习考试或天气寒冷而被取消。

对于大学来说，如何在历史转折关头，抓住机遇，站稳脚跟，为日后的发展打下有利的基础，无疑是至关重要的。1950年代初北大校庆的改弦易辙，我以为乃出于深思熟虑的"高招"。若做如是观，对先辈爱护北大的心情，当有较为深入的体贴；对其不得不采取的策略，也会有较为通达的理解。实际上，1950年代初"老北大"的日渐淡出，乃其时的"大气候"所决定，非关个别人的提议。

尽管如此，我对于赋予校庆纪念日以特殊意义，仍深感不安。生日本无可选择，像梁启超那样，非要借国际国内重大事件来渲染自己的出生（《三十自述》），只能理解为"少年气盛"。北大溯源时之坚守戊戌，而拒绝同文馆，其实已有将自家生日与政治事件相联系的倾向。这一点，看看1920年代以来众多有关校史的论述，便可一目了然。一所伟大的学校，必须在非同寻常的时刻诞生，这一思路，使得论者喜欢赋予生日以特殊意义。

校庆纪念以及校史的写作，表面上是指向过去，实际上是在确定未来的发展方向。这也是校庆之深受校方重视、而且也值得史家认真品读的原因。说低点，是在历史坐标中寻找自己的位置；说高些，则是在述说传统的同时，标举一种理想、一种精神。可有一点，常被世人所忽略：任何一所大学的优良传统，都是在历史进程中形成的，与具体的生日没有任何关系。在北大校庆五十一周年纪念集会上，教育部长马叙伦发表不同于徐特立的演讲，一是强调"时间是不可分割的"，一是称校庆"正像我们自己的生日"。"单就生日来说，平常得很，没有什么值得纪念的。"之所以生日吃长寿面，不外表示纪念和祝福，没必要将其神圣化（《北大周刊》22—23期，1950年2月1日）。一旦生日被赋予特殊意义，而且可由后人自由选择，那么，不确定的因素可就太多了。沧海桑田，一所历史悠久的大学，其校庆纪念日是否也需要不断变迁，以适应新时代的要求？答案若是肯定，将招来无数不必要的烦恼。

北大之修改校庆纪念日，固然有利于弘扬五四新文化运动，却开了个危险的先例。生日的确定，本来只是考据问题，一旦转化为价值判断，过分追求"思想深刻"，反而可能出现令人尴尬的局面。随着诠释框架的改变，倘若有一天，"五四"不吃香了，怎么办？难道说，另外选择一个光荣的时刻？若如是，必定是校园里众声喧哗，校园外难以认同。为北大的千秋基业计，还是"实事求是"好——生日就是生日，没什么特殊的意义。

以岁末（依我的考证，乃12月30日）作为校庆纪念日，不谈辞旧迎新之类的象征意义，只是回归"考据"。即便寒冬腊月，以目前的技术条件，举行庆典根本不成问题。况且，庆祝大典，不可能每年都搞；平常的校庆，不外放假一天,让学生调整一下心态,以便顺利地进入紧张的复习考试,这不也挺好吗?更重要的是,既然中国政府早已将"五四"确定为青年节,北大再挤进去一个校庆纪念日,"普天同庆"的鞭炮与掌声,必然淹没了自家的独特体验。就好像诞生于春节的朋友,没有自己的节日,其实是挺委屈的。

真希望,百年大庆后,北大人能以平常心对待自己辉煌的历史,以及没有特殊意义的生日,以实事求是的姿态,迎接新世纪的太阳。

1997 年 12 月 30 日于西三旗

(初刊《读书》1998 年 3 期,题为《北大校庆:为何改期——老北大的故事之五》)

北大校名：如何英译？

北大校名到底该如何英译，此事可大可小。说大些，名不正则言不顺，堂堂中国"最高学府"，岂能连自家名字都译不妥当？说小些，校名如何英译，见仁见智，没必要危言耸听。本文之"摆事实，讲道理"，目的很明确：希望有关当局重新考虑校名的英译。在我看来，此乃文化问题，而非政治决策抑或翻译实践，故历史学家的插话，不算是"越俎代庖"。

要说北大的校名，以中文书写的，最主要的只有两个：一是存在于1898—1912年间的"京师大学堂"，一是从1912年5月开始启用的"（国立）北京大学"。中间还有若干小插曲，除了校史专家，可以忽略不计。前者是历史上曾经有过的，后者则是至今仍在使用的。依常规，前者最好保存原貌，后者则不必墨守成规。可惜，北大校名的英译，该守旧的不守旧，该变通的不变通。

如今的出版物，大凡涉及北大历史的，都会提到京师大学堂。一旦英译，这"大学堂"可就花样百出了。以北大自己的作品为例：《北京大学史料》第一卷（北京大学出版社，1993）将其译为 Capital College，整个学校连降三级；最新一版的校方宣传材料 Peking University：Facing the Challenge of the 21st Century，注意到了"大学堂"的自我定位，对"京师"二字又无从下手，于是有了 Metropolitan University。晚清的北京，说不上"大都会"；而且，以城市命名，无论如何措辞，均非创立者的本意。

还是当年的洋人了解朝廷用意，其译名远较今日传神：或 Imperial University，或 Imperial University of Peking，或 Imperial University of China。京师大学堂创办时，在上海发行的英文周刊《北华捷报》(The North China Herald) 曾有报道，用的是 Imperial University。此前，美国传教士丁韪良被清政府聘为西学总教习，于是，1898年9月23日的《纽约时报》(New York Times) 上，专门预告即将诞生的京师大学堂，译法略有不同：Imperial University of China，大约是希望突出其"国立"的性质。丁韪良本人日后出书，如《北京围城》(The Siege in Peking, 1900)、《中国知识》（*The Lore of Cathay*，1901）以及《中国的觉醒》（*The Awakening of China*，1910）等，封面上都自称是Chinese Imperial University 的校长（President）。"总教习"约略等于日后的教务长，丁的校长头衔似是而非。此话暂且按下，单表京师大学堂的译名。1956 年，华盛顿大学的 Lund 博士完成了英语世界里迄今为止唯一以京师大学堂为论题的博士论文，题目是：*The Imperial University of Peking*。

在洋人的视野中，关键是 Imperial University，至于前后是否加上 China 或 Peking，均无关紧要。京师大学堂创建时，规摹的是日本学制，东京帝国大学的译名，自然是最好的参照对象。其次，大学堂最初兼管全国学务，并非地区性的学院，"京师"二字可译可不译，这一点有现存牌匾为证：上面只刻"大学堂"三字。最后，京师大学堂之特殊地位，在于其直属朝廷，不同于此前此后地方或私人所办学校，更与教会大学不可同日而语。故几乎所有的洋人，都敏感地抓住"帝国"（Imperial）二字做文章。

在我看来，"京师大学堂"的英译，尽可尊重历史，不必另出新招。

其实，京师大学堂的英译，对错关系不大；像笔者这样吹毛求疵的读者，毕竟不会太多。至于仍在使用的"北京大学"译名，可就不一样了：各种出版物及形象广告漫天飞舞，稍有差池，即贻笑大方。

我所见到的"北京大学"最早的英译，出自英国人之手。北大档案馆收藏有 1930 年代编撰的《北京大学校志稿第三期第一册》，上面转录了如下文件：1912 年 7 月 29 日，英国伦敦大学宣布承认北京大学学生的学历。其中的"北京大学"，用的是 Peking University。须知，这一年的 5 月 1 日，教育部方才下令京师大学堂改称北京大学。嗣后不久，"北京大学"的前面，又被冠以"国立"二字，译名自然有所变化。

1930 年代北京大学出版的各种纪念册，一般都有《国立北京大学沿革概略》；1948 年为纪念校庆五十周年，还专门编写了《国立北京大学建校五十周年大事年表》。所有这些"校史"，都提到 1929 年实行大学区制，奉政府命改为北大学院，隶属国立北平大学，"对外亦仍用'国立北京大学'译名 National University of Peking"。这句话，不妨理解为历年北大的正式译名，均是 National University of Peking。其时，北京（北平）被通译为 Peking，报纸杂志以及学术著作概莫例外。北大校名如此英译，自在情理之中。1950 年代，私立大学和教会大学被取消，"国立"二字因而也失去了意义，北大校名的英译，又回到最初的 Peking University。

1978年底，国务院发布通告，要求各地和有关部门改用汉语拼音字母拼写我国的人名、地名（参见1978年12月16日《人民日报》）。至此，使用百余年的由英国驻华使馆秘书威妥玛创立的拼写方式被正式取消。当年最后两期的《北京周报》上，分别刊出文章和通告，宣布新年伊始，将改刊名 Peking Review 为 Beijing Review。

二十年过去了，作为城市的 Peking 基本上销声匿迹，只能出现在史学著作中，而且还必须略加注释，否则一般人不知所云。唯独著名的北京大学例外，依然我行我素。何以北大如此特殊？想来是为了表示尊重历史。那么，就让我们来追查一下 Peking University 的历史。

说不清谁最早以 Peking 称呼北京，但创造"Peking University"一词的，则是在华从事教育的传教士无疑。中华教育会1905年出版的英文《中国教育指南》（*The Educational Directory For China*），收录有 Peking University。那所有139名男生、65名女生的学校，并非京师大学堂，而是"京都汇文书院"。后者1890年在纽约注册，使用的英文校名，正是 Peking University。汇文书院（大学）后来成为燕京大学的一部分，而燕京大学的校址，1952年起划归北京大学。如此说来，真的是"姻缘前定"？

想当初，进展可没那么顺利。汇文大学的英文名称注册在前，但学校的规模很小。1912年京师大学堂改称北京大学，依当时的翻译惯例，自然而然地便有了Peking University 的译名。1925年，汇文大学和其他教会学校合并，准备成立新的大学，为了避免与国立的北京大学争夺Peking University 的英文名称，只好定校名为燕京大学。杰西·格·卢茨的《中国教会大学史》对此有所描述："就校名问题进行了大争论以后，终于认识到政府的北京大学和教会的北京大学同时并存，容易造成混乱，而且国立北京大学更有权采用这个名字。因此，正式采用燕京大学一名，燕京乃北京的书面语。"（中译本第108页，浙江教育出版社，1988）

既然Peking University的发明权属于传教士，站在后殖民理论立场，早就应该抛弃了。本文之所以不想深究"他者的局限"，也无意发挥"自我殖民"之类的高论，就因为在我看来，校方之继续使用Peking University，只是为了与人方便，避免引起不必要的误解。如此体谅英语世界的读者，用心良苦，可惜效果却未必很好。

先说尊重惯例。其实，客随主便，应该尊重的是主名，而不是译名。随着时代的变化，译名可能显得不合时宜，在这种情况下，改又何妨？以中译英为例，可能拼写方法不同，也可能音译改意译，没必要强求"从一而终"。举个例子，1921年7月19日，北大校长蔡元培在加州大学的 Berkeley 校区演讲，此演讲词收入《蔡元培全集》第四卷，题为《在卜技利中国学生会演说词》，所谓"卜技利"，现通译伯克利。文中还提到英国最有名的两所大学，一是乌克斯福，一是康白尼哲，毫无疑问，蔡氏指的是牛津大学（Oxford）和剑桥大学（Cambridge）。七十多年后的今日，即便特别尊敬蔡校长的学者，想来也不会坚持非用"康白尼哲大学"或者"卜技利校区"之类的书写方法不可。当然，译名一旦约定俗成，或经权威机构认定，最好别"轻举妄动"。可是，不"轻举妄动"，不等于"神圣不可侵犯"。倘若理由充足、程序合法，还是值得一试的。

至于说与人方便，很可能适得其反，平空增加了汉学家的负担。因其一不小心，就会踩上了"地雷"。Hayhoe 教授 1996 年出版的 *China's Universities, 1895—1995: A Century of Cultural Conflict* 一书，第 21 页提到蔡元培担任 Peking University 的校长；到了 117 页，蔡元培出长的学校，变成了 Beijing University。海外的中国学家，一般都知道北京大学的英文译名为 Peking University，可一旦从历史情境中回归现实，Beijing University 这样"错误的译名"，很容易脱口而出。

在美国各大学演讲时，我注意到广告上的文字：有说我是 Peking University 的教授的，也有说是来自 Beijing

University 的。更有趣的是，明明布告上写着 Peking University，口头介绍时则称 Beijing University。有一点值得注意，写 Beijing University 的，不必另加说明；写 Peking University 的，则往往必须向学生解释此"雅称"的来历。随着时间的推移，中国日渐走向世界，Beijing 以及 Beijing University 越来越为英语世界的人们所了解。与此同时，喜爱 Peking University 译名的旧汉学传统，也在发生很大的变化。

反而在中国，为了表示尊重传统，也为了体谅西方读者，仍在固守旧的译名。作为著名学府，倘若官方文件与民间叙事、纸上写的与口中说的不是一回事，实在有点可惜。依我的浅见，北大校名的英译，迟早要改，而且，迟改不如早改——不能想象一两百年后的读书人，提到那座历史悠久的大学，还会如此"心口不一"。

为北大的千秋伟业计，不妨乘此百年校庆之机，广泛征求意见，假如合适，当机立断，将校名的英译确定为"通俗易懂"的 Beijing University。

1997 年 12 月 21 日于京北西三旗

（初刊 1998 年 1 月 19 日《人民政协报》）

北大校史：怎样溯源？

世人眼中任何一所大学的历史，都并非"自然而然"地呈现，而是基于史家的"选择"与"重构"。在这个意义上，校史的写作，既指向过去，更指向未来。一代代学人，借助于校庆纪念，在叙述历史的同时，表达其对于未来大学发展的期望。因此，学人之谈大学，尽可各抒己见，不必强求一律。就以北大校史的溯源为例，大政方针早已确定——否则校庆纪念无法举行，可校园里依然"众说纷纭"。

最具挑战性的说法是，北大历史不该从1898年算起，而应追溯到汉代的太学。1980年代初冯友兰先生发表《我在北京大学当学生的时候》（《文史资料选辑》第83辑），已有此说；最近季羡林先生为《名人与北大》一书作序（《北京大学学报》1997年6期），虽表示"吾从众"，可还是认定从太学算起的说法"既合情,又合理"。冯、季二位均为硕学鸿儒,却并非校史专家,其建议也未曾详细论证,故只能"聊备一说"。校史专家萧超然接过此说,将其"精确化",论证北大乃"世界上历史最古老的大学之一"(《北京大学校刊》1997年12月15日)。萧教授访谈录中的上述意见,在其《北京大学与五四运动》(北京大学出版社,1986)中已有伏笔。既然已是深思熟虑,值得提出来认真辨析。

萧教授的大致意见是,北大校史应追溯到晋代的国子学,而不是冯、季二先生所说的太学,因后者时断时续,不若前者之代代相传。在萧教授看来,国子监值得格外重视,原因是:

> 它是这几代封建王朝官办的"国立"大学,直到1898年设京师大学堂后,国子监始裁废。因此,说北大的历史是直接继承国子学(或国子监)而来,更为确切,这就是我称北大的前身是国子监的原因。……这样算起来,北大比西方古老的牛津大学的历史早500年,比美国著名学府哈佛大学的历史则早约1000年。这一事实说明,北大是世界上历史最古老的大学之一,它继承和集中了中国古老的优秀文明,这无疑

是使它在中国近现代历史上发挥重要作用，产生了重大影响的一种因素。(《北大：世界上历史最古老的大学之一》)

作为访谈录，有些表述不太精确(如以国子监比拟国立大学)，可以忽略不计；至于大思路，即为了使北大历史悠久而溯源国子监，则不能不辨。

我的意见，倘若需要"摘要"，不外以下五句话：一、在晚清学界，国子监与京师大学堂没有关系；二、北京大学并非直接继承国子监而来；三、将北大历史延长一千六百年于情不合，于理不通；四、这种改写历史的冲动不值得提倡；五、倘若希望继承"中国古老的优秀文明"，国子监并非重要的思想资源。

1898年京师大学堂的创立，对国子监的权威虽未构成直接的威胁，但毕竟代表着另一种教育观念及文化理想的崛起。一辖新式学堂，一管旧式科举，二者"道不同，不相为谋"。迄今为止，未见任何国子监与大学堂"交接班"的原始材料。不管是李端棻的《请推广学校折》、孙家鼐的《议复开办京师大学堂折》，还是康有为的《请开学校折》、梁启超代拟的《京师大学堂章程》，都强调"取法泰西"，从未有人提及如何协调与国子监的关系。后者主管科举考试,与大学堂所体现出来的教育理想,恰好针锋相对。当日冤家对头,百年后竟成了"一脉相传",如此描述,恐怕不太合适。

科举不废,学校难兴,故清帝于1905年9月2日下令:"立停科举,以广学校"。一个月后,山西学政宝熙奏请设立学部并将礼部、国子监归并;年底,政务处议复宝熙奏,称特设学部的理由是:

> 查科举既停,礼部、国子监两衙门公事,愈形清简,似宜统行裁撤,归并学部,以节经费,兼免纷歧。

此奏折得到皇上的批准,故第二年5月,新设立的学部奏拟官制时,为了使国子监诸公免于"失业",在主管学务的五司(总务、专门、普通、实业、会计)外,"拟设国子丞一员,秩正四品,总司文庙、辟雍殿一切礼仪事务",此外,还有若干七、八品的典簿、书记官等。国子丞官位不低,却无关学务——奏折上说得很清楚,被裁撤的国子监,"旧日职掌,系专司国学及典守奉祀之事";改制后,更是只配管管"礼仪事务"了。

大学堂初创时,也曾兼管全国学务;可此等重任,1904年起便已完全卸下。即便兼管全国学务时,大学堂也首先是一所大学，这与作为衙门仍在发挥作用的国子监不可同日而语。就体制而言，并非大学堂立故国子监废；就精神而言，大学堂更没有承继国子监的义务。晚清十几年间，京师大学堂的位置有过微妙的变化，但从来都是被作为"西学东渐"的代表来阅读、评价的。相反，国子监则是与科举制度系联在一起，荣辱与共。这就难怪张百熙拟订的壬寅学制，以及张之洞协助修订的癸卯学制，全都没有国子监的位置；而且，一旦科举废而学堂兴，第一个裁撤的，便是此前声名显赫的国子监。

简要地说，大学堂与国子监，是两股道上跑的车，有消长与起伏，却不存在交接与承继。就像我们不能说民国首任大总统孙中山是"直接继承"宣统皇帝，国子监也很难说是北京大学的前身。对于国家来说，政体的嬗变至关重要；同样道理，办学宗旨以及教学体制（包括科目设置、师生关系、讲授方式以及学位制度等）的"急转弯"，也不该等闲视之。

自大学堂的酝酿之日起，当事人所规摹的，均为泰西学制。至于"上法三代"云云，基本上是一句空话。对晚清教育改革的这一"大趋势"，史家可以表示不以为然，甚至提出严厉的批判，但不应该曲解或回避。在我看来，20世纪中国思想文化潮流中，"西化"最为彻底的，当推教育——尤其是高等教育。今日中国的大学，其价值取向及基本路径，乃"University"，而非"太学"（参见笔者《中国大学百年？》，《学人》第 13 辑）。

可惜的是，今日中国的教育史家，恰好喜欢将"太学"与"University"混为一谈。最明显的，当推关于"四千年中国大学教育"的陈述（参见伍振鹜的《中国大学教育发展史》、熊明安的《中国高等教育史》、高奇的《中国高等教育思想史》，以及曲士培的《中国大学教育发展史》等）。"三代之学"作为历代文人学者的共同记忆，确实影响了整部中国教育史的建构。在这个意义上，中国人确实有三四千年的高等教育的历史。可是，这么一来，很容易导致"大学"概念的瓦解——任何一个文明，必然有属于自己的教育事业；任何一个时代的教育事业，都有高等、低等之分，所谓"大学"的起源，岂不成了"伪问题"？

以汉语的"大学"，对应英文的"University"，必须警惕二者之间的巨大差异。同样是高等教育，办学宗旨、教学体制、组织结构，乃至发展方向，均与其历史渊源紧密相关。西方人谈"University"，一般从中世纪说起；至于古希腊，只是作为思想渊源来追溯。同样道理，谈论中国的 University（而非 Tai Xue），似乎也不便从西周说起。

这本来不是什么深奥的道理，之所以长期不被学界正视,就因为涉及所谓的"民族自尊":一个文化古国,居然只有百年的"大学史",实在说不过去。与这一文化心理同构的,便是各大学的历史溯源。冯友兰先生强调"北京大学的校史应该从汉朝的太学算起",理由是:

> 我看见西方有名的大学都有几百年的历史,而北京大学只有几十年的历史,这同中国的文明古国似乎很不相称。(《我在北京大学当学生的时候》)

这种建构"悠久历史"的愿望,从1930年代便已开始。不过,当时出头露面的,并非北大,而是位居首都南京的中央大学。柳诒徵之撰写《南朝太学考》《五百年前南京之国立大学》,基本上仍严守史家立场。到了张其昀,可就不一样了。其所撰《源远流长之南京国学》(1935),称中央大学及其前身东南大学、两江师范,都在南京城北钦天山前,此地乃五百年前明代大学之遗址。于是,中央大学穿越时空,扶摇直上:

> 追溯其源,则刘宋之四学,萧梁之五馆,均在钦天山麓,薪火之传几至千五百年,中国各大学论其历史关系之深,精神遗产之厚,举无有能及中央

大学者也。

如此勇敢的溯源，不要说"中国各大学"，世界上恐怕也难有足以匹敌者。但此风不可长，否则，中国教育史将是一笔糊涂账。以中国历史之悠久，文物之丰富，地域文化之多姿多彩，随便一考，哪一所大学都能长出千八百岁。校史的无限扩张，之所以不值得提倡，除了有违实事求是原则，更因其遮蔽了"大学"与"University"（或曰 tai xue 与 da xue）的巨大差异。而这，对于现代中国大学的健康成长极为不利。

承认中国的高等教育历史悠久，资源丰厚，但本世纪实行的大学制度，却是道地的舶来品。1918年，校长蔡元培为《北京大学二十周年纪念册》作序，对此有明确的表述：

> 吾国自虞夏时已有大学之制，见陈教授汉章所作《中国历代大学学制述》。然往昔太学国学，其性质范围，均与北京大学不可同年而语。然则往昔之太学国学，直当以高曾祖祢视之。而北京大学本体，则不得不认为二十岁之青年也。

1948 年，胡适撰《北京大学五十周年》，承认假如从太学算起，北大"比世界上任何大学都年高了"；可还是遵循北大传统，再次断然拒绝拉长校史的"诱惑"：

> 北京大学向来不愿意承认是汉武帝以来的太学的继承人，不愿意卖弄那二千多年的高寿。自从我到了北大之后，我记得民国十二年（一九二三）北大纪念二十五周年，廿七年纪念四十周年，都是承认戊戌年是创立之年。……这个小弟弟年纪虽不大，着实有点志气。

区分"大学本体"与"高曾祖祢"，强调"年纪虽不大，着实有点志气"，我以为比强行攀附，非要将北大历史拉得比哈佛长 1000 年不可，更值得认同。理由很简单：古今之"大学"（或曰"太学"与"University"），不能说毫无关系，却也很难同日而语。

这其实正是本世纪中国大学教育的问题所在：成功地移植了西洋的教育制度，却未能很好地承继中国人古老的"大学之道"。不是没有人意识到，而是实践起来举步维艰。此中甘苦，单看"上法三代，旁采泰西"之曲折，便可大致明白。

1925年4月，北大校长蔡元培在德国作了题为《中国现代大学观念及教育趋向》的演讲，称对于古代中国的高等教育，"其质与量不能估价过高"，晚清以降，"摆在我们面前的问题，是要仿效欧洲的形式，建立自己的大学"。实际上，自从书院制及科举制被正式废除，中国人对于自家传统的教育方式，信心始终不足，不存在"估价过高"的问题。不管是康、梁，还是二张（张之洞、张百熙），设计学堂章程时，确实都曾"兼采泰西"。至于"上法三代"，基本上是一句空话，原因是，三代的学制谁也说不清。晚清关于兴学的奏折和策论，常常是引一段《礼记》开篇，而后便是外国学堂的介绍。如此"上溯古制，参考列邦"，拟订出来的章程，焉能不"食洋不化"？之所以将明明无法兑现的"上法三代"，搁在迫在眉睫的"旁采泰西"前面，揣测康、张的原意，不外是强调对于传统学术精神的继承。既然如此，为何不标举更为切实可行的宋元明清的书院制度？

正像教育史家舒新城所说的，"光绪二十四年以后的改革教育论者，并无一人对于书院制等有详密的攻击或批评"（《近代中国教育思想史》）。时人之"破旧"，主要针对的是科举取士；至于各式书院之利弊，反而无暇细究。对于沿袭千年的书院制度，之所以不求变通，也不愿并存，目的是将原有款项移作兴办学堂之用。不曾认真分辨近在眼前的书院，一味高谈阔论远在天边的三代之学，难怪晚清以降的学制改革，只能"移植"西洋工业社会的教育制度。

积弊已深的传统中国教育，其"无裨实用"，在晚清已成为传播福音的传教士以及寻求富强之路的士大夫集中攻击的靶子。只是在新学制度已经确立的二三十年代，有过研究书院的小小热潮。此后，又是长期的沉寂，直到1960年代方才有复兴的迹象。即便如此，时至今日，书院教育的现代意义，仍然不被广泛认可。中国的大学，依旧是欧美模式的一统天下。

晚清重要的思想家中，最早对废书院改学堂表示不满的，当推杭州诂经精舍出身的章太炎。章氏在不少场合为传统的书院制度辩护，并将其作为批评新式学堂的主要理论武器。与章太炎一样，选择独立讲学的姿态，拒绝进入现代大学体制的，还可以举出马一浮、梁漱溟、熊十力等。但是，章氏等人重建书院的努力，即便不说"落空"，也是收效甚微。

另一种同样值得关注的思路是，将书院精神引进现代的大学体制。1924年，清华校长曹云祥向胡适请教如何创办研究院，适之先生于是仿昔日书院及英国大学制，为研究院绘一蓝图。第二年，同样留美归来的任鸿隽、陈衡哲夫妇，联名发表《一个改良大学教育的建议》，特别标举中国的书院精神，希望将其与欧美大学制度相结合。至于1940年代初清华校长梅贻琦撰《大学之道》，更是直接用儒家"大学之道，在明明德，在新民，在止于至善"来解说今日之大学精神。

书院之自筹经费、自定章程，注重因材施教，鄙薄标准化教学，强调道德气节的修养，突出师生的情感交流等，使其容易形成相对独立的学风。但不管是章太炎还是梅贻琦，都明白传统书院无法取代正规的大学教育。就在对现代大学制度痛下针砭的《救学弊论》中，太炎先生也不得不网开一面："为物质之学者，听参用远西书籍"；"治国际法，亦任参以远西书籍授之"。晚年的章太炎，倾全力办书院、组学会，已将目标缩小为"扶微业辅绝学"，而不再是正面挑战现代教育制度。

萧教授之突破百年框架，强调北大是"世界上历史最古老的大学之一"，大概是希望北大能更好地继承"中国古老的优秀文明"。如此良苦用心，我当然赞同；只是在具体策略上，我更倾向于将章太炎与梅贻琦两代人的眼光重叠起来，思考传统书院在现代中国的命运，而不希望发掘国子监传统。因为，除了地位显赫、待遇优厚，实在想不出国子监有什么值得今人借鉴的。

明清两代的统治者，对国子监加强控制，颁学规、立禁例，严惩过问国事者，使得在学生员学术上没有建树，政治上更是"噤若寒蝉"。汉朝太学生那样的政治抗议，早已成为遥远的记忆。与此相对，民间书院中，倒是颇多"风声雨声读书声，声声入耳；家事国事天下事，事事关心"（顾宪成为东林书院所撰楹联）的士人，更不乏"披图读史，杯酒论兵，系情民物，穷老而志不衰"者（参见刘师培《清儒得失论》）。倘若非要讲北京大学与传统中国教育的联系不可，汉宋两代太学生的政治意识，或者历代书院的独立讲学，都可以大加发挥；唯独徒居高位的国子监，不值得引为"前身"。

1998 年元月 5 日于京北西三旗

（初刊《北京大学学报》1998 年 2 期）

北大传统：另一种阐释
——以蔡元培与研究所国学门的关系为中心

谈论蔡元培对于现代中国政治及思想文化的贡献，没有比梁漱溟以下这段话说得更登峰造极的了：

> 今天的新中国必以新民主主义革命为其造端，而新民主主义革命则肇启于五四运动。但若没有当时的北京大学，就不会有五四运动出现；而若非蔡先生长校，亦即不可能有当时的北京大学。(《五四运动前后的北京大学》)

这段话的前半，依据的是毛泽东的《新民主主义论》；后半，则是众多蔡元培景仰者的共识。可把这两个各自"言之成理"的独立判断拼合在一起，产生的效果却很不妙：蔡校长几乎成了"新中国"的缔造者。

任何寻根溯源,一旦过于用心与用力,便可能落入如下陷阱:既在扩张中变形,又在淡忘时遮蔽。前者指向上述"合乎逻辑"但"有违史实"的推理,后者说的是"教育家蔡元培"的失落。

既然将蔡先生之执掌北大,列为中国现代史上的大事,何以还有如此感叹?理由很简单:蔡元培主管的是当时国内唯一的国立大学,倘若只是掀起了一场政治运动(即便事后证明此运动意义十分深远),作为教育家来说,不能算功成名就。在"五四"运动的框架中谈论北大校长的历史贡献,这种眼下正如日中天的主流话语,无意中抹杀了学术史上的蔡元培。

在我看来,蔡先生首先是教育家,而后才是政治家。这就好像说北大首先是第一流的大学,而后才是"五四"新文化运动的中心一样,本无任何新奇之处。只是相对于努力"拔高"蔡校长的时尚,以上表述才有意义。对蔡元培的误读,与对北大传统的曲说,二者同出一源,即,不承认大学的主要功能是传播知识与发展学术。本文希望借助于对蔡元培视野的解读,阐释北大传统中久被遮蔽的另一侧面。

1919年9月,"五四"运动的高潮刚刚过去,其深远

的历史影响尚未浮现,但北大学生的政治热情,已经震撼了全国民众。针对世人的疑惑,蔡元培发表《北大第二十二年开学演说词》:

> 此次学潮以后,外边颇有谓北京大学学生专为政治运动,能动不能静的。不知道本校学生这次的加入学潮,是激于一时的爱国热诚,为特别活动,一到研究学问的机会,仍是非常镇静的。

强调大学乃"研究学理的机关",此乃蔡先生的一贯主张,并非应付舆论压力的权宜之计。此前一年,蔡校长在北大1918年开学式上发表演说,称"大学为纯粹研究学问之机关","学者当有研究学问之兴趣,尤当养成学问家之人格"。至于"本校一年以来,设研究所,增参考书,均为提起研究学问兴趣起见",更是蔡校长所引以为傲的。两年后,北大公布《研究所简章》,开篇便是:"研究所仿德、美两国大学之 Seminar 办法,为专攻一种专门知识之所。"

中国近代教育史上,最早建立的"新教育"制度,不管是壬寅学制(1902),还是癸卯学制(1903),都依样画葫芦,虚拟了"研究各科学精深义蕴"的通儒院(或曰大学院)。1912年10月颁布的《大学令》,乃蔡元培出长教育部时所拟,不提"以忠孝为本",而是强调"大学以教授高深学术,养成硕学闳才,应国家需要为宗旨",大学院更是必不可少。如此"不设期限"的大学院,要求"有新发明之学理或重要之著述",经大学评议会确认后方可授予学位,以当年中国新式学堂之水平,未免悬得过高,只能说是标示了一种理想与志气。果然,执掌北大后的蔡元培,经过一番励精图治,终于在五年后,建成了中国第一个从事"高深学术"的教学与研究的专门机构——北京大学研究所国学门。

可是,上述二说,似乎有点自相矛盾,既然1918年已经"设研究所",何必两年后再次拟订并公布"简章"?众多已刊的大学史,照抄此两则史料,而不作任何分辨,很容易令读者满头雾水。其实,事情并不复杂,蔡元培本人对此有过合理的解释。1926年10月,蔡氏撰《十五年来我国大学教育之进步》,专门谈论研究所创设之艰难:

> 民国元年,教育部所定的大学章程,本有研究所一项,而各大学没有举行的。国立北京大学于七年间曾拟设各门研究所,因建设费无从筹出,不能建立。十年议决,归并为自然科学、社会科学、国学、外国文学四门。而国学门即于十一年成立。五年以来,其

中编辑室、考古学研究室、明清史料整理会、风俗调查会、歌谣研究室、方言调查会等，已著有不少的成绩，所著录研究生三十二人，也已有十二人贡献心得的著作。其他若地质学系、物理学系等，虽未立研究所名义，而教员研究所得，已为社会所推许。最近两年来，清华大学已设立研究院，而厦门大学也有国学研究所的组织，这尤是大学教育进步的明证。

北大1918年"拟设"的研究所，并非真如蔡校长所说的，因经费无着而彻底搁浅。1923年，为纪念北大创立二十五周年，校方编撰并出版了《国立北京大学概略》，其中有曰："（民国）七年，各种各门研究所均成立，月增经费四千五百元。"问题在于，给了经费，但难以为继；招了学生，可很快风流云散，蔡校长因而才谨慎地称之为"拟设"。

读《国立北京大学廿周年纪念册》，不难发现，其"沿革一览"及"规程一览"部分，均有关于研究所的介绍；而"在校同学录"，更是收录了文、理、法各科各门研究所同学的姓名、别号、籍贯、毕业学校、研究科目以及通信处。白纸黑字，应该是准确无误的吧？其实不然。当初校方把办研究所想得太容易了，要求"各科各类中之各门,及各门中之各种学术,俱设研究所"。单是文科,第一年便有哲学门研究所同学 21 人、国文门研究所同学 44 人、英文门研究所同学 10 人(中间略有交叉)。如此规模,以北大的经济及学术实力,难免流于"纸上文章"。单看花名册,研究所确实早已建立,可校长心中有数,不敢以此为依据。为校庆卅五周年而编撰的《国立北京大学校史略》,述及此事时称:"财力人才,两感不足,虽有计划,只具刍型";而 1948 年出版的《国立北京大学五十周年纪念一览》,其"文科研究所概况",也只从 1922 年 1 月说起。

1921 年 11 月 28 日,蔡元培向北京大学评议会提出《北大研究所组织大纲提案》,获得了通过。第二年 1 月,研究所国学门正式成立。以蔡元培为委员长的研究所国学门委员会,包括顾孟余、沈兼士、李大钊、马裕藻、朱希祖、胡适、钱玄同、周作人等;另外,还聘请了王国维、陈垣、钢和泰(德)、伊凤阁(苏)、陈寅恪、柯劭忞等作为研究所的导师。研究方向则集中在考古研究、歌谣研究、风俗调查、明清档案整理、方言调查等若干很有发展前途的新学科。教授的成绩人所共知,需要说明的是学生的情况。据 1923 年底出版的《国立北京大学概略》,其时"经本学门委员会审查合格之研究生",只有十六人,其中已报告成绩者五人六种,即:《尹文子校释》(罗庸)、《公孙龙子注》

(张煦)、《老子校注》(张煦)、《黄河变迁考》(段颐)、《金文编》(容庚)、《殷墟文字类编》(商承祚)。此后,北大的研究生教育总算走上了正轨。而在强调大学不只是培育人才,更是师生共同研究的机关,需时时有新的发现与发明的蔡先生看来,此乃中国大学教育成熟的标志。

作为大学校长,蔡元培何以如此看重研究所的创设?去世前五年,时已改任中央研究院院长的蔡元培,撰《论大学应设各科研究所之理由》,称自清末编制新学制以来,为教授学生研究学问而设立研究所,分别有大学院、通儒院、研究院三种说法,"而其任务为高深学术之研究,则前后一致"。大学教育的成败,与研究所的有无攸切相关,理由是:"一、大学无研究院,则教员易陷于抄发讲义、不求进步之陋习";"二、大学毕业生除留学外国外,无更求深造之机会";"三、未毕业之高级生,无自由研究之机会"。最后一点,可以略作发挥:研究所之酿成"自由研究"风气,得益者,远不止是"未毕业之高级生"。

此外,研究所的创设,使得时贤协调东西教育方针的思路,有可能得到落实。表面上,北大拟订的《研究所简章》只提德国、美国的Seminar,而只字未及传统的书院教育,不像胡适为清华研究院所作的设计,强调"略仿昔日书院及英国大学制"。可这丝毫不影响北大研究所对传统教育精神的继承与发扬,原因是,从京师大学堂蜕变而来的北大,本就带有较为明显的书院教学痕迹,与作为留美预备学校出现的清华学堂,不可同日而语。在课堂讲授之外,强调独立思考,注重师生间的精神交流,这一北大人引以为荣的办学特色,甚至早在蔡元培长校以前,便已初露端倪。正如蔡校长所说,民元前的北大,"中学方面参用书院旧法,考取有根底的学生,在教习指导之下,专研一门,这倒是有点研究院的性质"(《北大成立二十五周年纪念会开会词》)。罗家伦在《国立北京大学的精神》中,也提及北大自由研究学风的养成,并非一朝一夕:"如师生间问难质疑,坐而论道的学风,一部分是京师大学堂的遗留,但到民国七、八年间而更甚。"从1920年代起便成为热门话题的"北大老",指的主要不是学校的实际年龄,而是相对于"清华洋"而形成的气质与风神。创设"师生间问难质疑,坐而论道"的研究所,借此沟通东西学术,正好对此"北大老"之"老"字,作了正面的诠释。

有趣的是,北大1922年创办研究所,原定设自然科学、社会科学、国学和外国文学四门,但实际上只有国学门名副其实。三年后,清华学校创办研究院,同样"先开办国学一门"。何以两校均独尊国学?蔡元培的解释是:"北大关于文学、哲学等学系,本来有若干基本教员,自从胡适之君到校后，声应气求，又引进了多数的同志，所以兴会较高一点。"(《我在北京大学的经历》)清华学校的《研究院章程》，则以中国典籍丰富、近世所出古代史料亟待整理，以及言语变迁、风俗沿革、学术盛衰需要进行分门别类的研究作为理由。而除了师资实力雄厚、学科前景明朗，还有一个很实际的原因：创办自然科学研究所，所需经费巨大，非当年的北大、清华所能承担。

同是以国学为主攻目标，北大、清华的发展策略颇有不同。清华起步晚，但有庚款支持，经费比较充裕，其"延名师，拓精舍"因而大见成效。再加上清华走的是"明星路线"，研究院"四大导师"(梁启超、王国维、陈寅恪、赵元任)声名远扬，前后四届七十余学子日后大有作为，故在今人眼中，几成"一枝独秀"。可其因人而设课，更接近古代书院的大师讲学；而不重视现代学术制度的建设，使得王国维、梁启超去世后，"名师"难以为继，研究院不幸夭折(学校重心转移也是重要原因)。北大研究所的导师，或许不及梁、王、陈、赵四位耀眼，可注重研究室的建设以及新学科的拓展，几十年间，没有大起大落。1932 年，研究所国学门改称研究院文史部，1934 年又演变成为研究院文科研究所，历经抗战中的南迁与北归，依然是北大学术实力最为雄厚的"金字招牌"。1948 年，为庆祝北大成立五十周年而举行的各种展览，名列第一的，依然是文科研究所。

在《〈北京大学月刊〉发刊词》中，蔡元培有一名言："所谓大学者，非仅为多数学生按时授课，造成一毕业生之资格而已也，实以是为共同研究学术之机关。"这种"共同研究"，需要师生对于学问的强烈兴趣与积极参与，也基于校方遵循"思想自由之通则"和"兼容并收之主义"的立场。而出学刊，聘名师，开讲座，组织学会，以及体制化的研究所的创设，都是既指向自由思考，也指向专深学术。除此之外，研究所之提倡"共同研究"，还有另一层意义，那便是跨越人为的学科边界。1922年2月，在北大研究所国学门委员会第一次会议上，沈兼士、胡适等人强调，研究所之所以立"国学门"而不是具体的科系，目的是"打破学系观念"，"不以学科为范围"。可惜此中真意，不大为后人领悟。几十年后的今日，大学文史哲政经法各科系间的隔阂，依然有增无减。

1940年蔡元培先生去世时，众多悼念文章中，只有顾颉刚的《悼蔡元培先生》和王云五的《蔡孑民先生的贡献》，略为提及其在北大创办研究所的功绩。此后，大量有关蔡先生的著述，多喜欢从政治史、思想史的高度立论，极少涉及此"区区小事"。国人之习惯于宏大叙事，不太

欣赏具体的制度建设,大概1930年代便已成风气。否则,周作人在表彰北大研究所的创建时,不必如此"画蛇添足":

>　　有好些事情随后看来并不觉得什么希奇,但在发起的当时却很不容易,很需要些明智与勇敢。

北大之创办研究所,以及"沟通文理,注重学理的研究,开辟学术的努力",在周氏看来,完全值得大书特书(《北大的支路》)。同是教育家,五四时任教北大、而后长期担任暨南大学校长的何炳松,对此深有感触。何氏1931年撰《三十五年来中国之大学教育》,称扬蔡元培出长北大,"遂开一新纪元",其中便包括"民国七年(一九一八)增设研究所以提高学术的程度",使北大成为全国最高的学府和新文化的领袖。

　　关于北大传统的诠释,取决于叙述者的教育理想。从注重学术,到突出政治,转折点是在1949年完成的。对照《国立北京大学五十周年大事年表》与日后撰写的或详或略的北大校史,可见其间巨大的差异。在"新民主主义革命"的论述框架中,共产党领导的学生运动,构成了北大校史的主线;而蔡元培等极力网罗的众多当年全国第一流学者，其"传道授业解惑"，以及在人文、社科、自然科学研究方面的贡献，在校史中，反而只能"退居二线"。半个世纪的重写历史，使得"研究所国学门"的大名，对于今日的北大人来说，已经不再是"耳熟能详"。

1990年代的中国学界，有两件值得关注的雅事：一是清华大谈国学研究院和四大导师，一是北大成立中国传统文化研究中心并出版《国学研究》。这两件事，与蔡元培当年创办研究所国学门大有关系，可即便是北大校方的宣传材料，也都不曾提及此中因缘。更令人费解的是，明明着力于"中国传统文化研究"，放着名正言顺的"研究所国学门"不说，反而"高攀"以传播西学见长的《新青年》。对于并非校史专家的论者来说，出现上述偏差，其实不足为怪，只是说明曾经名闻遐迩的北大研究所国学门，已经在以政治运动为主线的叙述中，日渐被世人所淡忘。

蔡元培之借研究所的建立为契机，外争自由思考，内讲专深学术，此种带明显德国大学印记的教育理想，对北大日后的发展，影响极其深远。北大人历来信奉老校长的"兼容并包之主义"，所包者，既有新旧、中西、文理、汉宋，更有生死攸关的政治与学术。世人之关注北大，多着眼于其争取民主的决心与勇气，这自然没错。可蔡元培那句名言，"读书不忘救国，救国不忘读书"，乃北大师生精神生活的真实写照。研究所的创设，凸显了北大传统的另一侧面，即"明其道不计其功的气概"，以及"仿佛有点迂阔似的"的"北大的学风"（《北大的支路》）。

1998 年 2 月 9 日于京北西三旗

（初刊《文史知识》1998 年 5 期）

不被承认的校长
——丁韪良与京师大学堂

1898 年的 9 月 21 日，即戊戌年八月初六，慈禧太后发动宫廷政变，幽禁光绪皇帝于南海瀛台，康有为等发起的维新变法宣告失败。第三天的《纽约时报》，发表众多有关中国的报道，有关于光绪皇帝已被毒死的传闻，有湖南造反的消息，最让我感兴趣的，是被列入要目的"中国选择一个美国人丁韪良博士作为新的帝国大学的校长"。这则报道的正题是《中国的帝国大学》，副题是《美国人丁韪良博士被任命为校长》，全文如下：

> 华盛顿 9 月 22 日电——国务院收到康格大使从北京发回的消息，丁韪良博士被任命为最近由朝廷创建的中国的帝国大学（Imperial University of China）

的校长（president）。丁博士是美国公民，大约五十年前作为传教士前往中国，此后在那个国家度过了大部分时间。他对那个民族及其语言、习俗、传说等很有研究，据大使称，丁被认为是无可匹敌的。他作为 Peking University 的校长将近三十年，而且著有许多关于中国与中国人的书籍。

大使补充道，这回博士的任命，含有中国的官阶。朝廷将他的顶戴由蓝色改为红色，也就是说，从三品提为二品。最初，这一任命有相当大的反对意见，经由李鸿章的努力，终于以任命两个校长的方法获得妥协。丁博士的同事许景澄，现为驻俄大使。选择大约二十名教授（不包括五十名本地助教）的权力，全部掌握在丁博士手中。

这段报道基本属实，可以上谕为证。光绪二十四年六月二十二日（1898年8月9日），皇上批复孙家鼐《奏筹办大学堂大概情形折》：

至派充西学总教习丁韪良，据孙家鼐面奏请加鼓励，著赏给二品顶戴，以示殊荣。

不被承认的校长 | 219

问题在于，总教习并非"校长"（president），同文馆也不是"北京大学"（Peking University）。这两点，都不是简单的笔误，而是源于整个文化观念的差异。这一差异，既是当初合作的根基，也是最后不欢而散的缘由。

作为中国最早的官办西式学堂，京师同文馆成立于1862年。自1869年走马上任，至1894年因病辞职，丁韪良（1827—1916）担任同文馆总教习达二十五年之久，可以说功过得失系于一身。考虑到同文馆后来增设天文、算学、化学、国际公法、格致等课程，尽管培养出来的学生仍只是通译而非洋务专才，丁韪良还是将校名的英译，从 School of Languages 改为 Peking College。如光绪十三年刊行的《同文馆题名录》英文本，便有"旧同文馆或语言学校"与"新同文馆或北京学院"之分（Calendar of the Tungwen College, Microfilm made by Columbia University）。到了《纽约时报》，为了炫耀美国人对中国高等教育的主导作用，语言学校性质的同文馆，摇身一变，又升格为大学（University）。

别以为译名的改变无关紧要，其时列强在中国的势力范围，美国尚处劣势。由丁韪良来执掌"中国的最高学府"，对于美国人来说，是个值得庆贺的好消息。单看上述《纽约时报》的"抢先"报道，便可明白其关注的重心——须知那时变法已经失败，大学堂能否正式开办，尚在未知之数。美国人之看重此类任命，使得丁韪良连交好运：执掌同文馆的第二年，获纽约大学名誉法学博士学位；"出长""帝国大学"的第二年，又获普林斯顿大学名誉法学博士学位。

除了"学校"改"学院"，"学院"改"大学"，丁韪良的误译更严重的，便是将教务长性质的"总教习"，径说成是一"校"之"长"（president）。如此"假传圣旨"，应该归咎于丁韪良，而不是康格大使或《纽约时报》的记者。丁博士喜欢炫耀其"校长"头衔，1900年以后出版的著作，如《北京之围》（*The Siege in Peking:China Against the World*，New York，1900）、《中国的学问》（*The Lore of Cathay or The Intellect of China*，London，1901）、《中国之觉醒》（*The Awakening of China*，New York，1907）等，都在封面或扉页上注明"中国的帝国大学校长"。可是，不管是当初清廷的官方文件，还是日后中国学者的著述，提及历任京师大学堂的主持人，从未出现过丁韪良的名字。

只是在谈及大学堂的创办经过时，丁博士方才有机会露脸。如1930年代校方出版物中常见的《国立北京大学校史略》，以及1948年的《国立北京大学建校五十周年大

事年表》,均如此陈述:

> 派吏部尚书孙家鼐为管学大臣,余诚格为总办,许景澄为总教习,美教士丁韪良为西总教习,朱祖谋、李家驹为提调。

在此叙事框架中,丁韪良的地位及作用均不太显赫。不过,倘若由此认定丁博士"存心作伪""欺世盗名",那又过于冤枉。因为,大学堂之不同于国子监或传统书院,就在于其以西学为重心;管学大臣孙家鼐对此一窍不通,略有所闻的许景澄出使未归,大学堂开办之初,从确定教材、遴选教员到日常教务,确实全由丁博士说了算。如此"大权独揽"的"西学总教习",在丁韪良看来,便是一"校"之"长"无疑。

中国人却不这么看,因其事关教育主权,并非只是个人意气之争。正如《纽约时报》的报道所说的,丁博士的任命阻力很大。反对意见主要集中在两点,一是丁此前主持同文馆教务成绩不佳,一是由传教士执掌中国最高学府有失体面。考虑到上述意见,孙家鼐的《奏覆筹办大学堂情形折》在提议增设西总教习的同时,强调此职待遇从优,权力有限:

> 臣拟用丁韪良为总教习，专理西学，仍与订明权限，其非所应办之事概不与闻。

皇上恩准赏给没有实际意义的"二品顶戴"，自是待遇从优的具体体现；至于将其权力限制在"专理西学"上，则没能真正实现。原因是，孙家鼐等主持大学堂事务者，多不知现代大学为何物，只好任凭丁博士"越俎代庖"了。

有趣的是，首先对皇上的这一任命公开提出批评的，不是中国的士大夫，而是意大利驻华大使——而且是以外交照会的方式！光绪二十四年八月初一，"义国萨署大臣"照会中国的总理各国事务衙门：

> 义国原属近世学文之兴起之国。万国内法、天文、格致等类，均系义人开创。华人非不知其事。古时聘用出名义师如利玛窦等人，勉力大利于中国兴起学问，而不知此事者，便为老年传教，并无学问之人，实未得欧洲开教之据。此人前次误派同文馆，因其无能，则同文馆创设多年，至今并无成效之势。兹又闻此人管理新设大学堂。……（贵大臣）竟倚仗在先之管理同文馆者，甚惧将来仍系绝无成效。总署已接他馆照会，便可知悉。北京洋人无不甚诧，因何中国专派斯

不被承认的校长 | 223

人管理大学堂。其人虽庄严恭敬，而实无一能，何能管理大皇帝专心关系之事？

如此为"中国大皇帝"着想，并义正词严地谴责"管理大学堂"的丁韪良（清廷文书不曾含糊其辞，管理大学堂的应该是孙家鼐，可洋人偏偏弃名取实），其实是为了强调"华士学习西洋学课，今切不可废置乂文、免用乂国教习"。此前一个多月，萨署使便已提出照会，抗议拟设中的大学堂没有意大利语的教学，不过话说得还算客气：

> 讵该章程各国言语教习内，并未载乂国言语教习。此系遗忘无疑。乂国之言，诸国中之最古最佳者也。……查乾隆、康熙年间，乂士在中华，大利于中国学问。现今中国仍应请该名士之后裔，来华教读。

几乎与此同时，"德国海使"也提出照会，称"在京师建立大学堂，实属育才兴学之举，本大臣钦佩莫名"。接着笔锋一转，对大学堂之拟设英文分教习十二人，德文分教习一人大表愤慨。除了强调"天下各国学校，德国为首，他国不能并论"，更"推心置腹"，谈论起内政外交之道：

> 须事事平允，各项势力均属相抵，始可大见效验。必免扬此抑彼之意，最为紧要。……因此，不得以学校偏重英国，使其余各国向隅。中国常操自主之权在手，平交各大国。

结论是，若需教习十五人，则五大国平分，不得"扬此抑彼"。显然，各国大使都将大学堂的创办，作为扩大本国影响并谋取经济利益的大好机遇。如此思路，方才能理解美国大使为何格外看重丁韪良的任命，迫不及待地通报国内，并强调聘任外籍教员的权力"全部掌握在丁博士手中"。

只考虑"利益均分"，而不顾及中国人的实际需要，这种无理的要求，理所当然地被管学大臣孙家鼐拒绝：

> 查中国开设大学堂，乃中国内政，与通商事体不同，岂能比较一律。德国、意国大臣，似不应干涉。

孙大臣果断拒绝了意、德等国大使的无理要求，可没有回答丁韪良是否总教习的最佳人选的质疑。而这，并非"毋庸置疑"。

此前，中国士大夫对同文馆的教学多有非议，若李端、孙家鼐、康有为、梁启超等人之倡办大学堂，直接针对的，正是同文馆之"斤斤于文字语言，充其量不过得数十翻译人才而已"。御史陈其璋的《请整顿同文馆疏》（1896）说得更刻薄：

> 伏思都中同文馆，为讲求西学而设，学生不下百余人，岁费亦需巨万两，而所学者只算术、天文及各国语言文字。在外洋只称为小中学塾，不得称为大学堂。且自始至终，虽亦逐渐加巧，仍属有名无实。门类不分，精粗不辨，欲不为外洋所窃笑也难矣！

此疏一笔抹杀同文馆成长之艰难历程，未必公允（容日后分辨）；这里关注的是，同文馆办学的不太成功，为何没有成为丁韪良晋升的障碍？朝野上下乃至"文明诸国"均极为看好的大学堂，难道找不出更合适的人选？

《大学堂章程》原定选择"学贯中西"的"中国通人"为总教习，以便一改同文馆"以西人为总教习"故"中学不免偏枯"的弊病。可主其事者囿于学术视野及自身利益，不愿启用本国人才（参见拙文《迟到了十四年的任命》）。至于远聘西国之硕学大儒，所需甚巨，非朝廷所愿意且能够承担。于是，只好改为就近聘请"价廉物美"的在华传教士。从这个角度考虑，"曾在总理衙门充总教习多年"

的丁韪良，确实是"最佳人选"。基于各方压力，大学堂不能不办；可朝廷并没准备为办大事而花大钱，孙大臣也就只好"量力而行"了。此中苦衷，不便明言，但在孙家鼐筹办大学堂的若干奏折中，其实有所暗示。

这本是清末民初所有新式学堂所面临的共同难题。其时正主讲保定莲池书院、日后出任大学堂总教习的吴汝纶，在其私人信札中，将此困境及其解决办法，描述得一清二楚。在吴氏看来，既然办的是西式的大学堂，"仍欲以中学为重，又欲以宋贤义理为宗，皆谬见也"。当务之急是讲求西学，若找不到"中西兼通"的人才，由擅长西学的丁韪良来执掌，未尝不是好事。何况，如此任命，可以大大降低办学的成本。不管是京城还是各省，筹建新式学堂，"若延聘西人，则必须筹有巨金"，而这几乎是不可能的。变通的办法有二，一是延请在华传教士，经费大概只需前者的十分之一；一是改聘"风气俭朴"故索价较低的日本教习。如此兴学，虽属"穷家办法"，但切实可行（《吴汝纶尺牍》86页、133页、140页、145页、195页，黄山书社，1990）。

京师大学堂的西学教习，先请传教士，后改日本人，正是取其相对来说"所费无多"。至于中国人好不容易有了自己的"大学"（University），为何刚刚起步，忽又临阵易将，由传教士改为日本人，这只能到庚子事变的历史体验中寻找答案。

丁韪良之出任大学堂总教习，是否称职，其实不得而知。原因有二，一是大学堂1898年12月30日方才正式开学，1900年7月1日管学大臣许景澄便以"京城地面不靖，住堂学生均告假四散"为由，请求皇上"将大学堂暂行裁撤"。此前，义和拳已在京城四处烧杀劫掠，大学堂危在旦夕，丁韪良也早已逃进使馆并拿起了武器。也就是说，戊戌年间的大学堂，只存在一年半。对于讲求百年树人的大学来说，如此短暂的实践，根本无法判断主事者的功过得失。二是大学堂创办之初的档案资料，绝大部分毁于庚子战火，根据仅存的蛛丝马迹进行推断，实难令人满意。至于大学堂之房屋被毁，书籍仪器一概无存，罪魁祸首到底是俄兵德兵，还是拳民董军，尽可不必深究。因为，就像张百熙《奏筹办京师大学堂情形疏》所说的，"大学堂去岁先被土匪，后住洋兵"，谁的破坏更彻底，实在说不清。

值得关注的是，庚子事变中，大学堂的命运格外坎坷。大学堂代表着"新政"与"洋务"，在高举"扶清灭洋"大旗的义和团眼中，自是"汉奸"无疑。义和拳之仇洋，除了烧毁教堂，"以电报铁路等，与洋人声气相通，则亦毁之"（柴萼《庚子纪事》）；"凡家藏洋书洋图皆号二毛子，捕得必杀之"（罗惇曧《庚子国变记》）。佐原笃介、沤隐同辑的《拳匪纪事》，记录下这么一件"小事"：

> 曾有学生六人，仓皇避乱，因身边随带铅笔一枝、洋纸一张，途遇团匪搜出，乱刀并下，皆死非命。

这里所说的"学生"，当然是指西式学堂的"洋学生"。据说，此前刚毅已有"学堂皆养汉奸之地"（《清议报》26册，1899年9月）的妙语，与拳民的想法正合拍。而当年设在京师的"大学堂"，兼管全国的新式教育，其在拳民心目中的形象，可想而知。庚子年四月，京城尚未大乱，已经四处出现义和团的揭帖，其中有曰：

> 二十九日，将拆毁同文馆、大学堂等，所有师徒，均不饶放。（佐原笃介、沤隐同辑《拳匪纪事》）

拆毁大学堂的号召，并没有真正落实；但双方之势不两立，却跃然纸上。在整个事变的过程中，大学堂的有关人士，确实旗帜鲜明地主张镇压"拳匪"，保护使馆，并为此付出了沉重的代价。

不管由谁来撰写北大校史，大概都不会漏了这一笔：

"景澄以极谏清廷勿信拳众遭冤杀"(《国立北京大学建校五十周年大事年表》)。管学大臣许景澄于狂澜既倒之际,知不可而为之,以忠义殉国,成了众多文学作品大力表彰的对象(参阅阿英所编《庚子事变文学集》,中华书局,1959)。日后被马寅初概括为"虽斧钺加身毫无顾忌之精神"的"北大主义"(参见马氏《北大之精神》),在这里,其实已露端倪。

依据历史文献,庚子事变中"极谏清廷勿信拳众"的,主要是太常寺卿袁昶。袁氏三次上疏,力主保护使馆,以免事态进一步恶化,最后一次弹劾大臣信崇邪术误国殃民,请求惩办祸首毓贤、徐桐、刚毅等,方才与吏部左侍郎许景澄合署。许、袁被冤杀后,出现在文学作品中的形象,反而是兼任管学大臣的许景澄更有光彩。二者都是一身凛然正气,刑场上怒斥奸臣,可许大臣还有精彩的两笔。一是在决定国家命运的御前会议上,许、袁慷慨陈奏,太后冥顽不化,眼看大祸临头而又无能为力,"帝持许景澄手而泣曰:'一人死不足惜,如天下何?'"(罗惇曧《庚子国变记》、连梦青《邻女语》)另一笔则是,许大臣就义前,从容交代其经手的大学堂款项及有关文件,说是"不可便宜了外人"(林纾《剑腥录》、罗惇曧《拳变余闻》、连梦青《邻女语》)。此外,胡思敬的《救劫传》、程道一的《庚子事变演义》、陆士谔续作的《孽海花》,以及李伯元的《庚子国变弹词》等,也都大肆渲染袁、许之慷慨赴国难,以至此举成了昏天黑地中最为引人注目的"亮点"。

几乎所有作品,都强调许、袁二公之"通晓洋务",以及被反对者以"汉奸"的罪名诬杀。其时许景澄兼管大学堂事务,这一点人所共知;至于袁昶此前曾任同文馆总管大臣,却很少被人提及。紧随其后被杀的内阁学士联元,也曾主管同文馆事务。除了户部尚书立山,庚子事变中因反对"横挑边衅,以天下为戏"而被杀的其余四位大臣,都以"通晓洋务"著称——徐用仪在任兵部尚书前,长期担任总理各国事务衙门大臣。

同样反对诛杀使臣围攻使馆,但幸免于难的,还有其时兼任大学堂提调的朱祖谋,以及日后出任大学堂总监督的张亨嘉。据罗惇曧的《庚子国变记》,前者本在载漪欲斩之列,"未发,及城破而免";后者的命运更具戏剧性。御前会议上,太常寺少卿张亨嘉紧随许、袁之后发言,"力言拳匪宜剿",可是:

> 亨嘉语杂闽音,太后未尽晰,姑置之。

有趣的是,记录上述逸事的罗惇曧,乃大学堂编书局分纂;

而其所本，则是大学堂编书局总纂李希圣庚子年间写于围城中"极详雅"之日记。有一点必须说明，这里所开列的，乃罗、李1902年的职务。至于庚子年间罗、李二君是否也在大学堂，因花名册失落，无从确定。

大学堂的"洋务"性质，与义和团的"灭洋"宗旨严重对立，以至时人将前者之被迫裁撤，作为庚子事变中的标志性事件来吟咏。复侬氏、杞庐氏的《都门纪变百咏》，有一首专咏大学堂在事变中的命运：

> 宏规大起育英才，学贯中西马帐开。
> 笳吹一声弦诵歇，诸生云散讲堂裁。

诗后的纪事文字，交代了大学堂裁撤的原因，与史书的记载相吻合："京师大学堂经营三载，规模初具，经费若干万，均存道胜银行。自该行被毁，此化为乌有。管学堂大臣遂有裁撤学堂之请。"

外有拆毁同文馆、大学堂的呼声，内有诛杀"洋务"背景大臣的举措，如此里应外合，代表"新政"的大学堂之命运，自是岌岌可危。当初义和团射入西什库教堂敦劝教民投降的书信，竟然有"袁昶、许景澄皆已被杀，汝等外援已绝"的说法，可见"通晓洋务"即等于"里通外国"，此等观念早已深入人心。

那么,"围城"中的洋大人,对于许、袁之死,又该作何感想?刚好前后两任西学教习,美国的丁韪良与日本的服部宇之吉,其时都被困使馆,且都有专门著述传世,不妨略加比较。在《北京之围》中,丁博士也曾提及慈禧太后下令处死"总理衙门的四位大臣":

> 我们将他们作为朋友来哀悼,因他们倾尽全力施加影响,以使情况对我们有利。我对此确信不疑,因其中一位乃管学大臣,他也是我们这所新大学的主管。另外两位是同文馆的总管大臣,那是一所我曾长期担任校长、而且必须给予最高评价的外交学校。他们中的一位,还将三个儿子送到这所新设立的大学接受我的教诲。(103—104 页)

其时作为文部省留学生来华的东京大学助教授服部宇之吉,两年后京师大学堂重办时,被聘为西学教习,实际上接替了丁韪良的位子,只是没有总揽全局的权力与义务。在其《北京被围日记》(《北京城·北京城日记》,平凡社,1965)中,同样述及许、袁二大臣的被害,但语气更加诚恳:

不被承认的校长 | 233

许君曾出任驻俄、德两国公使，多少通晓外国事务，现为主持京师大学堂的管学大臣，并兼总管铁路大臣，属于开明派。袁则以学问广博著称，同时极为留心时务。此次开战以来，二君忠言直谏，大大激怒了守旧派，被以谗言加害，实在不可思议。我与二人均相识，特别是与袁有数次学问上的交往，故深感痛惜。（189—190 页）

两相比较，我更喜欢服部先生的叙述，并非地位高低或关系亲疏，也无关著述体例。我对丁博士的叙述不太满意，因其没有多少真情实感，更像是为了炫耀自己，而不是哀悼友人。这一点，单看其连许、袁的大名都懒得提及，便可明白。这与事变中和事变后丁韪良的格外活跃，以及到处演讲时口气之恶毒与傲慢，大致吻合。

解围之后，丁韪良转道上海回国，在随后出版的《北京之围》中，有一张很有名的照片，下面的说明文字是："1900 年 10 月 23 日着围城装束的丁韪良博士到达纽约"。书中对此精心制作的"造型"，有十分精彩的发挥，故常被中外学者引述，如 Ralph Covell 的《丁韪良传》(*W. A. P. Martin: Pioneer of Progress in China*, Washington, 1978)，以及顾长声的《从马礼逊到司徒雷登——来华新教传教士评传》（上海人民出版社，1985）。这是一个很能体现主人立场及趣味的小场景：有人询问胸前挎枪的丁博士，何处打猎去？答曰"亚洲"；又问，何种猎物？答曰"老虎"。事后想想，答以"鬣狗"（Hyenas），似乎更合适些。如此充满种族歧视的"幽默"，出自在中国传教已达半个世纪的丁韪良博士之口，实在令人失望。

《北京之围》以及第二年出版的《中国的学问》，虽无处不流露作者的"傲慢与偏见"，今日读来，感觉很不舒服，但其保存若干照片，却"功不可没"。出任大学堂的西学总教习，毕竟是丁韪良事业的顶峰，除了在著作的封面或扉页题上"校长"字样外，还在书中穿插若干北京生活的照片。因有关戊戌年间的大学堂的资料极端匮乏，这些丁氏用以自我表彰的照片，也都显得弥足珍贵。如第一种所收大学堂外籍教员的合影，右数第二位即庚子乱中被害之英文洋教习秀耀春（F. H. James）；收入第二书的题名"丁韪良校长与中国的帝国大学教职员"的照片，是我所见到的唯一的戊戌年间大学堂教员合影。

可惜好景不长，当《中国之觉醒》出版时，扉页上的署名，"校长"前多了一个"前"字。1902年，张百熙奉命恢复了停办两年的大学堂。颇具雄心壮志的张大臣，上任不久，便辞退了那位"自以为是"的"校长"，连带其聘请的西文教习。因合同期未满，解聘颇费周折，经与美国大使交涉良久，终以赔偿十八个月薪水的办法了结。宁愿赔偿，也要辞退，如此处置，正好说明"经费紧张"并非改聘日本教习的主要理由。

那么，是什么原因促使张大臣"虎口拔牙"，在丧权辱国的《辛丑条约》签订后，还敢辞退丁韪良等洋教习？胡光麃所著《影响中国现代化的一百洋客》（传记文学出版社，1983）给的答案是"政治迫害"。胡氏称，庚子事变中，丁韪良提倡放逐慈禧，瓜分中国，得罪了清廷，因而丢了"校长"的职位：

> （丁）仗义直言无讳，不计己身安危，以致乱平后，难复教职，隐居北京传教以终，气节凛然，令人惋惜。

如此褒扬丁韪良在庚子事变中的作用，将其殖民色彩十分明显的"以华制华"方案，称为"仗义直言"，实在有点离谱。至于放逐慈禧、恢复光绪皇帝的合法权力、各国划分利益范围的建议，以及回美国后强调"中国对抗世界"的众多演讲和《北京之围》的出版，在我看来，都不是丁韪良去职的主要原因。

当年在华的洋人，几乎异口同声地谴责慈禧，并纷纷出谋划策"如何处置中国",清廷根本无力追查,更不要说加以惩罚。想象惊魂未定的慈禧太后,还敢对洋人"秋后算账",未免高估了其"政治立场"及"原则性"。当务之急是坐稳江山,至于丁韪良等的"不良言论",根本就没必要入耳。再说,倘若朝廷真的想惩罚丁韪良,湖广总督张之洞不会于丁被京师大学堂辞退后,还邀请其赴武昌筹办新的大学。

丁韪良之被解聘,涉及大的政治环境,也与其个人性格有关。长期担任同文馆总教习,丁博士养成了蔑视中国同事乃至上司而独断专行的作风。出任大学堂西学总教习后,丁氏一如既往地独揽大权。据罗惇曧的《京师大学堂成立记》,大学堂创办之初,"实权皆在丁韪良,科学课程,管学不能过问"。张百熙不同于孙家鼐,不愿只是挂名"管学",而是希望有所作为,这就决定了其不能容忍丁之跋扈。

上任不久,张大臣制定《钦定京师大学堂章程》,不只在课程设置上大为改观,而且明文规定:管学大臣"主持全学,统属各员";负责"一切教育事宜"的总教习,由国人担任。至于各外国教习之"教课勤懒",均由总教习"按照章程严密稽察"。此后聘请的日本教习服部宇之吉等,确实只管具体课程的教学,不再涉足大学的管理。

可以这么说，自此之后，中国官方所办大学，方才真正由国人执掌。

在《中国之觉醒》中，丁韪良曾论及传教士对中国高等教育的影响，并举出福开森（J. C. Ferguson）博士之主持上海南洋公学，赫士（W. M. Hayes）博士之受命创办山东大学堂，当然，高潮是丁氏自己于主持京师同文馆二十五年后，成为新建的"帝国大学的校长"（289页）。如果再添上此前美国传教士丁家立（C. D. Tenney）之被聘为天津中西学堂第一任总教习，此后英国传教士李提摩太（Timothy Richard）之执掌山西大学堂西学专斋，早期中国官办的高等教育，其主导权实际上几乎都掌握在传教士手中。

将洋教习在中国官办大学中的作用，由"执掌"降为"雇员"，这与庚子事变后国人对于传教士的警觉有关。庚子事变后，传教士利用勒索到的赔款，恢复并新办了许多教会学校，到1914年，全国共有教会学校一万二千所，在校学生二十五万人，与中国官立学校及学生的比例，分别是一比五，一比六（参见顾长声《传教士与近代中国》第十三章，上海人民出版社，1992）。借助于战胜国的威慑力量，教会学校凯歌高奏，这是问题的一个方面。可另一方面，官方及民间对教会学校的不满情绪也在酝酿，只不过大都"敢怒而不敢言"。限于条约的规定，中国政府无权限制教会学校的发展；可官办学校如何规划，总不该还是传教士在指手画脚？当初孙家鼐并未对丁韪良的越权行为表示抗议，而1902年山西巡抚岑春煊则必须对李提摩太利用赔款筹办山西大学堂的方案颇为担心："订课程，聘教习，选学生均由彼主政，未免侵我教育之权。"

就像杰西·格·卢茨所说的，晚清的中国人，普遍期待输入西方的科学技术，但不准备接受西方的基督教；即便是主张变革的新学之士，也对传教士在中国教育舞台上的过分活跃表示不满，因其"感到中国的主权受到了侵犯"（《中国教会大学史》中译本41页，浙江教育出版社，1988）。丁韪良戊戌年间之出任大学堂西学总教习，以及庚子事变后的被解聘，戏剧性地凸显了传教士在中国教育舞台上迅速逆转的命运。

传教士与中国教育（尤其是高等教育）的纠葛极为复杂，很难一言以蔽之。既以传教为主要目的，又促进了中国教育的现代化；既对传统陈腐的教育体制造成致命的打击，又以其"傲慢与偏见"极大地伤害了中国人的自尊心。当初林乐知（Y. J. Allen）在《治安新策》中提出请英美等国的学部大臣来华兼管中国教育，李提摩太在《新政策》中主张由德国传教士花之安（Ernst Faber）和美国传教士丁韪良主管中国的学部，也许真的是出于好心，或者说，"恨铁不成钢"。可如此表述，对于一个有悠久历史的泱泱大国的国民来说，感觉必定是"未免欺人太甚"。慈禧的宣战诏书中，有一句话值得史家关注："彼自称教化之国，乃无理横行，专恃兵坚器利。"义和团之"仇外"，使本就多灾多难的中国雪上加霜——单是四亿五千万两白银的战争赔款（相当于清朝五年财政收入的总和），便使得中国的现代化事业严重倒退。可世人在谴责义和团之"狂热""野蛮"、"愚昧"时，不该忘了晚清"仇外"思潮的形成以及迅速蔓延，有其深厚的心理基础，那便是此前列强的掠夺与传教士的骄横。

庚子战败后，一般民众多由盲目仇外，一转而为盲目媚外。可清醒的士大夫，却对列强、尤其是传教士抱有明显的戒心。丁韪良的被解聘，正是这种日渐升温的民族主义思潮在教育界的反映。也可以说，此举代表着传教士主导中国的"现代高等教育"的时代的结束。

戊寅年正月初二鞭炮声中于京北西三旗

（初刊《读书》1998年4期，题为《不被承认的校长——老北大的故事之六》）

迟到了十四年的任命
——严复与北京大学

1912年，严复出任京师大学堂总监督，旋即因校名改变，成了北京大学校的首任校长，此乃北大师生乐于传诵的佳话。在中国现代史上扮演重要角色的北京大学，终于第一次由第一流的大学者、思想家出掌，难怪北大人念念不忘。其实，此举的象征意义，远大于其实际效果。二月任命，十月辞职，中间二百余日，忙于筹措款项，维持学校生计，对于严复来说，执掌最高学府，基本上没有发挥其满腹经纶的特长。换另外一个人，在那个位置上，只要有事业心，效果大概相差无几。

如此冷静的陈述，实在有点"残忍"。须知，严复本人非常看重这一任命，而且也有"重整旧山河"的决心。如此来去匆匆，殊非其本愿。况且，如此了结与这所大学十几年的"恩怨",未免令人感叹"天道不公"。十四年前出任大学堂总教习的期待、十年前大学堂译书局总办的任命,再加上这一回名副其实的校长职务,严复与北大的缘分不可谓不深。可惜,如此"迟到"的任命,竟然以"早退"作为"补偿"——严复的匆匆归去,对于北大,当然是个极大的损失。

未能在北京大学大展宏图的严复,以其精湛的译著,影响了一代代寻求富强的中国人。在这个意义上,真的是"塞翁失马,焉知非福"。对于"严观察"来说,"立功"不成,转为"立言",二者之间,难分高低得失。我想追问的是,当初创建大学堂时,为何拒绝这位在今人看来最合适的人选?对教育大感兴趣的严校长,好不容易有了施展才华的机遇,为何如此急流勇退?在我看来,严校长之"迟到"与"早退",二者之间,不无关系;而且,这一"事件",既指向清末民初的社会体制,也与严复本人的气质与志趣有关。

1896年,清廷开始考虑在京师筹办大学堂的建议。而后两年,总教习人选的确定,始终是个棘手的问题。谁都知道,创办如此重要的新学堂,"得人"是关键,其中尤以总教习的遴选最为重要。几乎所有对拟议中的总教习的描述,在今人看来,都是直指严复——唯独当朝者不这么看。

光绪二十二年七月，孙家鼐《议复开办京师大学堂折》强调："今中国京师创立大学堂，自应以中学为主，西学为辅；中学为体，西学为用。"为了体现这一理想，访求教习时，最好延聘中西总教习各一至二人。总教习为何必须中西兼设？就因为孙大臣假定：中方总教习虽则"品行纯正，学问渊深，通达中外大势"，但不通西文。添设中方总教习，这总比同文馆学生之完全委任洋人管教好些。

光绪二十四年五月十五日总理衙门《奏筹办京师大学堂并拟学堂章程折》，再次强调"命官既须慎重，而择师尤关紧要"；"总教习综司学堂功课，非有学赅中外之士，不足以膺斯重任"。同日，总理衙门《奏拟京师大学堂章程》第五章"聘用教习例"第一节称：

> 同文馆及北洋学堂等，多以西人为总教习。然学堂功课，既中西并重，华人容有兼通西学者，西人必无兼通中学者。前此各学堂于中学不免偏枯，皆由以西人为总教习故也。即专就西文而论，英法俄德诸文并用，无论任聘何国之人，皆不能节制他种文字之教习。专门诸学亦然。故必择中国通人，学贯中西，能见其大者为总教习，然后可以崇体制而收实效。

这份章程，吸取此前聘请不通中学的外国人为总教习因而导致"各学堂于中学不免偏枯"的教训，主张选择"学贯中西"的华人为总教习。

按理，此说与管学大臣孙家鼐的想法相吻合，应该能被接受。可恰恰是孙大臣，对此大有戒心。据《康南海自编年谱》称，这份由他命梁启超起草的大学堂章程，凸显总教习的权力，颇有架空管学大臣的嫌疑。孙家鼐见李鸿章等极力推荐康有为出任总教习，章程又"以教权皆属总教习，而管学大臣无权"，于是大怒。虽然康氏事后表白，"誓不沾大学一差"，孙大臣似乎未能完全释怀。

选择传教士丁韪良作为西学总教习，再配上其时尚在驻俄大使任上的许景澄，如此"中西合璧"，在我看来，不无深意。在总理衙门上《奏拟京师大学堂章程》一个多月后，孙家鼐有《奏覆筹办大学堂情形折》，陈说设西学总教习的理由：

> 查原奏有中总教习，无西总教习。立法之意，原欲以中学统西学。惟是聘用西人，其学问太浅者，与人才无所裨益；其学问较深者，又不甘于小就。

为了迁就西人的自尊心而设置西学总教习，此说有点勉强。

管学大臣不管具体学务，京师大学堂的教学及管理，基本上由总教习负责。或许正是这一体制，促使孙家鼐力争设立西学总教习。当然，这么一来，所谓"中学为主，西学为辅"的设想，只好再次落空。晚清的众多纷争，并非基于"路线"与"立场"，人际关系以及既得利益，往往成为变革的最大障碍。对此，严复深有感触，其《拟上皇帝书》强调，变法的关键，在"破把持之局"。在严复看来，所有的变革，都意味着权力以及利益的再分配，故"必有收前利者以后之变法为大不便"。

孙大臣之争立西总教习，倘若从另一角度论述，或许更显得理直气壮：举目天下，谁能担此重任？倘若华人中没有合适人选，当然只好改聘洋人。当初康有为授意梁启超拟订大学堂章程，是否有意出任此独揽教权的总教习一职，不得而知。即便康氏慨然出任，其实也不太合格：起码是不通西文。

就在孙、康暗中角力之时，也有人想到真正"学贯中西"的严复。请看光绪二十四年六月初三《国闻报》的报道《京城大学堂拟请总教习》：

> 学堂之举否，全视教习之得失，而各教习之得力与否，尤全视总教习之得人与否。北京大学堂总教习，

> 初拟有延聘天津水师学堂总办严复之说。京师讲求新学之士大夫，莫不以此举为得人。后主其事者不知何故，忽易前议。

聘严复为总教习的拟议，未见诸官方文书；"以此举为得人"的士大夫，倒是可以举出日后被聘为总教习的吴汝纶。吴氏戊戌年六月廿八日《答傅润沅》云："大学堂总教习，若求中西兼通之才，则无以易严幼陵。"可惜当局不此图，先是改请前国子监祭酒，叹其不通西文；属意于前同文馆总教习丁韪良，丁嫌薪水太低不肯俯就；终于看好许侍郎许景澄，可许"虽历充使臣，在外洋十余年，其究否通晓洋文，亦不得而知"。

《国闻报》对此事格外关注，连续追踪报道：六月初八刊出《京师大学堂奏派教习名单》："兹有京友来述，总教习已由管学大臣奏派简放许侍郎景澄。"六月二十五日《大学堂总教习改用洋人》又有补充：

> 京城创办大学堂，前已由管学大臣孙中堂奏请特派许竹篔侍郎为总教习，但许侍郎虽在外洋多年，晓畅洋务，而于西文究未熟谙，西学亦非专门。孙中堂因又特聘丁韪良为西学总教习，然京城开化党之士大

夫，又相聚而言曰：丁固向者同文馆之总教习也，西人常谓中国各学堂惟同文馆最为不堪，其西学功课亦最浅陋。

总教习的遴选，至此已成定局，当权者之居心，实在不便妄测。可忽然间，事情似乎又有转机，八月初四的《国闻报》发表《徵文恭纪》称：

> 上月二十九日，严又陵观察蒙恩召见乾清宫，垂询办理海军并开办学堂事，甚为详悉。

蒙恩召见之后寓居通艺学堂的严复，于八月初三登坛"宣讲西学源流旨趣，并中西政教之大原"。据八月初六日《国闻报》刊载的《严观察登堂宣讲》称：

> 事为局外人所闻，是日除本学堂肄业诸生外，京官之好学者，相约听讲，不期而集者数十人。严观察登坛说法，口讲指划，数点钟之久，孜孜不倦。有闻其绪论者，退而语人曰：西人之精义妙道，乃至如此，此真吾辈闻所未闻。

可就在报纸出版的当日,即光绪二十四年八月初六,公元1898年9月21日,慈禧再次垂帘听政,并幽禁光绪帝于南海瀛台,变法宣告失败。可想而知,深晓"中西政教之大原"的严观察,再也没有"问鼎"总教习的可能了。

如此叙述,隐隐约约指向一个无法确认的"事实":严复对总教习一职很有兴趣。《国闻报》乃严复等人所创办,这点路人皆知;就连上述皇上召见,也都问及其与《国闻报》的关系。《国闻报》之报道"北京大学堂总教习,初拟有延聘天津水师学堂总办严复之说",以及强调"京师讲求新学之士大夫,莫不以此举为得人",均有强烈的倾向性。随后之贬低许景澄、攻击丁韪良,虽系事实,也含私心。对于清廷弃理想人选严复于不顾,《国闻报》大抱不平。上述《京城大学堂拟请总教习》,甚至由此论及中国之积弊:

> 可见中国创办一事,欲得人而理,有如此之难,其实中国未尝无人,仍不过以资格二字拘泥困守而已。

这里提及我最关心的严复落选的原因:世人之拘泥于"资格"二字。

孙家鼐之重用丁韪良,是否包含康有为所说的不愿大权旁落的意图，其实无法实证。倒是具盖世才华的严复，无法出任京师大学堂的总教习，不难说清。《国闻报》的说法没错，最大的障碍，确实在于"资格二字"。

严复1879年留学英国归来，第二年被李鸿章聘为天津水师学堂总教习，十年后任总办（校长）。可据陈宝琛《清故资政大夫海军协都统严君墓志铭》称，李鸿章并不准备重用严复，"以君总办学堂，不预机要，奉职而已"。对于并非"正途出身"的严复，不能不用，可也不便重用。这种尴尬的处境，迫使严复不得不多次参加徒劳无益的科举考试。王蘧常《严几道年谱》光绪十一年（1885）则，称先生归国后，痛感国人不求新知之弊，"每向知交痛陈其害，自维出身不由科第，所言多不见重，欲搏一第，以与当事周旋，既已入其彀中"。日后，严复用自嘲的口气，吟出《太夷继作有"被刖"诸语见靳，乃为复之》，叙述这段不堪回首的经历：

> 咸云科目人，转眴皆台阁。
> 不者亦清流，师友动寥廓。
> 忽尔大动心，男儿宜此若。
> 私携媿皇坟，背人事钻灼。
> 更买国子生，秋场期有获。

> 谁知不量分，铅刀无一割。
> ……
> 无何八股亡，大耻未由濯。
> 晚虽蒙荐赏，何异遭呼麆。
> 所以平生谈，于此尤刻轹。
> 内实抒宿愤，外示昌新学。

为顺应世人的偏见而被迫参加科考，屡次科考的失败更增加了屈辱感，严复对举业可谓深恶痛绝。1898 年《拟上皇帝书》痛陈"破把持之局"，专门以科考为例："陛下欲变科举考试之法，则必有收科举考试之利者以为不便矣"，并非可有可无的闲笔。

直到 1909 年，严复方才被钦赐文科进士出身。对于赏给进士的上谕，严复几泊然无所动，连谢恩折都是与人合撰，只负责承担"些微润笔费"（《与夫人朱明丽书》）。读《见十二月初七日邸钞作》，不难体味严复苦涩的心境：

> 自笑衰容异壮夫，岁寒日暮且踟蹰。
> 平生献玉常遭刖，此日闻诏本不图。
> 岂有文章资黼黻？敢从前后论王卢。
> 一流将尽犹容汝，青眼高歌见两徒。

最后一句，指的是同时被授予文科进士的伍光建、王劭廉，均系北洋水师学堂出身，算起来都是严复的学生。"平生献玉常遭刖"句，可与上引诗题相参照，其中的愤愤不平，远比"自笑衰容异壮夫"更溢出言表。

有真才实学而无科举功名的严复，不可能出任大学堂的总教习，这一点，单看日后对吴汝纶的任命，便可知晓。光绪二十七年，为复办毁于庚子之乱的大学堂，新任管学大臣张百熙上《奏举吴汝纶为大学堂总教习折》，除强调"直隶冀州知州吴汝纶，学问纯粹，时事洞明，淹贯古今，详悉中外，足当大学堂总教习之任"，更称此君乃"同治乙丑科进士，为前大学士曾国藩门人"。即便如此，仍不够"总教习"所需级别，因此，张大臣希望皇上"赏加卿衔，以示优异"。第二年正月初六，皇上终于降旨："著赏加五品卿衔，充大学堂总教习。"

十几年后，终于被正式任命为京师大学堂总监督的严复，在给夫人的信中，不无自嘲地称："此缺本系三品实缺京堂官，今不知何物矣。"

1902年，应管学大臣张百熙之邀，严复出任京师大学堂的译书局总办。两年后，严氏辞职，出都赴上海。其间，除自家译述外，行政管理方面，只留下一部《京师大学堂译书局章程》。这部章程的"局章"第一条规定："现在所译各书,以教科为当务之急。"可以想象,译介教科书,并非严总办愿意长期从事的"名山事业"。

机会终于来了,清皇朝垮台后的1912年2月,袁大总统委任严复为京师大学堂的总监督,后改为北京大学校校长。严复对此项任命非常兴奋,与被赐文科进士时的冷漠迥然不同。在致得意门生熊纯如的信中,严复大谈如何谋借款、改章程、聘提调等,雄心勃勃:

> 旧历献岁已来,政府以复暂行管理大学堂总监督。以复素啖虚名,故京外人士属望甚殷,极以为愧!惟是款项支绌,旧存银行之款,角尖不能取用,而财部稍有所获,辄以饷军为亟,致受事匝月,不能定期开学,更无论拾遗补阙,有所改良矣。(3月27日)
>
> 复所管理大学堂,现已借得洋款,大约下月内可开。(4月6日)
>
> 京师大学借资洋款,幸已成议,大约新历五月十五日可以开学,稍慰士大夫之望矣。校中一切规模,颇有更张。即职教各员,亦不尽仍旧贯。窃自惟念平生见当事人所为,每不满志,而加讥评,甚者或为悼惜深慨,及其事至职加,自课所行,了不异故,夫如是,他日者犹操议论、鼓唇舌,以从一世人之后,此

> 其人真不知人道有羞恶矣。故自受事以来，亦欲痛自策励，期无负所学，不怍国民，至其他厉害，诚不暇计。（4月19日）

信中对只会"操议论、鼓唇舌"者表示不以为然，希望能切实办好这所全国最高学府，"期无负所学，不怍国民"。如此兴致，在严复，已是久违多年了。

很可惜，仅半年余，北大尚未真正走出困境，严校长已悄然引退。本年年底，辞职后的严复在给熊纯如信中，隐约提及其辞职原因：

> 方今吾国教育机关，以涉学之人浮慕东制，致枘凿不可收拾。子弟欲成学，非出洋其道无由。……教部使复回校，必无此事，其原因复杂，难以一二语尽也。

这段话语焉不详，只能理解为教育部没有敦劝严复收回辞呈。正因当事人没有将辞职原因"和盘托出"，后人只好发挥自由联想了。

最富戏剧性的说法是，严复为争取北大的生存权利，得罪了教育部，故被迫辞职。近年出版的有关北大校史读物，均持此说。最早将严复的辞职政治化，强调其"抗暴"

性质的，其实是现存北大档案馆的《北京大学校志稿》。这部撰写于 1930 年代的佚名手稿，保存了大量早期北大的史料。其中最重要的，莫过于严复上教育部的两则说帖。

针对教育部将以程度不高、管理不善以及经费困难等理由关闭北京大学的传言，校长严复特向教育部上《论北京大学不可停办说帖》和《分科大学改良办法说帖》。前者论证"创建十有余年，为全国最高教育机关"的北京大学何以不可停办；后者则作为妥协方案，准备缩短学期，让学生提前毕业。其中涉及教育方针、略具理论色彩的，是以下这段话：

> 且吾国今日应有大学否乎？往者初立大学之时，言教育者即多訾议，以为吾国教育方针，必从普通入手。今中小学未备而先立大学，无基为墉，鲜不覆溃。则不知高等大学与普通教育双方并进，本不相妨。普通教育所以养公民之常识，高等大学所以养专门之人才。无公民则宪法难以推行，无专门则庶功无由克举。今世界文明诸国，著名大学多者数十，少者十数。吾国乃并一已成立之大学，尚且不克保存，岂不稍过？

普通教育与高等教育，到底何者为重？此乃晚清教育改革中的重要话题。可对于北大的存亡来说，最大的障碍，乃教育经费之严重短缺。论述停办北大"四不可"，说帖铿锵有力；一到实质性的"至于养校之经费"，反而不知所云：逻辑毕竟代替不了金钱。尽管如此，在巨大的社会舆论压迫下，教育部还是赶紧表态："解散之事，纯属子虚。"

上述二则仅见于《北京大学校志稿》的说帖，并非严复笔迹，乃1930年代的过录本。校史专家"上穷碧落下黄泉"，至今没能找到原件。我的意见是，说帖属实，但并非全部出自严复之手。其中尤以"日本有森泰来者，为全国中能诗之第一手，而其大学即延之以为诗学讲师"一段插话，与严氏平日文风迥异。严复的论文，素以条理清晰逻辑严密著称，举例则言必称欧美，且蔑视世人之追慕东洋，不大可能在文章中插入大段对于日本学制的褒扬。尽管如此，说帖的真实性仍毋庸置疑。因为，《北京大学校志稿》同时收录了文科大学全体学生代表《论文科大学不应缩短毕业期限改为选科说帖》，提及报载北大将停办后，"赖我校长力争于教育部，详陈本校不可停办之理由"；法政科、工科、农科等分科大学代表之说帖，也都对严校长保护大学之"苦心孤诣，钦佩莫名"。

据《北京大学校志稿》称，严复的两则说帖，为北大争取到了生存的权利。开学后，北大补充科目，添聘教员，教学工作逐渐走上正轨。"未几,严以教部不满,辞职赴津。学生议欲挽留,而教部不允所请。既而内部分化,同学相争,校内空气,因以异常不安。"这段记载,便是此后众多戏剧性冲突的原始模型。对于严复的辞职,教育部确实没有着意挽留;可为何教育部要冒如此风险,让"学问资望,世所钦佩"的严复飘然远去?

回答这个问题,不妨先看看教育部要求北大学生停止争斗并"恪守校规致力学业"的训令:

> 此次改任校长,本因严校长新授总统府顾问之职,责任繁重,若再以校事相属,恐有顾彼失此之虞。本部对于该校维持整顿,具有苦衷。凡我诸生,当能共谅。

后人之不能理解教育部"维持整顿"的"苦衷",很大原因在于,这段话虚虚实实,半真半假。如此含糊的表述,倒是与严复本人"原因复杂,难以一二语尽也"的说法相映成趣。双方均有苦衷,不愿把事情的底蕴挑明、说透,这个本不算太复杂的"谜语",只好留给后人去猜测了。

仔细品读教育部的训令,其实不难得出如下结论:"严校长新授总统府顾问之职",故教育部不可能予以挽留。结论很简单,思路却必须迂回,因为关键在于一份特殊的照会。此前,严复已萌去意;但真正使得其义无反顾的,很可能是1912年7月3日蔡元培签发的《教育部总长照会》。

依照国务院取消兼差以肃官纪的通令,教育部照会北京大学:

> 兹查大学校分科各学长中,法政科大学学长王世澂有总统府兼任职务,农科大学学长叶可梁有外交部兼任职务,商科大学学长吴乃琛有财政部兼任职务,显与国务院通令相背。且大学学长所负教育责任至为重大,兼承他职,必有顾此失彼之虞。外间舆论,对于此事评骘颇多。相应照请贵校长查照前项通令,转嘱各该学长于学校职务与官署职务之中,何去何从,择任其一。庶官纪可藉是整饬,而吾庄严神圣之教育界,亦不致贻他人以口实也。即希贵校长查照施行,并祈即日见覆为荷。

现存北大档案馆的这份照会,上有严复及各分科大学学长的圈阅,并有批注:"初五会议定夺。"会议讨论的结果,出乎意料地干脆利落:"各学长皆以愿辞学校职务为请"

(《北京大学校志稿》)。道理其实非常简单,单靠北京大学的薪水,学长们根本无法"体面"地生存下去。

以校长严复为例,月薪三百,本就难以为继;就在教育部通令不准兼差前一个月,财政部已下令缩减经费,教职员薪水一律只发六十。严复在致夫人信中抱怨:"此尚不够养我马车,至于家用,不消说了。"对此"与停办无异"的通令,严校长实难从命,于是有了《上大总统和教育部书》:

> 为今之计,除校长一人准月支六十元,以示服从命令外,其余职教各员,在事一日,应准照额全支。

严校长能够独力承受"服从命令"的损失,除"铁肩担道义"外,更因其另有进项。

严复1912年的日记没能流传下来,除了校长月薪三百,其他收入无法准确统计。但此前此后的零星记载,可以帮助我们推知,一如其时京城的其他官吏,严复也有校外的兼差。任校长前的1911年11月13日的日记称:"领学部、海军部、币制局三处薪水";辞去校长职务后的1913年5月27日,日记也有如下记载:"海军部三百元,委员会二百元"。至于校长任内严复的兼差,有1912年4

月2日与夫人书为证：

> 他日若留得名词馆不拆,海军参谋犹在,则月六百金,姑且敷衍,与家人节俭过日,胜大学堂总监督数倍也。

身为最高学府的行政领导,须兼差方能维持基本生活,这其实是很可悲的。最后促使严复辞去北大校长职务的,在我看来,是教育部那一纸"义正词严"的公文。公文中没有提及严校长是否兼差,故双方都有回旋的余地。但假如其他学长遵从教育部通令,校长没有理由"我行我素"。

问题的复杂性还在于,迫使严复辞职的教育部通令,不只合法,而且合情、合理,几乎无可挑剔。因为,非如此不足以改变"旧日恶习","百度维新"的民国,将重蹈前清覆辙。只不过改革措施不配套,以至"维持整顿"大学教育,竟使得严校长为了生计而不得不舍弃北大。刚上任时,严复激励友人,不应该"日日言为国牺牲,临义而较量丰啬"(《与熊纯如书》)。没想到话音刚落,自家也面临如此严峻的考验。在事业与金钱中间徘徊,此等事,说来不太高尚,可很实在。严校长之所以不争辩、教育部之所以不解释,就因为都有难言之隐。对于前者来说,不兼职无法生存；对于后者来说，不整顿必重蹈覆辙。

兼差之弊，由来已久，有识之士早就将其断为革新教育的一大障碍。京师大学堂创办时，孙家鼐奏派刑部主政张元济为总办。对教育文化事业深感兴趣、已在京城创办了通艺学堂的张元济，竟然谢绝了这一任命。原因何在？因其大学堂各员不得兼差的主张被否决。据《国闻报》六月十五日《京师大学堂总办辞差》称：

> 该主政欲将学堂总办、提调各员，一概开去本衙门差使及别衙门兼行差使，专办学堂事务。而孙中堂以为事多窒碍，未予允行，故该主政自恐不胜其任，决然辞去云。按中国各衙门每以一官而派数人，然其中有所谓漂亮之红人，又往往以一人而兼数差，故其利弊所极，至于无一人能办事，亦无一事能办成。今若允大学堂差使者仍兼别衙门差使，则将来按日分班挂名支薪，种种弊端必将齐集，而大学堂亦不过等于同文馆、国子监而已，或并不及同文馆、国子监亦未可知。中国行一新政，而旧病即相因而不可救药，岂不慨哉！

十几年后，民国初建，问题依旧。教育部下此猛药，也是不得已而为之。

假如其时严复家境良好，咬咬牙，当能闯过这道难关——实际上，严复后来在商务印书馆的版税相当可观。无奈，这段时间严复的经济状况正属低潮，收在《严复集》中的与夫人朱明丽书，多为叹病嗟贫之语。将其略加排比，不难理解主持北大校政时，严复"内外夹攻"的艰难处境。

1909年，严复任学部审定名词馆总纂，加上兼差，也才京银三百两，略够敷衍。而哮喘诸病渐剧，恐成送老之物，"因此一切进取之意都灰懒了"。

1910年，"现在学部经费极支绌，吾月薪三百银恐难敷衍，另行想法，尚无头路，奈何！""处处裁减经费，即会运动亦难，况我不会运动耶？"

1912年2月26日，接受大学堂总监督任命的当天，写信告知夫人，颇为得意："本日又派大学堂总监督，薪水月三百两。此缺本系三品实缺京堂官，今不知何物矣。得差之后，便有人来荐管理员、教员等，可知凡事同前一样。"

自2月26日至6月9日，现存十二封信中，几乎篇篇涉及大学堂经费之困难，以及家境之不容乐观。先是没有经费，大学堂不能开学；接着是有人在《国风日报》造谣攻击；好不容易筹到款项，"相识至不相识之人，纷纷来我处运动差事，甚于从前，极难对付"。大学堂终于开学了，可款项"仅仅可以支持到暑假，若过此无款接续，亦须胡乱停办，且多一债务葛藤也"。到了六月，已是无可奈何花落去："大学堂下半年政府能否开办，我们尚在那里与否，皆不可知。"接下来的七月，更是"多事之秋"：准备停办北大的传言、不准兼差的照会、教育总长蔡元培的辞职等，都不是好消息。

此前，严复已被北大极为棘手的日常事务弄得焦头烂额。刚接手一月，已在感叹："公事亦极难办，欲辞，则此后当家钱文不知出自何地，奈何，奈何！"一周后，则表示："财政问题若无解决，则早晚终当辞职也。"再过十天，当初兴奋不已的任命，似乎已成食之无味弃之可惜的鸡肋：

> 大学堂月薪不过三百二两，然事烦责成亦重，敷衍不可，稍一整顿，必至开罪多人。……京城春气已深，人甚疲困，诸事只能勉强支持耳。

又过了一个月，大学堂终于开学，可校长严复已经兴致索然："大学堂已于昨日开学，事甚麻烦，我不愿干，大约做完这半学期，再行扎实辞职。"到了6月9日，怀疑下半年大学堂能否开办，公事私事两不如意，致夫人信中称："左思右想，要寻一安身立命之地，渺不可得。奈何奈何！"此后，教育部一纸义正词严的公文，再加上袁世凯送一拿干薪的总统府顾问头衔，便彻底切断了严复与北大的联系。

称严复是因为"经济压力"而不是"政治迫害"而辞职，这对北大人来说，已经不大好接受了；其实，严复之放弃在北大的努力，还应该再添上日益严重的哮喘病以及吸食鸦片的习惯。得病自是无可奈何，吃鸦片则不宜"为尊者讳"。大约1890年前后，严复《与四弟观澜书》中有曰：

> 兄吃烟事，中堂亦知之，云："汝如此人才，吃烟岂不可惜！此后当仰体吾意，想出法子革去。"中堂真可感也。

遗憾的是，任北大校长期间，严复依然辜负了李鸿章的期待，没能实现戒烟。以下三则与夫人书，均写于1912年："可托带鸦片二两来京，五元一两便可吃矣"（3月26日）；"汝处如有钱文，洋烟可再带二两前来"（5月16日）；"代买大烟六两，有妥人托其带京，千万"（5月28日）。对于已届六旬的"老人"来说，积习难改，或许不该苛求；但此举之影响工作效率与心境，却也是毋庸置疑的。

民初的北大，如一团乱麻，梳理起来很不容易。这固然是事实。可问题还有另一方面，那便是严复的治校能力。除了4月间致熊纯如信表示"无负所学，不怍国民"的抱负，还有便是上《论北京大学不可停办说帖》所体现出来的道德勇气，严复对北大的具体事务，其实没有多少兴趣。

这可以有两种辩解：一是筹款非其所长，作为北大校长，严复的才华没来得及发挥，便已因故辞职；二是此项任命迟到了十四年，假如当初不拘资格，任命其为大学堂总教习，正值壮年的严复，会大有作为的。历史无法假设，可我还是愿意迎接这一挑战。在我看来，这两种辩解都没说到点子上。关键在于，严复本身是否具备政治行动的兴趣与能力。

这就又回到一百年前的论争。其时，有人批评严复乃"能座言而不能起行者也"，吴汝纶反驳道：

> 天下有集中西之长而不能当大事者乎？往年严公多病，颇以病废事；近则霍然良已，身强学富识闳，救时之首选也。

这段话，见于吴汝纶戊戌年二月二十四日致严复信。据吴氏称，他的反驳十分有力，以至"议者相悦以解"。依传统中国人的思路,所谓"救时之首选",必须落实在"起而行"——出任重要官职并从事实际政治活动。若如是,则吴氏的立论,并非像他自己想象的那样"坚不可摧"。

在我看来,"集中西之长"的严几道,即便不"以病废事",也并非"能当大事者"。而这,并非大不了的缺陷。严璩《侯官严先生年谱》称,光绪三十一年(1905)严复因事赴伦敦,孙中山慕名来访:

> 谈次,先生以中国民品之劣,民智之卑,即有改革,害之除于甲者,将见于乙;泯于丙者,将发之于丁。为今之计,惟急从教育上着手,庶几逐渐更新乎!博士曰:"俟河之清,人寿几何?君为思想家,鄙人乃执行家也。"

这段记载非常精彩,不只对话双方神态毕现,而且论题本身很有意义。一为思想家,一为政治家,不只是救国方略有异,更重要的是思考问题的角度与方法不同。而且,二者不可偏废。严、孙各有其长短与得失,但在中国现代化进程中,均曾发挥巨大作用。只是在中国以官为本位的特殊语境中,才会得出"是人才"必能"起而行""蒙重用"即是"当大官"的奇异结论。

严复无疑是近代中国最为重要的思想家，却并非真正意义上的政治家。后者要求勇于牺牲的担当精神，决战千里的统帅才华，以及孤注一掷、随机应变、能屈能伸等专业技巧。而所有这些气质，严复身上都不太具备。本杰明·史华兹的《寻求富强：严复与西方》（江苏人民出版社，1989），提及戊戌年间严复没有精彩表现，若干政治建议也无新意，并将其归结为局外人的身份、严谨的气质，以及学有根基——遵循斯宾塞进化是个缓慢的渐进过程的主张，自然不可能认同康有为的激进策略。除此之外，史华兹也提到严复的缺乏行动能力：

> 纵观严复一生，人们只能认为他不是一个"组织者"，因为在实际的政治责任面前，他甚至带有某种恐惧。然而，坐而论道不如起而实行，这句中国的老话在严复的脑海中始终占有很大的份量，因此，他一生都在痛苦地抱怨没有被"重用"。但是，人们不能不感到，他在政治领域之所以没有成功，部分原因是失于不去寻找机会，以及他基本上不愿意去搏击政治风云。（中译本75页）

我完全同意史华兹的分析，作为思想家型的大学者，严复基本上没有"搏击政治风云"的愿望与能力。日后出长北大时之众多"痛苦"与"抱怨"（包括不知如何对付报纸的"闲话"以及运动差事的"相识与不相识者"），确实不像政治家的所作所为。

其实，严复本人对此并非毫无了解。就在急风暴雨的1898年，严复发表《论治学治事宜分二途》，称：

> 天下之人，强弱刚柔，千殊万异，治学之材与治事之材，恒不能相兼。尝有观理极深，虑事极审，宏通渊粹，通贯百物之人，授之以事，未必即胜任而愉快。……今日学校官制之大弊，实生于可坐言即可起行之一念耳。

文章批评清廷之以官职奖励学生，混淆了政治与学术的巨大差别，与"国愈开化，则分工愈密"的大趋势背道而驰。可其强调能坐而言者，不见得就能起而行，却不妨作为夫子自道看待。

只是中国人历来重"势"而不重"道"，重"政"而不重"学"，没能在政坛上占一席地位，其名望及经济收入将大打折扣。于是，千百年来，即便头脑十分清醒的读书人，也都寄厚望于"蒙重任""占高位"。严复似乎也没能走出这个怪圈:几十年不断感叹"怀才不遇",可一旦"授之以事",确实"未必即胜任而愉快"。

在轰轰烈烈的戊戌变法中,思想深邃而行动迟缓的严复,基本上是特立独行:只是"思想参与",而没有"组织联系"。变法失败,感叹"伏尸名士贱,称疾诏书哀"的严复,由于与康梁的激进姿态迥异,而没有受到惩处;可原先"如蒙重用"出任京师大学堂总教习的期待,也随着彻底落空。

这一年,严复四十五岁,其最重要的译作《天演论》正式刊行。仕途再次受阻,严复只好将译介西方思想学说,作为其"名山事业"来刻意经营。此后十年,严复先后翻译出版了《原富》《群己权界论》《社会通诠》《穆勒名学》《法意》等重要著述,深刻影响了近代中国的思想潮流。1909年,严复最后一部重要译作《名学浅说》出版;同年,被赐文科进士出身,结束了长期"局外人"的尴尬处境。此后,严复的"仕途"比较顺利,包括出任京师大学堂的总监督。

就像前面所说的,这一"任命",整整迟到了十四年。可在我看来,这并非坏事。中国并不缺高官与能吏,缺的是第一流的学问家与思想家。没有"事功"的严重受挫,并非政治家的严复,或许还在官场苦苦挣扎,而不肯集中精力从事译述。严复的"迟到"与"早退",对于北大来说,当然是不幸；可对于中国思想界，却是大幸。

1998 年元月 9 日于京北西三旗

附记

为纪念校庆三十五周年而编撰的《国立北京大学校史略》，对作为校长的严复评价并不高："自复来校，校中盛倡西语之风。教员室中，华语几绝。开会计事，亦用西语。所用以英语为多。有能作德语者，尤名贵为众所称羡。法国教员铎尔孟独心非之，叹为非兴国之徵。众弗顾也。后复去职，流风不泯者犹数年。至蔡元培来，始革之。"此前十年，蔡元培在《北大成立二十五周年纪念会开会词》中，已有类似的批评，并将此作为贩卖西学而"没有注意到研究"的校风之表征。

（初刊《开放时代》1998 年 5/6 月）

第三辑

百年庆典

北大的"光荣"与"梦想"

无论如何，北大百年校庆，总是件值得认真对待的大事。是大事，就会有文人雅士卷起袖口挥毫泼墨。不难想象，今年四五月间，将有一番关于北大的"集团轰炸"。而且，总的叙述基调，必定是"百年光荣"。就好像逢年过节，见面时总得说些"吉祥如意"之类的好话。倘若非要在此关键时刻挑刺，令正在兴头上的主人难堪，未免太不通人情世故了。在这个意义上，百年校庆，不管谁来承办，都难脱评功摆好的窠臼。

其实，"落俗套"也没什么不好。举行校庆纪念活动，除了缅怀先贤，最直接的理由，不外确立大学的声望、凝聚校友的感情，以及确定未来的发展战略。所有这些，都有赖于对本校光荣传统的建构与阐释。任何一所大学，其校史必定是突出闪光点，而有意无意地回避某些不利因素。此乃人之常情，一般情况下，没必要穷追不舍。北大的情况有点特殊，因名声过于显赫，且确有值得发扬光大的光荣传统，稍不留神，便很可能变成"一路凯歌"——读读已有的有关北大的出版物，便可明白此中的陷阱。

作为在现代中国思想史及政治史上占据要津的著名学府，北大即便在误入歧途时，也照样出人才、出成果。这是大学的特殊性决定的，只要肯耕耘，总会有收获。所谓利弊得失，指的是"投入"与"产出"的比例，或者说社会期待以及历史重托的实现程度。比如，"反右"中的北大、"文革"中的北大，不能说没有好学生脱颖而出，也并非没有值得赞扬的学术成果问世，可作为整体的北大，却明显是走了弯路。外部环境恶劣，可以解释部分原因，但不该作为推诿过失的理由。否则，所谓大学之"独立思想"，便成了一句空话。

记得在为校庆三十五周年而编纂的《国立北京大学校史略》中，提及袁世凯称帝时，曾对北大教授威逼利诱，校长胡仁源"本诸教授之意持不可，谢使者"，"大学遂独未从贼"。我曾说过，读史至此，出了一身冷汗。一所大学，就像一个人一样，关键时刻，迈错了一步，便可能"一失足成千古恨"。北大有过提倡新文化的光辉业绩，但也不乏令人尴尬的误入歧途。在我看来,校庆纪念,单说光荣不够,还必须直面耻辱——北大百年,并非真的"无懈可击"。

为了撰写《老北大的故事》,我查阅了大量有关北大的史料,当然也包括校庆感言与纪念特刊,得出几个简单的结论。第一,大学的"学风"与"校格",在某种意义上,是在一次次关于校史的"言说"中逐步建立起来的;第二,校庆纪念活动,乃确立"光荣传统"的最佳时刻,从左派到右派、从校长到学生,都不会轻易放过;第三,同是"北大人",在校生与老校友对北大历史的叙述不一样,校长与教授对北大现状的评价不一样,学者与官员对北大的期待也不一样;第四,不同时期入学的学生,因其不同的生活体验,对北大传统会有截然不同的理解;第五,纪念活动若由学生会主持,必定偏于畅谈"梦想",批判现实,若由校方主持,则倾向于回顾历史,突出"光荣"。在我看来,最能体现这一庆典文化的,莫过于兼及"光荣与梦想"的纪念特刊。

谈论纪念特刊及其刊载的大量有关校庆的感言,首先必须明白,这是一种特殊的文体,不能由着性子逞才使气。除了在校学生偶尔童言无忌,师长、校友、来宾一般都说恭维话。因此,当其述及北大的"光荣"时,很大程度上是一种"梦想"——对未来北大的期待。有趣的是，越是名人，应邀为校庆撰文时，越不可能揭人家（或自己）的伤疤；而越是精彩的好话，越有可能被后人摘引，因而流芳百世。经过这么两重过滤，呈现在后人面前的北大，便只有百年光荣，而无半丝耻辱了。可谁都明白，这不是真的北大；真的北大有脓有血、有黑有白、有失误也有光荣。即便旁人出于好心，不愿说破，北大人自己也该有清醒的认识。

举个例子，1925年，鲁迅应北大学生会的紧急征召撰写了《我观北大》，对北大褒奖有加，称"北大是常为新的，改造运动的先锋"；"北大是常与黑暗势力抗战的，即使只有自己"。如此佳句，被北大人无数次引述。可1933年鲁迅致台静农的信，可就很少被人提及了："北大堕落至此，殊可叹息，若将标语各增一字，作'五四失精神'，'时代在前进'，则较切矣。"很难说1920年代与30年代的北大，真的有如此"天渊之别"。后者乃私人信件，且针对具体的人事，感慨遥深，不无偏颇之处。可话说回来，校庆纪念文章又何尝没有盲点？鲁迅说，此类文章，下不为例，因说来说去就这么些话——先生此语，险些解构了上述常被北大人引述的"佳句"。

校庆感言因其侧重"说好话""说老话"（语出刘半

农《北大河》),作为正史来阅读,未免过于乐观。但倘若换一个角度,将其作为"话题"来品评,则可能意味深长。

比如,老校友对母校一往情深,言谈中不免多有溢美之词;年轻学生位卑未敢忘忧国,对大学的现状颇多不满,很可能出言不逊:两相参照,大有裨益。胡适主持五十周年校庆的筹备,"学术文集"和"纪念特刊"像模像样,可缺了在校学生的牢骚,总是一种难以弥补的缺憾。反过来,由学生会一手包办的《北京大学卅五周年纪念刊》,满纸悲愤与不平,又显得过于单薄。通观各种有关北大的追忆与评述,努力理解各自的立场与其局限,并从中领悟"大学之道",实在妙不可言。

又比如,北大纪念二十周年校庆时,诸多教授大谈牛津、剑桥、巴黎、哈佛,颇有卧薪尝胆急起直追的豪气;到了九十周年校庆,纪念文章的视野,多局限于沙滩与燕园,追怀的是五四先驱者的风采。你可能欣赏后者已确立了自己的传统,标准不待外求;也可能认同前者眼界之开阔,无暇关起门来自我欣赏。

同是纪念特刊,须前后左右互相比勘,方可明白其中奥妙。倘若再将校庆感言与平日著述乃至私人信件相参照,北大在世人眼中的真正形象,才有可能得到准确的呈现。值此校庆文章即将大量问世之际，谈一点文体本身的特征，免得读者模糊了"光荣"与"梦想"的边界，似乎不无必要。

1998 年 3 月 4 日于京北西三旗

（初刊《群言》1998 年 5 期）

作为一种文化景观的百年校庆

北大的百年校庆，竟然如此牵动无数读书人的神经，实在超乎想象。

无论哪一所大学，百年诞辰，总是值得庆祝。四方校友的一往情深，在校师生的欢欣鼓舞，这都在情理之中。值得注意的是，北大的百年校庆，已经远远走出校园，成为一个"公共话题"。许多"局外人"的热情参与，使其风光八面，很可能成为98'中国最为奇特的文化景观。

目前正在陆续推出的有关北大的书籍，以及报纸杂志、广播电视正在积极筹备的专题节目，其作者及受众，并不限于"北大人"。"谈论北大"，在文化界已成为一种"时尚"。解读这一"文化现象"，首先必须明白，"校庆"作为一种仪式，有其特殊功能。

校庆谈论的是"历史",直接面对的却是"未来"。因而,当下的情势,决定了校庆的叙述基调与关注目光。说白了,许多与北大没有直接渊源的朋友,之所以热衷于谈论北大,是希望借"老北大的故事",为目前的大学改制寻找方向与动力。中国的高等教育体制,远远落后于整个国家的改革大业,这一点,上下左右早就达成共识。如何有效突破,至今尚无良策。北大作为一面镜子,可以用来比照今日之大学;提供一个有趣的话题,以便于集中研究的思路。明白这一点,对于可能出现的"溢美之词",北大人应该保持清醒的认识。

能够贡献一个有意思的题目,以促成中国高等教育的转型,这也很不错。众人之选择北大作为话题,当然与其过去年代的"光荣"有关。百年北大,在世界大学史上,只是个小弟弟——现在中国的大学,与汉宋的太学或明清的国子监关系不大,乃晚清以降接纳欧洲的大学(University)体制,自觉开始教育现代化的产物。虽说有过百年的急起直追,今日北大,依然并非世界一流大学。可是,学术质量远非世界一流的北京大学,其在东方古国的复兴道路上所发挥的作用,又是许多世界一流大学所不可比拟的。

在一个国家的大转折关头,北大挺身而出,扮演了不可替代的角色。以至谈论百年中国的思想、政治、教育、学术，无论如何绕不开这所大学。这种机遇，说实话，千载难逢。在这个意义上，北大是时代的"幸运儿"。

正因为太幸运了，北大人容易沉醉于所谓的"百年光荣"。受制于"校庆感言"的文体特征，许多德高望重的社会名流，以及激情洋溢的年青学子，都会以充满诗意的语言，来描述其心目中的"北大"。这与其说是"总结"，不如说是"期待"——如此解读扑面而来的"北大旋风"，方不至于晕头转向。

将正史类的《北京大学纪事》《北京大学》（大型画册），与逸事类的《北大旧事》《青春的北大》《北大往事》，互相参照，互相发明，理解校史的曲折，明白现实之不容乐观，不只是为了发怀古之幽情，更希望引出若干认真严肃的思考。至于"北大名家名著文丛""北大院士文库""学术史丛书"，以及各种各样的论文精选，在呈现北大学术面貌的同时，也向我们提出挑战：北大到底离"世界一流"还有多远？在如此背景下，《老北大的故事》之持相对严苛的目光，冷静审视"北大之传统"，悉心解读"北大之精神"，并非可有可无。

有了百年庆典的热闹非凡，有了新图书馆、百年纪念讲堂以及理科楼群等的拔地而起，北大面貌将焕然一新。可进入第二个百年的北大，能否给世人一个惊喜，即"焕然一新"的，不只是校园建筑？

在北大二十五年纪念会上，北大图书馆馆长李大钊发表演讲，称"只有学术上的发展值得作大学的纪念。只有学术上的建树值得'北京大学万岁'的欢呼"。作为激进的知识分子、共产党的创建人之一，李大钊述及对于北大的希望，也都"未能免俗"。

下一个百年，北大除了责任感、道义心以及民主意识外，还应该努力成为真正意义上的世界一流大学，方才对得起如此"泱泱大国"。可做到这一步，其实并不容易。

1998 年 3 月 19 日于京北西三旗

附记

《北京大学》（大型画册）、《北京大学纪事》《青春的北大》、"北大名家名著文丛""北大院士文库""学术史丛书"，均由北京大学出版社出版；《北大旧事》由三联书店出版；《北大往事》由中国文学出版社出版；《老北大的故事》由江苏文艺出版社出版。

（初刊《好书》1998 年 3/4 月号）

有容乃大
——答《人民日报》记者问

1898—1998,百年北大与中国风雨与共。有人说:"红楼一角,实有关中国之政治与文化。"另一方面,这是一块圣土,这是一个充满了精神的魅力的地方。也许北大是一个永远说不完的话题,但一定是一个有意思的话题,确有必要对它做一个像样的总结。在北大百年校庆来临之际,记者走访了北大中文系教授、《老北大的故事》(著)和《北大旧事》(与夏晓虹合编)两书的作者陈平原先生。

记者:北大九十周年校庆的时候,出过一本纪念文集,叫作《精神的魅力》,这个书名令许多北大人怦然心动。可是谈到北大精神,每一个北大人都有自己的诠释和理解,有人说是爱国主义，有人说是科学与民主，有人说是独立与自由，您的观点是什么呢？

陈平原：我把北大的历年校庆作为一种文本来阅读。从二十周年纪念起，每次校庆几乎都用一个口号来诠释"北大传统"和"北大精神"。早期的民主与科学，独立与自由，鲁迅的"常新说"（1925年《我观北大》："第一，北大是常为新的，改进的运动的先锋，要使中国向着好的，往上的道路走。……第二，北大是常与黑暗势力抗战的，即使只有自己"），马寅初的"牺牲主义"（1927年《北大之精神》："然既有精神，必有主义，所谓北大主义者，即牺牲主义也。服务于国家社会，不顾一己之私利，勇敢直前，以达其至高之鹄的"），一直到1980年代的"勤奋、严谨、求实、创新"，90年代的爱国主义，这些都没错，但都不是根本性的特点，别的大学也都有。所以，要说北大精神，真是"一言难尽"。不是不能说，而是很难用一句话来概括。"北大精神"这个说法，很容易被抽象化；若要强调它和其他大学不同的地方，还不如直接用"北大校格"。"北大校格"，或者通俗一点说，北大特点是什么？如果一定要用一句话来概括，我更愿意说是"兼容并包"。因为，这里不是一种声音能垄断。你说民主科学，没错；独立自由，没错；爱国主义，也没错；但都不足以涵盖北京大学。我之所以说"有容乃大",还有一点,是因为北大在不同的时期,会有不同的传统被发掘。比如,早期马克思主义在中国的传播,最早的国学研究所的建立,北大人与"以天下为己任"的传统书生的联系等等这些问题,都能在这里找到根源。

记者:谈北大,不能不提蔡元培。您上面所说的"兼容并包",正是蔡先生任北大校长时的一个重要主张,他同时还提出了"思想自由"。

陈平原:大家在谈到蔡元培的时候,常提到他的"循思想自由原则,取兼容并包主义"(1919年《致〈公言报〉函并答林琴南函》)。一般人可能会注重思想自由,我却更看重兼容并包。为什么呢?借用英国哲学家伊赛尔·伯林的概念,前者是积极的自由,后者是消极的自由。思想自由是对自我而言,用中国传统的说法是有所为;兼容并包是指对待他人,要有所不为。消极自由的意思,是保证你说话的权利,保证各种学说并存,让它们自由竞争,自由发展,谁赢得民心,谁就是胜利者。大学生有独立判断的能力,应该给他们选择的机会。从这个角度说,"兼容并包"是一个制度性的保证,比个人的思想自由更为可贵。蔡先生早年再三说,中国人不能容忍异端,长此以往,很容易养成一种正统的暴力，即对异端采取非常残酷的态度。而北大不同于其他大学的特点，就是相对来说能"包容"，因而才显得大。这个"大"有两层意思：一是北大人立意高，常有"天将降大任于斯人也"的抱负——当然也有人说这是狂傲；二是度量大，北大人在自信之外，相对来说，更能容纳别的思想学说。另一方面，蔡先生主张"兼容并包"，并非放弃选择的权利，也不等于没有倾向性。他的总体倾向是求新、向上。例如，学界普遍认定，正是蔡氏主校后的所作所为，直接促成了新文化运动的诞生。

记者：除"思想自由，兼容并包"之外，蔡先生还有哪些大学理念对塑造北大形象起了关键作用？

陈平原：蔡先生的思想，或者具体到他的大学理念，一方面有中国传统的儒家观念，比如修身养性的观念，中庸的观念，有所为有所不为的观念等；另一方面，也有很多西方的观念。1921 年，蔡先生在美国加州大学的伯克利校区做演讲，较全面地阐明了他的观点。他说，作为一个大学校长，他希望能把中国的教育精神和西方的教育制度结合起来。中国的教育精神，他提到孔子、墨子的陶养德性；西方的教育，他谈了三种模式。一是英国牛津、剑桥养成有教养的绅士的教育模式，注重人格熏陶；二是德国柏林大学以专业研究见长的模式,注重专业人才培养;三是美国的大学模式,强调服务于社会。这三种模式是蔡元培所理解的世界大学发展的最根本的精神。后来北大较好地融会了这些精神,并形成了自己的特点,即注重人格养成的教育模式。这其中有西方大学理念的影响,但更重要的,是因为北大的前身是京师大学堂,和中国传统书院关系密切,而传统书院是以人格培养为中心的。北大二三十年代的办学宗旨就非常强调"陶熔人格",北大人今天在精神上的自由度和独立性,跟这是一脉相承的。

记者:《北大旧事》的许多作者都谈到,在北大的校园内,有一股"学术至上"的空气,但这并不意味着北大人不关心政治,相反,它不仅是"五四"运动、"一二·九"运动的策源地,而且在新时期率先喊出"团结起来,振兴中华"和"小平您好"等顺乎民心的口号,以至于有人把北大传统归结为爱国主义。您认为北大人是如何协调学术与政治这两者关系的?

陈平原:蔡元培先生有一主张,叫作"为学术而学术";他还有一句话:"读书不忘救国,救国不忘读书"。"为学术而学术",是对有些人把做学问看成是当官的跳板的一种批判。蔡先生说,研究学术,一不是为做官,二不是为发财，为的是求真理，所以北大有一种浓厚而不计功利的学术风气。但北大也绝非只是培养"书呆子"。它秉承了"以天下为己任"的太学遗风，许多北大学生身上都有着强烈的社会责任感和政治参与意识。平日安安静静地读书，关键时刻却能挺身而出。现在流行一个口号，叫"知识分子是社会的良心"。北大人关心政治，也是出于良知。我写过一篇文章，题为《学者的人间情怀》。在我看来，北大人的爱国主义，正是这种"人间情怀"。

记者：在更注重操作、讲求实用和功利的市场经济条件下，北大的人文精神会不会有失落之忧？

陈平原：我再三说北大人缺乏实际操作能力，但北大人的理想情怀令人感慨。而且，我不希望北大人丢了这种情怀。《精神的魅力》这个书名之所以受到关注，就是因为这种理想主义的氛围在北大历经磨难，依然长存。不是说别的大学没有这种氛围，而是说，在北大这所校园里，精神性的东西相对来说更浓一些。这种情怀，得益于"历史的记忆"，不是校方规定的，也不是老师们有意识灌输的。这种记忆，借助于各种文献、传说、人物等，一代代地传了下来，而且还会一代代传下去。因为，正是在那些广泛流传而又无法实证的逸事中，蕴涵着老北大的"真精神"，体现了北大人独特的价值取向。所以我说，只要校园在，图书馆在，北大的精神就丢不了。当然，我之研究北大，不仅仅是因为它自身的精神的魅力，而且是把它作为理解这个世纪中国命运的一个很好的窗口，希望借助北大这个个案，来考察中国的思想和教育。这是一个有趣的话题，我会继续做下去。

采访者：徐怀谦

（初刊 1998 年 5 月 3 日《人民日报》）

大学有什么用
——答《南方周末》记者问

记者：北大建校快 100 年了。您这位北大教授，从中大到北大，先学生后先生，在大学待了有 20 多年了吧？您近年又开始了对大学的研究。此时此刻，请您来谈论大学，应是合适的选择。首先想请您用最简单的语言，讲述一下西方和中国大学的历史。

陈平原：一般认为，现代西方的大学是由中世纪的"大学校"演变而来的。作为一种独特的中世纪教育机构，其师生自治、资金自筹、独立的行政管理，以及日趋完善的教学体制和学位程序等，均为后世的大学所继承。不过，由于历史传统的制约，欧美各国大学的风格颇有差异。本世纪 20 年代，蔡元培将其概括为英国的养成人格，德国的专重学问，美国的兼及实用。这一说法大致可信，只是相对注重了类型的差异而忽略了历史的发展。二战结束以后，美式"现代大学观"逐渐成为主流。关于中国大学的历史，有两种截然不同的研究思路：一是从虞夏说起，强调"中国是一个历史悠久的国家，高等教育居于世界教育史上的领先地位"；一是从晚清说起，称现代中国的大学（University）乃向西方学习的产物，与汉代的太学或明清的国子监不可同日而语。我持后一种意见。

记者：中国现代大学在中国现代化的进程中充当了什么样的角色？其中，北大又起了哪些作用？

陈平原：对于中国的现代化事业，大学的作用几乎不言而喻。或许应该这么说，目前中国人采用的"大学"制度，本身便是现代化事业的重要组成部分。从船坚炮利到法政经济再到文化哲学，晚清的开国历程，与"大学之路"基本吻合。从注重实用技术的专门学校，到追求纯粹学理的综合性大学，西学东渐的进程与现代教育体制的建立同步。引进现代科学技术，培养经济建设人才，贡献高深学术成果，此等"大学之功用"，有目共睹。需要强调的是，大学不只出科技，更出思想——对于现代中国的思想文化建设，大学更是功不可没。

古今中外的大学，在培养人才、传播知识方面，有各自的贡献。北大的特殊之处，在于其影响了 20 世纪中国思想文化的进程。以教学科研水平衡量，时至今日，北大也并非世界一流大学；但就对于本国现代化事业所发挥的作用而言，北大的意义，又是许多世界一流大学所无法比拟的。五四新文化运动，无论你持何种政治立场，都不能不承认其对本世纪中国的政治及文化走向影响极为深远。作为其时唯一的国立大学，北大曾以新文化的发源地而备受时人及史家的关注。其后的半个多世纪，北大还有许多令人难以忘怀的重大举措，以至谈论 20 世纪中国的历史与命运，很难完全绕开北京大学。

对于北大的校风及校格，有过许多赞美之辞，最著名的，莫过于鲁迅及马寅初的说法。前者称"北大是常为新的，改进的运动的先锋"，"北大是常与黑暗势力抗战的，即使只有自己"；后者则以"牺牲精神"来概括"北大主义"，并称"此种虽斧钺加身毫无顾忌之精神，国家可灭亡，而此精神当永久不死"。所有这些，半是"总结"，半为"期望"。北大之所以显得"大"，最根本的，还是蔡元培所标榜的"思想自由"与"兼容并包"。此说并非权宜之计，大学之不同于专门技术学校或某一党派的干部训练班，就在于其允许多种声音并存，鼓励从事各种科学技术及思想文化的探索。在这个意义上，第一流的大学，不只出成果，出人才，更应该成为整个国家的"思想库"与"实验室"。

记者：将我国目前的大学与您心目中理想的大学相比较，您觉得主要存在着哪些方面的距离？

陈平原：大学的功用，在我看来，起码应包括培养人才、专研学术、沟通精神、教化社会四项。什么是合适的人才，如何鉴定学术成果，可能众说纷纭；但将其作为大学的基本功能，则不会有异议。后两者可就难说了。传统的书院教学，讲求师生之间的情感交流与志趣契合，希望在传道授业解惑的过程中，自然而然地呈现学术境界与人格魅力。晚清以降，新教育的建立，使得着重点由人格养成转为知识传授，师生之间绝少思想交流的机会。"以课堂讲授为主"，能够完成专业知识的承传，却很难实现精神上的沟通。其实，"大学"（University）的本意，便是将追求科学知识和精神生活的人聚集在一起，以便于共同研究。不只师生之间如切如磋的"论道"，同学间无时不在的精神交往，都是"大学"题中应有之义。德国哲学家雅斯贝尔斯将"生命的精神交往"定为大学的基本任务，不是没有道理的。反观今日中国大学，过分讲求实用，事事希望"立竿见影"，鄙薄不着边际、更不要说离经叛道的"清谈"。长此以往，本该思想最活跃、精神最愉悦、感觉最灵敏的大学,将失去其特殊意义,而沦落成为"人才工厂"。

至于强调学校具有教化社会的功能,本是中国人古老的传统。古人云,一乡有一善士,则一乡化之。原清华大学校长梅贻琦又添上一句:"况学府者应为四方善士之一大总汇乎?"可是,自从文质彬彬的"善士"被作为思想改造的主要对象,大学便不再发挥"教化社会"的作用。1980年代以后,虽说"臭老九"的帽子早已摘去,可仍然并非公众追摹的目标。与此相适应的是,作为"四方善士之一大总汇"的大学,对于地方政府来说,也由重要的思想资源,转为力图减轻的经济负担。近年之提倡中央与地方"共建"某某大学,似乎是地方政府"慷慨解囊",颇有"养起来"的意味,却较少考虑如何最大限度地用好大学这一重要的资源。也有到大学"淘金"的,主要着眼于可转化为利润的专利技术,而不是思想文化。其实,最重要的是后者,技术可以异地购买,而风气的养成,则非身历其境不可。这里有大学本身自我封闭的问题,而当地政府对于"众声喧哗"的大学颇为隔阂乃至存有戒心,依然是主要原因。

推荐书目

《什么是教育》(雅斯贝尔斯著,邹进译,三联书店,1991年)

作者乃德国著名的哲学家,其讨论问题,自然偏重理想设计,而不是现实对策。全书最后两章,集中讨论"大学的观念"以及"大学的任务",强调"永无止境的精神追求",方才是大学区别于普通学校的根本特征。在大学的四项任务中,突出"生命的精神交往",如此境界,对于今日中国的教育家来说,已经相当陌生。

《走向封闭的美国精神》(艾伦·布鲁姆著,缪青等译,中国社会科学出版社,1994年)

作为一本学术畅销书,本书的观点,总的来说偏于保守。但其将美国教育的得失置于现代西方思想史上来考察的思路,以及直面现实,敢于对当代大学的诸多问题直接发问的勇气,值得嘉许。尤其是对美国大学中人文学科日渐衰落所导致的精神危机提出尖锐批评,值得中国同行关注。

《北大旧事》(陈平原、夏晓虹编,三联书店,1998年)

本书收集众多有趣的"北大旧事"。这些传说,或许经不起考据学家的再三推敲,但既然活在一代代北大人口中,又何必追求进入"正史"?即便说者无心,传者也会有意——能在校园里扎根并生长的逸事,必定体现了北大人的价值倾向与精神追求。对于今人之理解历史、把握现状、展示未来,"老北大"之浮出海面,毕竟提供了绝好的参照。

采访者:谭庭浩

(初刊 1998 年 4 月 17 日《南方周末》)

北大：一个话题
——答《新快报》记者问

北京大学中文系陈平原教授是广东潮州人，1984年中山大学硕士研究生毕业后考入北京大学攻读博士，十余年来成就斐然。陈教授近年来致力于"大学学"的研究，他主编的《北大旧事》及撰写的《老北大的故事》出版后引起了很大反响，在前者的序言中，陈平原指出："自从新文化运动名扬四海，世人多以'民主'与'科学'嘉许北大。可在我看来，在日常生活中，绝大部分的北大人，更看重的是'独立'与'自由'。"这种新颖的视角也受到世人瞩目。在谈到"如何看待北大百年校庆"时，陈教授如是说：

此前几十年的校庆，基本上是北京大学自己在庆祝，这一次变成全国人民共同庆祝，好处是迅速扩大了北大的影响，但另一方面，很多人其实是有自己的问题，拿北大做文章。作为北大人，应该有这种自觉。在世纪末的中国，北大提供了一个很好的话题，让传媒、学界和民众借机讨论他们所面临的问题。

　　北大确实具备作为话题的价值，因它比较典型地体现了中国教育从古代向现代的转化，体现了传统教育和现代教育之间的矛盾、冲突和融合。北大是官方办的西式大学，但又与传统书院为代表的教育制度有着千丝万缕的联系，它比较典型地涵盖了大学，尤其是东方大学的两种功能：一个是学术，一个是政治。相对于其他大学，学术和政治联系那么紧密，不仅培养专业人才，还直接干预当代的政治进程，引导近百年中国的思想文化走向的，只有北大。就像我在前面说的，北大不仅是西式的现代大学，它还有弥漫在传统书院中的那种以天下为己任的情怀。北大作为话题，还有另外一个意义：它把通才教育和专才教育比较好地结合起来了。专业化是这个世纪中国教育总的趋势，但北大始终是一个以文理基础学科为中心的大学，比较注重基础性的研究和通才的培养。

　　从古与今、学术与政治、通才与专才这几个方面，北京大学都提供了一个反省大学功能的很好的机会，别的学校也有这方面的经验教训，但不若北大突出，这是很多人关心北大的原因。

晚清以降，北大始终和中国的政治文化联系在一起，直接介入了当代中国的思想文化建设。北京大学以它对社会的积极干预，对民主的渴求和呼唤，赢得了声誉。但我想说的是，这不足以涵盖北京大学。我批评过去撰写的北大校史像一部学生运动史。大学的功能在于传道、授业、解惑。北大的领风骚、得风气之先，不仅体现在它的社会政治意识，还体现在它的学术眼光，对新的学术领域的开拓，对新的研究方法的应用，等等。比如，北大的研究所国学门创办时间最早，著名的清华国学院就是受其启示并仿照它的规模建立的。但北大人一说光荣传统，很容易就落实为我们的学生运动，而不谈这个，我觉得很可惜。讨论北大的得失，应该把学术研究作为最重要的实力的体现。李大钊在北大 25 周年纪念会上说："只有学术上的发展值得作大学的纪念。只有学术上的建树值得'北京大学万岁'的欢呼。"当然，这种说法专业性较强，大众可能不容易接受，但这才是大学真正值得纪念的。

自然，大学历史的叙述，可以而且应该有不同方法，有以政治运动为中心的宏大叙事，有以日常生活为中心的私人化的叙事，或者是以学术研究为中心的人文的叙事。

不同的叙事有不同的价值，也都有自己的盲点。虽然《北大旧事》反响不错，但我再三指出，这只是北京大学的"一种叙事"，是补以前只注重宏大叙事之缺失，而不是完全取而代之。北京大学不同于其他大学的一点，就是它有多种声音，所以我愿意用"众声喧哗"这个概念。我尊重别的叙事方式的自然呈现。在北大，步调很难一致，这是北大值得怀念的地方。

这次校庆庆典，放大了北大的优点与缺点。校庆文章作为一种特殊文体，基本上只能隐恶扬善。这样，读者很容易误将梦想当光荣。我的意思是，每个人在谈北大的时候，都把心目中以为大学应该有的功能和责任加到北大身上。但这只是梦想中的北大。如何实现校庆文章中所表达的那种北京大学的境界，对于北大人来说，责任太重了。我希望百年校庆在将北大推向辉煌的同时，也能为北大留下一个自我反省的余地。

百年后的北大，还能不能像前一百年这样辉煌？这是许多朋友最为关心的。北大过去的辉煌，是有特定条件的。它是五四时代唯一的一所国立大学，所以可以号令天下。后来大学越办越多，北大不再一枝独秀了。1952年院系调整，把好些大学的文科并入北大，造成了北大文科独步天下的局面。下个世纪的北大，还会有辉煌，但像本世纪这样的风光,很可能一去不复返了。其他大学的迅速成长,会给北大造成压力;更重要的是,相对于心目中的世界一流,相对于过去的辉煌,现在的北大,有一定的距离,只能说尽力而为。

在这个努力的过程中,我想特别提到的是北大作为思想库的功能。大学不同于政府部门所设的研究机关,它有一种守望的距离。这是出大战略、大思想所必须的。由于北大学科齐全,综合实力较强,有可能使知识在校园内自由交汇和对话,形成比较高的境界和视野,然后再来对社会发言。另外,我想强调的是,大学与社会的互动,不该过分强调立竿见影,追求的不应是一时一地的成败得失。除了若干必不可少的科技成果与对策研究,大学更应该提出一些有利于国计民生并且能够影响一个时代思想文化走向的重大课题。

我对北大的未来,有一个希望,那就是北大在努力发展学术的同时,不能失精神。北大让人迷恋,很大程度上还不在于它的科研成果,而在于它的精神。常听人说,北大人有一股"气"。对于这种"气",有各种各样的说法,一说是"大气",眼界比较高;一说是"志气",比较有抱负;一说是"傲气",比较狂妄。我觉得所有这些合在一起,才是真正的北大的"气"。北大人爱说"我们北大",这不仅是一种身份认同，更是一种评价标准。北大人的特点是"眼高手低"，喜欢用一种批评的、怀疑的眼光来考虑问题。这种"狂"，这种"气"，其实跟他们的理想和眼界有关系。北大学生的实际操作能力弱，这一点经常受到批评，他们也确实应该努力做一些自我调整。但眼界高不是毛病，在中国人日渐讲求实际崇尚世俗的大潮中，还有人保持一种狂想，一种高傲，一种质朴，一种迂阔，一种不切实际的想象，那是很难得的。在一个日益专业化并世俗化的社会中，我希望北大能依然保持某种理想主义的色彩。

正如我在前面所说的，在某种意义上，我们是借北京大学来讨论下个世纪中国大学的出路。在这次轰轰烈烈的校庆中，由于北大得到不少溢美之词，我相信会引起许多局外人的不满。或许应该这么理解，在中国社会，尤其是高校，面临转折的关头，讨论一个比较像样的大学，对我们以后的发展是有意义的。

采访者：杨早

（初刊 1998 年 5 月 2 日《新快报》）

"半真半假"说北大
——答《新周刊》记者问

陈平原博士,广东潮州人。先后就读于中山大学、北京大学,现为北京大学中文系教授。陈平原长期从事20世纪中国文学的研究工作,著述甚丰。近年在中国近现代学术思想史的研究方面用力甚勤,有多种专著面世。今年年初出版的《北大旧事》(与夏晓虹合编)、《老北大的故事》是其最新研究成果。适逢北京大学百年校庆,此两书遂成为热门读物。为此,本刊记者专门采访了陈平原。

记者:你原来的研究重点是学术思想史,近来为什么会对北大的旧事感兴趣?

陈平原:在研究中国近现代学术思想史的过程中,我一直比较关注近世学术思想的演变与教育制度的关系问题，尤其是传统科举制的取消和新型学校的建立，不仅改变了中国知识分子的身份、地位及发言姿态，而且对知识生产方式也产生了巨大的影响。去年，我在北大开设了一门"中国大学百年"的课程，专门讨论中国大学制度的得与失，以及传统的中国书院如何向现代的"University"（大学）转化等一系列问题。在这个过程中，我发现，倘若从学术思想史的角度来考察百年中国教育，北大是一个很好的个案。当然，对北大旧事的关注，还包括一些私人的原因：我是北大的一员，对北大有一份特殊的感情。但另一方面，我又不同于一些一辈子都在北大学习、工作和生活的老先生，我是在中山大学读的本科和硕士，有一半是属于中大的。我喜欢这一"双重身份"，因为，它可以为我对北大的关注，提供另一个大学的眼光和角度。

记者：你在《北大旧事》的序言中说你展现的是"半真半假的历史"，这指的是什么？它与我们通常所见到的"校史"是一种什么关系？

陈平原：我们通常见到的"校史"，应该说，就是人们常说的"正史"，它属于"宏大叙事"的范畴，侧重于从意识形态的合理性角度来解读历史。而我所讲的"半真半假的历史",则属于一种私人叙事,它的表现形式是回忆录、书信、逸事和趣闻等,这些内容是永远也写不进"正史"里的。以前,我们比较看重"正史",结果把一些鲜活、生动的东西过滤掉了。我现在做的工作,就是引入一种私人叙事,用个人的视角,从日常生活的层面重新观照北大的历史。当然,我的这两本书也不是仅仅满足于讲述一些有趣的故事,我的目的是要将"正史"和"逸闻"对照起来,从而呈现一个立体的有生命的丰富复杂的大学形象。

记者:目前我们所讲的"北大精神",仅仅是北大所专有,还是中国大学所共有的一种资源?

陈平原:相比较而言,"正史"喜欢谈论传统与精神,而我更感兴趣的,则是北大的性格。所有的大学都出人才,出成果,但并不一定每个大学都个性鲜明。在我看来,北大是一所性格最为鲜明的大学。而在北大的性格特征中,我认为最值得一提的是"兼容并包"。一方面,这作为一种教育理念,特别适合于 University 的本意;而另一方面,一所大学必然是各种思想和学派的荟萃之地,相互之间的碰撞与交流在所难免,而且也很有必要。北大的"兼容并包"在鼓励各种学术思想平等竞争的同时,也逐渐形成了其"有容乃大"的性格。这一点是最难能可贵的,也完全可以看成是中国大学所应该追求的基本品格。

记者：近年来，读书界出现了不少谈论清华大学的文字，你认为北大和清华这两所中国最好的大学在学术传统乃至品格方面有何差异？

陈平原：清华原来就是一所留美预备学校，在办学方面是比较单纯的美国模式。相比之下，北大跟中国传统的联系更为密切一些。一开始有很浓厚的传统书院特点，后来蔡元培校长引进了一些德国大学、尤其是柏林大学的办学理念。二三十年代，北大人士又热衷于追慕剑桥、牛津的风习，注重陶冶人格、养成绅士。与清华相比，北大的特点还在于她对社会的关注，独立自由精神的培养，以及重基础、讲学理，还有对人文科学的高度重视等。当然，这些差异也不是绝对的，特别是到了今天，很多方面都有融合。

记者：你编《北大旧事》、写《老北大的故事》，仅仅是出于一种怀旧情绪，抑或一种文人趣味，还是另有更深一层的意味？

陈平原：我们这两本书之所以卖得不错，可能跟现在的怀旧风有关。但就我个人而言，以老北大作为个案来考察中国学术思想与教育制度的关系,这种论述策略,与我自己做学问的风格有关。作为北大人,收集研究北大所需的资料,确实是比较容易些。不过,我之所以关注北大而不是清华、关注旧事而不是新事,更为重要的,还是因为老北大跟我个人所理解的大学理念比较接近。在我看来,老北大在学生人格的培养、精神传统的呵护、学术氛围的营造、知识的生产与传播、与国际学术界的接触,以及对社会的实际影响等方面所取得的成绩,的确有值得称道之处。这一点,对于我们正在进行的大学改革,应该说是有积极的借鉴意义的。

采访者:大可

(刊 1998 年 5 月 15 日出版的《新周刊》1998 年第 9 期)

辞"校史专家"说

赶在北大百年庆典之前,我编撰的《北大旧事》(三联书店)和《老北大的故事》(江苏文艺出版社)适时地出版了,而且颇获好评。于是,顺理成章地,我也就成了热情的传媒眼中的"校史专家",以致必须不时面对陌生的录音机和摄像机。每当我手足无措,试图解释"校史专家"和以专家视角讨论北大历史的区别时,不是被认定为"饶口令",就是被误解为"假谦虚"。

其实,道理本来很简单,我的研究策略是以北大为个案,讨论中国大学百年的得失成败,并进而理解中国现代思想与学术之建立与发展。而这,在"校史专家"眼中,不说"野狐禅",也是"本末倒置"。

比如,对感兴趣的问题,我会穷追不舍;反之,则可能只字不提——负有全面介绍北大校史重任的专家们，则没有这种"腾挪趋避"的便利。另外，我着力诠释或载于文献或传于口耳之"北大之精神"，而对校舍的扩建、仪器的添购、经费的增减等同样有意义的问题，基本上不曾涉及，此举明显不符合校史写作的体例。还有，我不希望将视野局限于北大，也不承诺"隐恶扬善""为尊者讳"，因而也就无法接受"一路凯歌""百年光荣"的叙事框架。最后，我对"大学的功能"有自己的想法，不满足于已有的以学生运动为主线的"半部"北大校史——1950年代以后的北大，至今未见校方认可的正史。

如此发言姿态，确实只配位居"边缘"。之所以一改常态，接受媒体的采访，不外希望延续北大"众声喧哗"的传统，既尊重"校史专家"的立场，也不过分委屈自家的眼睛。而选择"老北大的故事"做文章，则是基于我对北大传统的理解，也希望避开正面的冲突。倘若讨论"反右"或"文革"中的北大，必将引起更大的争议——尽管在我看来，后者乃绝好的研究题目。当然，暂时搁置此无法回避的严肃话题，除了不想在百年庆典之际"激起公愤"，也因为学术准备不足，资料严重缺乏。

曾经设想就谈北大历史上的若干"悬案"——以侦探的手法讨论"大历史"，也不失为一种有趣的尝试。可有趣归有趣，真正实践起来并不轻松。有的案子好说，因其纯属考据问题，容易得到学界的普遍认可，比如关于戊戌年间大学堂创立时间的考辨；有的案子则不好说，因其涉及理论阐释，本就见仁见智，必定是说好道坏各走极端，比如关于北大校庆改期的辨析。还有些受意识形态影响很大，一时无从措手，比如"伪北大"问题（抗战中北平城里的"北京大学"）。即便已经找到很好的切入口，也可能因资料限制而无法施展才华。许多"悬案"，单靠当事人的回忆或报刊文章，不足以支撑起专业著述；而原始档案的查阅，绝非易事。这还不包括某些历史事件，目前仍无法自由讨论，与其吞吞吐吐，旁敲侧击，不如暂时搁置。

相对来说，"老北大"的写作，有其便利之处。已经成为真正的"历史"，当事人的利益不会构成史家发言的巨大障碍。一个明显的例证，假如谈论新北大，研究者得随时准备因"名誉权"问题打官司。因此，要说"校史"，老北大我还有点把握，新北大则不知从何说起。近日不断接到读者来信，在谬奖拙作的同时，或正面提议，或侧面批评，希望我也谈谈新北大。我何尝不明白，只有老北大，构不成一部真正意义上的北大校史。北大百年，有光荣，也有失落；只讲光荣而不讲失落，不是真正的"北大之精神"。可真要认真讨论百年北大的得失成败，其实很不容易——这也是我辞谢"校史专家"称号的原因。

考虑到北大在20世纪中国的特殊地位，倘若只讲学校的历史沿革，其实已是"降格以求"。在我的计划中，讨论北大，很大程度是为了了解百年中国的思想、学术、政治、文化。未见落叶而高吟《秋声赋》，不是学者的风格；只讲落叶而不谈秋风萧瑟，则可惜了好题目。好题目不易得，只是好题目不见得就能做出好文章。

从学术史转入教育史，对我来说，乃顺理成章。或者说，从事学术史、思想史、文学史研究的朋友，都是潜在的教育史研究专家。因为，百年中国，取消科举取士以及兴办新式学堂，乃值得大书特书的"关键时刻"。而大学制度的建立，包括其蕴涵的学术思想和文化精神，对于传统中国的改造，更是带根本性的——相对于具体的思想学说的转移而言。

北大百年校庆，给了我认真谈论"大学"的机会，也让我明白，原先的设计，实在低估了这一课题所面临的困境。大学史的研究，与我比较熟悉的文学史与学术史，有着千丝万缕的联系。单是在已有疆域严格的各学科间自由游荡，理解知识生产的途径及其对现代学术制度和知识分子性格的塑造，本身便是十分激动人心的。因而，我不想轻易放弃此难得的好题目。

至于"校史专家",则不敢滥竽充数。好在北大的百年庆典已经完成,该是回归学者本色、认真讨论中国大学(包括北大)的命运的时候了。

1998 年 5 月 5 日于京北西三旗

(初刊 1998 年 5 月 10 日《新民晚报》)

大学史的写作及其他
——兼答《北京大学校史》编者

《北京大学学报》今年第三期发表署名"校史编者"的《就〈北京大学校史〉说几句话——顺答陈平原君》，对我的一则短文提出批评。因涉及的问题较多，非三言两语所能说清，这里着重表白自家立场，以答谢校史编者指教的雅意。

为蒋梦麟校长鸣不平的《哥大与北大·教育名家》，后来收入我的《老北大的故事》一书。读者不难发现，该书与《北京大学校史》的叙述框架有较大的距离。但这并不妨碍我对校史的编撰者表示敬意——相对于1920年代、30年代、50年代的几种同类著述，此书有不少值得称道的地方。时至今日，该书仍是研究北大历史的重要参考书。

我之所以斗胆对《北京大学校史》略加指摘，主要是针对其确立于二十年前(并为十年前的增订本所因袭)的叙述框架。作者们对中国革命史太熟悉了,以至将其研究思路乃至具体结论直接移植到大学史的写作,这是我所不能同意的。"北京大学在第一次国内革命战争的准备和进行期""北京大学在第二次国内革命战争时期""北京大学在抗日战争时期和全国性内战前夕""北京大学在第三次国内革命战争时期",这样的历史分期及章节安排,以及每章里前几节叙述各种政治事件(尤其是国共两党的斗争),最后才轮到教学和科研上阵,这样的大学史写作,侧重其作为政治斗争的"阵地"和"战场",相对忽略了其传播知识、发展学术以及教书育人的根本特征,我以为是不太妥当的。我并不否认五四运动为北京大学带来了巨大的光荣,也是历届学生引以为傲并极力追摹的目标,但我不主张将一部北大校史建构成加挂教学和科研的"学生运动史"。

增订本的《北京大学校史》其实已经意识到这一问题,因而加重了教学和科研活动的介绍;可叙述框架依旧,价值尺度也没做大的修正,难怪其对蒋梦麟校长的评价过于苛刻。在我看来,大学主要由三部分人构成:学生、教授、校长(及其代表的管理层)。三者的知识背景及文化立场不同,其利益往往互相冲突,发生摩擦在所难免。对于史家来说,倘从政治变革立论,关注的自然是(激进的)学生;倘从知识传播着眼,侧重的可能是(著名的)教授;而从教育发展的角度,校长的功能同样不容漠视。理解各自的立场与局限,方才能有较为通达的见解。比如,在政治上,学生可以激进,校长则必然偏于保守,这是各自所处的位置决定的。无法想象一个国立大学的校长公开鼓动学生闹学潮,直接对抗政府。协调"守旧"的政府与"革新"的学生之间的矛盾,乃大学校长的一项重要职能。既希望保护学生的爱国热情,又必须维持校园里正常的教学秩序,在局势动荡的年代,大学校长的工作其实很不好做。只从激进学生的立场出发,一味谴责校长的"高压政策",将其讥为"典型的国民党新官僚",我以为是不公平的——尤其是在大学史的写作中。

我并不否认蒋梦麟"按照美国的大学教育制度,对学校的教学和科学研究制度进行了改革",我说的"令人费解",指的是这本不应该成为蒋的"罪状"。校史中的这段话,是紧接着"国民党反动政权在全国学校中除了加强政治上控制和压迫外,还采取各种措施加重学生的负担,厉行各种考试制度,来束缚青年学生的思想"而来的,论者对此明显持贬斥态度。而在我看来,蒋梦麟之以美国模式来改造老北大——包括实行教授专任、推行学分制、要求毕业生撰写论文并授予学位、追求高等教育的正规化等,无可非议。1930年代北京大学的教学与科研水平之所以迅速提高,与蒋校长的这一系列措施有直接关系。恕我直言,北大百年,蔡元培校长引进的德国大学模式及其兼容并包精神,影响极为深远;蒋梦麟校长推崇的美国大学模式及其正规化教学思想,同样值得认真对待。将后者说成是为了配合国民党的思想控制而采取的措施,似乎过于深求了些。

在感谢校史编者的指教的同时,我有个小小的愿望:在日后的商榷文章中,最好不要再追究"作者的用心"。因那说不清、道不明,很容易将本来很有价值的辩论引入歧途。

1998年6月24日于西三旗

(初刊《读书》2000年2期)

再说"北大生日"

轰轰烈烈的百年校庆已经过去了,作为北大人,本该静下心来,闭门思过,以求有所超越。没想到因一则短文,又必须站出来为"北大生日"一辩。

1998年8月5日的《中华读书报》上,发表了钱耕森先生的文章《解开北大校庆日的百年之谜》,把本来已经澄清的北大生日,又弄成了"一个百年不解之谜"。作者用心甚佳,希望帮助揭开京师大学堂哪年哪月哪日正式成立的"这个怪有趣的谜底",可惜对北大校史不太熟悉,说了不少外行话,最后并列1919年5月4日、1898年12月17日和1902年12月17日三说,让其"众说纷纭,莫衷一是"。

钱文花费大量笔墨,通过确认清廷正式决定兴办京师大学堂的时间、委任"第一任校长"的时间、下令暂拨"公所"作为临时校舍的时间、为编译教材而创设译书局的时间，来断言京师大学堂并非成立于1898年5月4日。在我看来，此举毫无意义。因为五十年代以后，北大校庆之改期，是为了纪念1919年的五四运动，这点从无人置疑。对于此等"顺应历史潮流"的举措，可以有不同意见（参见拙文《北大校庆：为何改期》，《读书》1998年3期），但不应以为北大人会愚蠢到断1898年的5月4日为大学堂成立纪念日。

五十年前，大学堂老学生邹树文撰《北京大学最早的回忆》，怀疑12月17日是壬寅而非戊戌的开学纪念日，此说经由胡适的辨正（《京师大学堂开办的日期》）、庄吉发的补充（《京师大学堂开办日期考》）而广为人知。其中庄氏对胡适大胆假设的批评可以成立，但推断戊戌年间的大学堂成立于阴历十二月十七日（阳历1899年1月2８日），明显证据不足。在《北京大学：从何说起》（《读书》1998年1期）中，我除对此三说作了考辨外，更以《申报》光绪二十四年十二月初六日《学堂纪事》中保存的大学堂总办告示，确认北大的真正生日为戊戌年的十一月十八，即公元1898年12月30日。由于大学堂的早期档案毁于庚子事变，生日只能通过考稽史籍和报刊获得。有此"告示",再辅以相关史料,我以为,北大生日之谜已经解开。

钱先生及《中华读书报》的编者未曾注意拙文,以至将问题回复到半个世纪以前,实在有点可惜。另外两位先生,注意到拙文,并有所辨正,借此机会,一并作答。

郝平先生的《北京大学创办史实考源》(北京大学出版社,1998)照样抄录了《申报》上那则大学堂总办的告示(144页),可又断言"1899年1月30日(光绪二十四年十二月十九日)京师大学堂正式开学"(364页)。显然,作者没有见到原刊,只知此告示刊于十二月初六,于是贸然将告示中的"十九日"划归"十二月"所有,再依此转换成阳历。可这不是一则独立的告示,是包含在"京师采访友人"的报道中;而采访人在文章中早有交代,"大学堂定于十一月十九日开塾"。

明明说"十一月十九日开塾",我为何将北大的生日确定为戊戌年的十一月十八?这也是王晓秋先生与我商榷的原因。王先生发表于1998年4月10日《北京大学校刊》上的《京师大学堂开学究竟是哪一天》,同样以《申报》上那则告示为据。既然告示称"仰该生等于十八日到堂,十九日开学",王先生认为,北大的生日应是光绪二十四年十一月十九日,即1898年12月31日。到底是选择"到堂"还是"开学"的日期,作为大学诞生的纪念日,单从这则告示看，似乎后者更理直气壮些。

我之所以弃"十九"而取"十八"，乃深思熟虑的结果，主要是基于对管学大臣张百熙复办京师大学堂的尊重。经过将近一年的筹备，张大臣选择1902年12月17日——即阴历十一月十八——举行隆重的开学仪式。对于此仪式的全部经过，以及事先的预演、事后的评价等，刚创刊不久的《大公报》上有详细的报道。但唯独未见其关于典礼择日的说明——须知，这正是戊戌年大学堂规定学生"到堂"的时间，难道只是一种巧合？

主持壬寅复校的张百熙，戊戌年间因"保送康有为使才，实属荒谬，著交部严加议处"，后得旨"著改为革职留任"（《清实录》第57册619页）。东山再起的张大臣，其选择戊戌大学堂"到堂"时间举行开学典礼，其中必有苦心孤诣。尽管目前我还没找到确凿的证据，但不妨学适之先生，来个"大胆假设"。

"十八"和"十九"，只有一天之差，却关系到北大"学统"之延续以及一代教育家之深心别意，故不得不辩。

1998年9月6日于京北西三旗

（初刊1998年9月16日《中华读书报》）

第四辑

大学书影

大学百年

——从《东京大学百年》说起

再过四年，我所在的北京大学就将迎来百年大庆。没人让我操心，只是自己跟自己过不去，老觉得该为它作点什么。可惜，不是"不能，非不为也"，就是"不为，非不能也"，至今没想出个子丑寅卯来。大概又像我的许多"宏伟规划"一样，最后都不了了之。

前些天又上神保町泡古书店，最得意的是花一千日元买了一册印刷精美的"写真集"《东京大学百年》。不只"价廉物美"，更因为与我现在的思考相吻合，很希望能借此悟出点小道理来。此书1977年由东京大学出版会刊行，与十卷本的《东京大学百年史》同为东大百年校庆的纪念品。后者分通史、资料和部局史三部分，对我来说专业性太强了，而且价格也非我所能承受。

闲来翻翻"写真集",忽忆起章太炎的名言:"稽古之道,略如写真,修短黑白,期于肖形而止。"(《与人论朴学报书》)太炎先生为反对治学上的"皮傅"与"穿凿",刻意提倡"稽古"如"写真";可不曾想到照相机也能"闹鬼",照样可以"使妍者嬧""使嬧者妍"。何况是按照一定意图编辑而成的"写真集",更无法掩盖编者的历史眼光及价值尺度。于是,除了欣赏图片辨认史迹外,还想窥探编者的意图。要求每幅图片都注明出处和拍摄年代,编者的有些设想可能因"巧妇难为无米之炊"而作罢;但我想主要难题在"取舍"而不是"填空"。很想知道十几年前的日本学者是如何借图片叙述东大的百年兴衰,尤其是在关于学校的起源、发展以及挫折等敏感问题上的态度。

东京大学诞生于何年?如此关系重大的问题,其实并非"写真集"的编委们所能决定。谁都希望自己的学校"历史悠久",就看考据功夫是否高明——当然也受制于史料。在史料大致允许的范围内做文章,还是大有回旋的余地的。君不见年来国中大学纷纷溯源,且甚有成效,日渐"古老"起来了。相比而言,东大死守明治十年(1877)文部省关于将东京开成学校和东京医学校合并并改称"东京大学"的条令,显得"严谨"多了。不过人同此心、心同此理,编者还是意犹未尽,在作为附录的《百年略史》中,专设

"前史"一章,叙述从宽政九年(1797)昌平坂学问所创设,到东京大学正式成立,这七十年间与后来的东大有渊源关系的若干学校的情况。至于校庆则不敢再往前推进一步,因为新学制取法西方,必须是像当年东大正式创立时那样设有法、理、文三学部以及医学部,方才能称为"大学"。直到今天,日本人对"大学"一词仍有比较严格的界定,并非所有的"学校"都可以随便改名。这也是日本人的优点,学什么像什么,一般不大走形。要不不挂牌子,要挂牌子就得能达到"以假乱真"。

记得蔡元培说过,大学里最重要的,一是知名学者,二是图书仪器。用一百五十幅图片来叙述在日本现代化过程中起举足轻重作用的东京大学之百年兴衰,个别学者的功绩显然无法成为贯穿线索。至于广义的"图书仪器",代表大学的学术水平及发展方向,倒能够体现这一激动人心的进程。"写真集"于是以学制的更改、学部的扩展、图书馆及实验室的建立、研究所的创设,以及重大科研成就的获得为主线。既没有一幅历任校长的照片,也不见政界要人视察的镜头;大概不是想把东大置于"真空管"中,而是对大学的使命有特殊的理解:相对于这么一座民族精神与科学文化的摇篮,任何显赫的个人都显得微不足道。这一思路在图片选择上已露端倪,而在作为附录的《百年略史》和《百年略史表》中更是表露无遗——除了作为"事件",文中几乎不曾出现一个人名。对个人作用的相对忽视,与对制度建设和学科发展的强烈关注相映成趣,有效地突出了作为主体的"东大"以及作为线索的"进程"——此间隐含的历史观,不是每个人都能接受。

集中唯一一幅有个人色彩的照片,是 1940 年所谓纪元二千六百年奉祝式上的天皇"行幸"。其中"行幸"二字加引号,而且与学生的军事训练和"学徒出征"仪式放在一起,目的是检讨"战时状态下的东京帝国大学"。我刚到东京时,刚好碰上日本学界反省"学徒出征",各大学校园里都有标语和宣传材料,书店也将有关书籍放在显要位置。对于一场给整个民族带来巨大灾难的战争,每个阶层都有不断反省的义务。很高兴"写真集"没有遗漏这不大光彩的一页。

其实不求编者作明确的价值判断,"写真集"的任务只是记录东大历史上的重大事件,让其"修短黑白"自然呈现。1968 至 1969 年,东大曾发生大规模学生运动。想来校方没有为这次运动"平反"的意图,可这不妨碍"写真集"里收录三幅气势磅礴的学运照片。任何人都无法否定,这是东大历史上的"大事"。既然是"大事","百年史"便应该收录;至于评价,尽可见仁见智。

相对来说，北京大学与现代中国政治的关系更为错综复杂；撰"百年史"所面临的困难，肯定比东大要大得多。倘若少点道德意识，多点实录精神，少点个人色彩，多点历史进程，或许能避开一些无谓的纷争。话说远了，如此"野人献曝"，不免贻笑大方。还是讲点好玩的。

就像北大人很为未名湖骄傲一样，东大也有常被师生挂在嘴边的三四郎池。刚来时在地图上居然找不到此君大名，颇为惊讶；后经"先辈"指点，方才明白那雅号"心字池"的便是。只因夏目漱石的小说《三四郎》中主人公与美祢子初会在此池边，世人便将其改称"三四郎池"。东大学生餐厅里有一种套餐，也叫"三四郎"，至今没能弄清其与小说的关系。日本学者问我北大有没有这种"雅事"，想来想去只有鲁迅为北大设计的徽章如今被广泛采用一事差可比拟，只是未见有人将其称为"鲁迅章"。

1994 年 3 月 28 日于东京白金台

（初刊 1994 年 10 月 29 日《文汇读书周报》）

"书信作家"胡适之
——关于《胡适书信集》

在所有现代中国文化名人中,胡适很可能是最喜欢、也最擅长写作书信的。适之先生交游甚广,"我的朋友"遍天下;在那电话尚不普及的年代,"鸿雁传书",无疑是与远方亲友交谈的最佳手段。据《胡适留学日记》统计,从1916年1月1日至同年12月31日,胡适共寄出1040封信件。这种每天三信的写作热情,回国后有所收敛。但借写信沟通人际,并整理思路、表达感想,胡适可谓乐此不疲,至老未衰。谓予不信,请翻阅刚刚出版的《胡适书信集》(北京大学出版社,1996),去世前一年,就任中央研究院院长的适之先生,仍能在百忙中写了160封私人信件。之所以举1960年为例,因为那时胡适有了专职秘书,书信保存较为完整。至于1916年"有案可稽"的千余信件,目前能找到的只有19封。真不敢想象，若适之先生平生所写信件都能保存下来，该是何等规模的"著述"！在此意义上，称胡适为"书信作家"，当不过分吧？

以书信为著述，并非胡适的独创，古今中外均有成功的例证。适之先生成名早，且有强烈的"历史癖"，当然明白他写作并保存的大量书信，将成为后世学者眼中的"重要史料"。此说并非空穴来风，单是其经常将自认关键性的私人信件抄入日记，或者在报刊上公开发表（请注意，这里说的不是"公开信"，也不是"书信体小说"），便不难明白其良苦用心。今日学者之讨论新文化运动，没有适之先生预留的大批史料包括与留美同学和《新青年》同人的通信，很难做到如此"丝丝入扣"。

当事人的"口供"十分完整，对史家来说，不一定是好事情。因为史料唾手可得，结论合情合理，史家很容易失去怀疑及批判的眼光。事情其实很简单，作者愿意公开发表的信件，未必便是当下的真实想法。或者需要避讳，或者认为无关紧要，发表私人信件时，一般都会有所修饰。在《四十自述》的"自序"中，胡适再三强调，自传的写作，必须是"赤裸裸的叙述"，方能"给史家做材料，给文学开生路"。其实，这种理想境界，只能说是"心向往之"。这里不涉及"真诚"或"虚伪"的道德判断，而是不同文体作为史料的价值及局限性。

相对来说，后世史家搜集整理的"书信集"，要比作者主动贡献的，更接近于"历史的真实"。倘若能找到原始的信件，将其与作者公开发表的两相对照，肯定会有所发现。举一个有趣的例子。1915年，远在美国留学的胡适，既对家中所聘不识字之未婚妻没有兴趣，又不忍违背母亲愿望，家信中竟大谈其美国女友韦莲思如何思想深沉见识高深，弄得大起疑心的母亲来信质问，于是有了胡适畅述其婚姻观的"第九号家书"。此家书收入《胡适留学日记》（初版时题为《藏晖室札记》），被研究者广泛引用，故知名度很高。信分为三节：先表白对订婚事"并无一毫怨望之意"；其次称女子不能读书识字"亦未为一大缺陷"；最后是夫妇间真能学问平等者绝无仅有，若悬此高的，"则儿终身鳏居无疑矣"。善解母意的适之先生，信写得很得体，即便公开发表（其时已是思想界领袖），也无大碍。可中间那两处省略号，难道只是可有可无的"空白"？学学适之先生，也来讲讲版本与考据，《胡适书信集》的出版，恰好提供了这种可能性。第二处省略纯属多余，乃适之先生故布疑阵；第一处方才"大有文章"：

> 今之少年，往往提倡自由结婚之说，有时竟破坏

> 已订之婚姻，致家庭之中龃龉不睦，有时其影响所及，害及数家，此儿所大不取。自由结婚，固有好处，亦有坏处，正如吾国婚姻由父母媒妁而定，亦有好处，有坏处也。

这段话，既是安慰母亲的权宜之计，又很能体现胡适内心矛盾。今人或许不难理解其苦衷，可当初若公开发表，必定引起轩然大波。新文化运动的领袖胡适，无权如此为传统婚姻制度辩护不管出于何种目的。

倘有研究者全面比勘胡适书信，当也能写出类似《〈两地书〉研究》那样的精彩之作。耿云志、欧阳哲生所编《胡适书信集》，收集了大量体现胡适情感世界的家书，但更多的是与文化界众名流谈学论艺之作。这里所刊一千六百多封信，远非传世胡适书信全部，起码限于体例，大量英文书信便不在此列。即便如此，将此前收录在《胡适留学日记》《胡适来往书信选》《胡适之先生年谱长编初稿》《胡适手稿》《胡适遗稿及秘藏书信》等，以及发表于《学术界》《文献》《中华文史论丛》《鲁迅研究资料》等刊物上的胡适书信，加上若干可能得到的抄件，汇总成编，仍然使得研究者"大有用武之地"。作为一本思想史资料集，我对此书编者所下的工夫，深表敬佩。此类工作，即便呕心沥血，也不大为世人所看重。才气横溢者，固然不屑于表示谢意；一般读书人，又无力、也无暇计较其优劣与得失。

除了为"资料集"在中国的命运抱不平外，更因对北大一往情深的适之先生，很长时间里没有得到学界的"公正对待"。值此百年校庆即将来临之际，由北大出版社出版有北大学者参加编纂的《胡适书信集》，也算是对于老校长的一种纪念。尽管相对于近二十年的学术潮流，这种"承认"来得太晚，但仍令人深感欣慰。

1996 年 9 月 14 日于京西蔚秀园

（初刊 1996 年 10 月 16 日《中华读书报》）

人文景观与大学精神
——读《剑桥与海德堡》《哈佛琐记》等

1919年初版、1926年增订四版的《实用北京指南》，是我所见到的最为重视教育文化的旅游书籍。编者为使"已至京者可得按图寻访之便，未至京者亦有卧游披览之乐"，附录二十四帧图片。头四帧分别为国子监大成殿、国子监辟雍、国子监辟雍牌坊和北京大学。那时的北京大学，不过二十几年校史，建筑物也只有红楼尚属可观，之所以能在名胜如云的京城获得如此声誉，主要得力于其人文气象。

将大学作为旅游资源来开发，自是买椟还珠。可对于读书人来说，大学又确实是最值得寻访与顶礼的地方。或者发思古之幽情，或者睹新知之崛起，更重要的，是体验思想之自由与精神之独立。世界上任何一所著名大学，都是一本值得经常翻阅并仔细品味的"大书"。比起一目了然的青山绿水、画栋雕梁，阅读"大学"，更需几分虔诚，以及必要的悟性与学养,否则真会"不得其门而入"。因此，凭海临风，自是以独立苍茫为上策；拜访大学，则不能不仰仗"导游"。

有三类著作，可以充当游览大学的向导：一是简明扼要的大学简介，二是资料翔实的校史，三是学者撰写的随笔。首先勾勒轮廓，而后深入堂奥，最终跳出庐山看庐山——这只是大致的阅读过程，不必坐实为具体的著述。"大学简介"，游览者一般不会错过；大部头的"校史"，更适合于在图书馆查阅；最值得推荐的，我以为是学者撰写的有关大学的随笔集。此类兼及文史、不太轻也不太重的著作，其实不好找。有几部书，对我阅读剑桥、海德堡、哈佛、耶鲁等世界著名大学很有帮助，不妨略加推介。

社会学家金耀基七八十年代先后访问英国的剑桥大学与德国的海德堡大学，撰有两部"语丝"，辽宁教育出版社将其合刊，改题为《剑桥与海德堡——欧游语丝》。董桥为该书作序，开篇便让我触目惊心：

> 今日学术多病，病在温情不足。温情藏在两处：一在胸中，一在笔底；胸中温情涵摄于良知之教养里面，笔底温情则孕育在文章的神韵之中。短了这

两道血脉,学问再博大,终究跳不出奔奔荡荡的虚境,合了王阳明所说:"只做得个沉空守寂,学成一个痴骏汉。"

虽说不甘"泥足虚境","自寻短见",平日读书著述,也都颇为讲求胸中与笔底的"温情";却从不若董桥君单刀直入,百万军中取敌酋。不敢轻开"战衅",一是深知其中甘苦,二是兼好高文与短章。著述体例不同,笔底温情的体现方式,自然也就有很大的差别。至于金先生关于剑桥大学及海德堡大学的"语丝",比起其社会学专著来,确实更能体现"诗心"以及驾御文字的能力。引全书最后一段话为证:

> 德国的小城,钟声特别悠扬。我常常会忆起剑桥大学圣约翰书院的钟声,伍尔华滋说:"那钟声,一声是男的,一声是女的。"每次想到这里就不禁莞然而笑,真不能不佩服诗人的耳朵呢!闲步在德国的大学城,总不知不觉会怀念海德堡的姊妹城剑桥。剑桥是不折不扣迷人的"迷你型"的大学城。

读书至此,我也"不禁莞然而笑":德国小城最勾魂摄魄的,确实是那"一声是男的,一声是女的"的钟声。这里所需要的,不是通常所说的文采,而是感觉、悟性、温情,以及对于另一种文化的强烈的好奇心。

对于学识渊博的专门家来说,旅人必备的"好奇心",反而成了"紧俏商品"。因出席国际会议而"满天飞",如今成了家常便饭;随手写点"海外游记",也就成了学有余力者堂而皇之的副业。可仔细观察,此类文章,多为杂事日录或风光素描,难得真能体味那小城钟声。至于金书最为用力的"在历史中散步",以及关于大学建制的思考,更非匆匆过客所能领略。

作为社会学家,在海德堡谈韦伯,本色当行,写不好那才奇怪。至于"美文"若《探秋》《踩着沙沙落叶的日子》等,虽不无"惊艳"之感,毕竟其他文人也能撰写。我最喜欢的,还是那些将大学历史、人文景观以及个人感触相融合的篇什。像《一间中古大学的成长》涉及剑桥大学的"守"与"变",强调作为时代表征的伟大学府,如何在风云变幻中立定脚跟,以及举世狂走中保持"孤傲"与"镇定"的得与失;《永远的年轻,永远的美丽》借回顾海大六百年历史,描述将"传统"与"现代"细针密缝在一起的海城,如何借助"永远年轻"的大学而青春长在。此类文章,更见作者的学识与情怀。提及剑桥的教育,作者于

"言教""身教"外,更重"心教",强调"每个人对景物的孤寂中的晤对",以及"对永恒的刹那间的捕捉"。在作者看来,这种教育方式,更接近中国的文人画:"有有笔之笔,有无笔之笔。真正的趣致,还在那片空白。"这种轻讲授而重涵泳、轻积累而重启悟、轻规章制度而重独立思考的教育理想,与老北大传统不无相通处;难怪当年北大师生最为推崇的,是牛津、剑桥,而不是同样如日中天的哈佛、耶鲁。

史学家黄进兴 1986 年以吴咏慧笔名出版《哈佛琐记》(台北:允晨),讲述求学哈佛六年的所见所闻。《前言》中,作者谦称:该书"不是什么严谨的学理,而只是一些琐碎的记忆";其实,正因其并非"严谨的学理",更多琐事、逸闻与温情,方才能博得广大读者的青睐。三年间印行十四版(以我手头的书为限),起码可见此书在台湾大受欢迎。据说三联书店也将印行此书(已于 1997 年 3 月刊行——编者),估计不会令大陆读者失望。

有机会亲耳聆听今日中国学界耳熟能详的劳尔思(John Rawls)、贝尔(Daniel Bell)、艾森斯塔德(S. N. Eisenstadt)、库恩(Thomas S. Kuhn)等大师讲课的,自然是一种幸运;可惜有此机遇的,毕竟是极少数。读黄君书,一会儿是坚硬的学理,一会儿是轻松的逸事,不时还来几句自我调侃,实在饶有风趣。以《哈佛的一天》为例，先是关于哈佛博物馆中心所陈列的玻璃花，接着路遇诺贝尔奖得主，再经过以收藏中文书籍出名的哈佛燕京图书馆，一路摇曳，半天才走进了教室；经过一番社会学、政治学术语的狂轰滥炸，终于到了让非专业的读者喘口气的时候了，结尾处推出哈佛一绝：深受学生欢迎的女教授，因不堪再三谢幕的烦琐礼节，"干脆规定学生下课后不准鼓掌"。与此相映成趣的，还有现象学大师吕刻（Paul Ricoeur）的"哲人之怒"，以及"狐狸型"学者史华慈（Benjiamin I. Schwartz）之被学界封为"但是先生"——二者都深涉学理，并非只是可供谈资的文人雅事。

在我看来，青灯苦读，永远代替不了亲承教诲，即便电视普及的今天，也不例外。有许多东西，比如人格的熏陶，心灵的激荡，便非"面对面"不可。还有一点，比起严谨的著述来，讲课时的即席发挥，更能体现论者的学术思路，并展示其个性与才华。对于学生来说，最好的办法，莫过于既读"书"也读"人"。好大学之所以值得羡慕，除了风景秀丽、藏书丰富、仪器先进，更因其有众多经得起再三阅读、品味的大学者。

《哈佛琐记》中关于学校历史及景观的叙述，也还恰到好处；只是此类文章，说不上独一无二。我更欣赏的，还是其为众多大学者所做的素描,这更需要学识与才情。另外,作者对哈佛一往情深,且溢于言表,很让我感动。人生需要不断地追忆美好时光,从中汲取前进的力量;最适合于扮演这一角色的,莫过于充满青春气息与想象力的大学生活。好大学能给予学生的,远不只是有形的专业知识,更包括成为其日后不断追忆的对象,并因而构成真正意义上的精神家园。也就是此书《后记》所说的:

> 每个人内心深处都隐藏一个奥秘的精神源泉,不断地支持他在现实世界里过活,尤其在俗事纷扰之际,还能回到自己心灵的世界滋养休息,以便重新出发。……的确,世界上还有不少大学的历史比哈佛更悠久,还有不少大学的校园比哈佛更美丽,还有不少大学的精神比哈佛更贵族;但对我来说,只有哈佛才是心灵的故乡。

比起金耀基笔下的剑桥,或者孙康宜书中的耶鲁,黄君之说哈佛,更显情深意长。谈论大学生活,教授与访问学者,不若学生感受深切;对于母校的怀念,更是如此。好在黄君乃训练有素的史学家,懂得如何控制情感与笔墨,不至于"涕泪交零"。

文学教授孙康宜的《耶鲁潜学集》（台北：允晨）出版于1994年，虽说没能后来居上，也属别有洞天。为何如此攀比，除了哈佛、耶鲁历来相提并论，更因作者自称受黄书影响。在序言中，孙教授是这样评说《哈佛琐记》的："他那书是心灵的记录，也是求知过程的见证，更是一段宝贵的文化史。"这话，不妨移用来做《耶鲁潜学集》的简介。二书宗旨相通，但前者重理性，而后者富诗意，这正是两校风格的差别。"如果说，哈佛校训是'让真理与你为友'，那么耶鲁的精神就是'诗的精神'，一种对'人的言辞'的尊重与信仰。"基于这一判断，作者特意将《耶鲁诗人贺兰德》作为开篇。在国际人文学界，耶鲁以文学理论最为著名，孙教授对此耿耿于怀：

> 这种理论风潮的注重自然有助于（或有害于）耶鲁的名声，但也因此使人忘记耶鲁的精神泉源所在——那就是，一种崇拜诗人的传统，一种从有限的生命去探求无限意义的文学传统。

作者本就以明清诗词研究著称，抓住耶鲁"诗的精神"大做文章，确是用其所长。书中《永恒的座椅》一文，借介绍旧校园中心那"纪念嘉马地校长的座椅"，提及耶鲁的另一个信念：教育为上。作者显然对此情有独钟，曾带来访的我仔细辨认那石椅上刻着的嘉马地校长的名言：左边是"大学教育乃是一个社会的心脏"，右边是"教书工作乃是大学教育的关键"。将大学比作"社会的心脏"，此语颇有诗意，深得我心。只可惜，全书涉及大学的篇幅，不到三分之一，余者均为书评、影评、游记及英文诗的创作。

要说结撰认真以及持之以恒，当推张凤的《哈佛心影录》（台北：麦田，1995）。作者任职于哈佛燕京图书馆，历史出身而又爱好文学，不满坊间流行的传主多为政治或经济人物，于是着意发掘学术人物"深层的孤怀幽抱"。她迁居哈佛十余年，采访众多在此任教或前来演讲的"旅美学人"，撰成十八篇相当可读的访问记。杜维明为此书所撰序言，大体能够概括其特征：

> 这本文集所采的笔法既非扣紧文本的学术批评，也不是浮光掠影的品题人物，而是通过和每人进行面对面的沟通，逐字逐句的阅读有关文献，再加上"寻觅根苗"的思索，让心影渐有雏形才作出记录写成篇章的。

无论学识或才情，《哈佛心影录》均不及上述三书。但作者下了很大工夫，就像老话说的，"勤能补拙"，此书可圈可点处仍不少。采访者不是专门家，也有好处，那就是没有门户之见，听得进去各种声音。倘若传主能够很好地配合，这一章必定大有可观。我最感兴趣的三章，分别是《中国古代文明——张光直教授》《历史与思想之间——余英时教授》以及《中国诗词的现代观——叶嘉莹教授》，因其提供了不少我所不熟悉的背景资料，对解读传主及其著述大有帮助。作为访谈录，此书描述了一个个著名学者，至于作为精神泉源及学术背景的哈佛大学，基本上没有涉及；倘若读者只是慕哈佛大名而来，感觉可能有些失望。

很想在大陆学界，也能找到同类著述。这些年，校史出了不少，能写出大学"真精神"的随笔集，则依然芳踪难觅。柳存仁、周作人、张中行等关于老北大的系列文章广泛流传，只可惜过于偏重文人逸事，不大顾及学术承传及思想革新。就像哈佛、耶鲁、剑桥、海德堡，北大等中国著名的"老大学"，同样值得有心人再三品味，同样应该有精彩的"语丝"与"琐记"。

1997 年 9 月 22 日于西三旗寓所

（原刊《书城》1997 年 6 期）

读《(民国二十三年度)国立北京大学一览》有感

手头有一册《(民国二十三年度)国立北京大学一览》，乃当年校方印刷的宣传品，供学生选课参考用的。翻阅半个世纪前老北大的规章制度，既感汗颜，又多启悟。看了以下引录的课程表，发发"今不如昔"之类的感慨，不是本文写作的主要目的。我更希望做的是，略为引申发挥，谈谈大学改革之艰难。

这册"一览"，32开，390页，包括"沿革""组织及规章""课程""教职员录""学生一览"等五部分。教职员部分包括姓名、字、籍贯、年龄、职务、住址及电话，为我们复原当年的校园情景，提供了很大的方便。

最先引起我关注的是，1930年代的北大，并未因炮火临近而苟且教学，其课程设置的完备与教师阵容的强大，出乎想象。以我比较熟悉的文学院为例。其时的文学院，包括哲学、教育、中国文学、外国语言文学、史学等五个系。除了一年级的共同必修课基本英文、中国通史、西洋通史，主要课程由各系自行安排。当年北大实行的是学分制，学生选课有充分的自由。不过，各系均要求学生多选外系的课程，如中国文学系便要求学生"应多习史学、哲学、外国语言文学各系课程"。但五系之中，气魄最大的还属哲学系。请看其"本系简规"：

> 本系为探究哲理，融会东西思想之设置，内容广博，门类滋多，凡百学说，如文、史、政、法、数、理、生、化等，苟有涉猎，均于本系有裨；故在修学上，本不必专选任何科为辅科。但为学者个人需要计，可任选本校所有各科之一为辅科。

由于担心学生选本系功课太多、选他系科目太少而导致"常识不足""难收触类旁通、彻底解悟之效"，哲学系甚至规定学生除本系课程及共同必修课外，"宜选习社会科学或自然科学之一门"——这比其他系仍在本院课程中打转，又前进了一步。

至于任课教师的阵容，我想，只需把中国文学系的课程全部抄录下来，不用多加解释，便可一目了然。需要说明的是，括号里所列职务，是我依据书后的"教职员录"补充的。之所以如此处置，因其涉及一些今人不太了解的背景知识：

中国文学史概要：（文学院院长、国文系教授兼主任）胡适

中国文字学概要：（国文系名誉教授）沈兼士

中国音韵学概要：（国文系教授）马裕藻休假，（国文系副教授）魏建功代授

作文·附散文选读：（国文系讲师）冯文炳

语音学：（国文系教授）罗常培

语音学实验：（国文系教授）罗常培

语言学：李方桂

中国古代文学史：（国文系教授）傅斯年

中国中古文学史：（国文系教授）罗庸

诗经：（国文系讲师）闻一多

先秦散文：（国文系教授）郑奠

汉魏六朝诗：（国文系教授）黄节

李白与杜甫：（国文系教授）罗庸

宋词：（国文系教授）罗庸

近代诗：（国文系教授）黄节

词史：（国文系讲师）顾随

戏曲史：（国文系讲师）顾随

中国小说史问题：（国文系讲师）马廉

传记文学研究：（国文系教授）郑奠

中国文学批评：（国文系教授）郑奠

古文字学导论：（国文系讲师）唐兰

甲骨文字研究：（国文系讲师）唐兰

钟鼎文字研究：（国文系讲师）唐兰

中国文字及训诂：（国文系名誉教授）沈兼士

中国音韵学·古音考据沿革：（国文系名誉教授）钱玄同

中国音韵学·韵书系统：（国文系副教授）魏建功

中国音韵学·等韵图摄：（国文系讲师）赵荫棠

中国音韵学·音标运动：（国文系讲师）赵荫棠

中国音韵学·高本汉之《中国音韵学》：（国文系教授）罗常培

中国音韵学·方音研究：（国文系副教授）魏建功

校勘学及实习：（国文系讲师）刘文典

古书读法举例：（国文系教授）郑奠

诗词试作：（国文系教授）罗庸

新文艺试作·散文、小说、诗：（国文系讲师）冯文炳

以上是国文系1934年度即将开设的课程。至于若干常设课程，如本系的"中国近世文学史""楚辞及赋""目录学"，以及外系的"中国哲学史""中国佛教史""殷周史料考定""周秦民族及思想""中国近三百年学术史"等，因本年度不开，没有列出主讲人。

1934年度，国立北京大学提供给国文系学生选修的外系课程，包括如下十七门。这些课程多并非专为国文系而开，而是在服务本系的同时，接受国文系学生的选修：

中国思想史：（哲学系讲师）容肇祖

西洋哲学史：（哲学系教授兼主任）张颐

普通心理学：（教育系教授）樊际昌

英国文学史（用中文讲）：（外国语文学系教授）梁实秋

日本文学史（用中文讲）：（外国语文学系教授）周作人

中国上古史：（史学系教授）钱穆

魏晋南北朝史：（史学系副教授）蒙文通

宋史：（史学系副教授）蒙文通

辽金元史：（史学系教授）姚士鳌

明清史：（史学系教授）孟森

文艺复兴与宗教改革：（史学系教授兼主任）陈受颐

西洋十七八世纪史：（史学系教授兼主任）陈受颐

西洋十九世纪史：（史学系讲师）刘崇鋐

金石学：（史学系名誉教授）马衡

明清之际西学东渐史：（史学系讲师）向达

近四十年来中国史学上之新发现：（史学系讲师）向达

希腊文明史：（图书馆馆长兼史学系教授）毛准

不管是本系还是外系，上述所有开课的教员，几乎都是当年某一专业领域的顶尖学者。不能说今日学界无贤人，也并非上述诸君的学问无法超越；而是今日中国，无论哪一所著名学府，无论你如何绞尽脑汁，都排不出这么一张课程表。要求所有课程的主讲者，没有一个是滥竽充数，这比开列若干"如雷贯耳"的名人要困难得多。

依据此书的"教职员录"，其时北大国文系共有教员二十一名，其中包括名誉教授五，讲师七。从1931年起，北大实行教授专任制，教授在他校兼课不得超过四小时，兼课较多者只能改为讲师。也就是说，上表中的闻一多、唐兰、向达、顾随、赵荫棠等，之所以只是北大的"讲师"，并非因其专业研究不够出色，而是或另有高就，或只教零钟点。至于聘请一些与北大有历史渊源的著名学者为"名誉教授"，并安排其回校兼课，则属于蒋梦麟执掌北大时的独创。也就是说，当年真正由北大国文系全职聘请的，其实只有七位教授（胡适、马裕藻、黄节、罗常培、傅斯年、郑奠、罗庸），一位副教授（魏建功）和一位助教（陆宗达）；其中，适之先生还必须兼任文学院院长和系主任。

翻阅这张课程表，既为学生庆幸，也为教员担忧。所有的课程都由名教授讲授，对于学生来说，自是莫大的幸福；可这么一来，教授可就苦了。比如，本年度罗庸、郑奠各开了四门课；罗常培、唐兰、魏建功则是三门。别看胡适、傅斯年只在本系开一门课，可还分别在哲学系开"中国近世思想史问题研究"、在史学系开"中国上古史单题研究"。除此之外，是否还在外校兼课，那是个人的事，只要不超出校方的规定，尽可悉听尊便。以钱穆为例，当年他除在北大专任外，还在清华、燕大兼课，"于是每周两次出城，各半日"。有一阵子还被迫添上师大的一次，以至必须商得北大校方的通融（《师友杂忆》，岳麓书社，

1987)。真不知道那时的教授，为何如此能干，整日东奔西跑，还能著作等身。除了"传道授业解惑"的责任感外，我敢负责任地说，"报酬优厚"，也是一个不容忽视的原因。

与今日的教书先生截然相反，1930年代的大学教授，课程多，收入高，生活优越，但很辛苦。据邓云乡的《文化古城旧事》（中华书局，1995），"当时在各大学教书的人，收入多，钱值钱，因而生活十分优裕"。因为，由学校发聘书的专任教授，月薪一般在三百元以上，像谢国桢那样在家里"天天开饭摆圆桌"，或者像鲍文蔚那样租一个独立小院子，雇两个女佣一个厨子，外加一部崭新的包车，实在不算稀奇。谭其骧为该书所写的《代序》，以过来人的身份，介绍其时的读书人如何应付吃馆子、听戏这两大享受："通常鱼翅席十二元一桌"，"杨小楼演出票价一块二"。而据李书华的《七年北大》（《北大旧事》，三联书店，1998），那时"租一所四合院的房子，约有房屋二十余间，租金每月不过二、三十元"。这就难怪邓先生要大胆立论："大学的教学和研究人员是当时的天之骄子。"

教授薪水高，自然便于吸引人才。当年的北平，人文荟萃，学人间切磋学术，相接甚欢。钱穆《师友杂忆》述及寓居北平时，与诸多著名学人之交往：

要之,皆学有所长,意有专精。世局虽艰,而安和黾勉,各自埋首,著述有成,趣味无倦。果使战祸不起,积之岁月,中国学术界终必有一新风貌出现。

只可惜抗战军兴,如此景象,一去不复返。在连天炮火的映照下,教授的面孔日见苍白。再经由1950年代的思想改造,90年代的"生产自救",教授们的"娇""骄"二气,早被打磨殆尽。今日品读前辈的回忆文章,已近乎过屠门而大嚼。

听多了牢骚、呐喊与许愿,再读读此"一览"及相关回忆录,更惊叹高校改革的"任重而道远"。政府对教育投入太少,这是毋庸讳言的事实;可问题还有另一个方面,即高校的人浮于事,甚至不乏滥竽充数者。大学校园里,基本上没有监督与竞争,也没有淘汰与奖励,大家都过着清贫而又稳定的生活——谁都明白,这并非最佳状态。

大学的改革步伐,明显落后于其他各行各业。现有的近乎吃大锅饭的分配制度,迟早会被取消。高待遇,大工作量,必定是日后大学教授的命运。问题在于,即便政府同意增加办学经费,以目前各高校的人员构成,只能说是杯水车薪。改革的步骤,很可能是先"裁员",而后才考虑大规模地增加工作量和薪水。

那么,谁来承受"下岗""待业"或"转教"的痛苦?而且,又有谁能保证在此"分流"的过程中,不是"优败劣胜"或者"乱点鸳鸯谱"?可是,不如此大刀阔斧地调整,大学又怎能轻装上阵?而所有这一切,都不是蔡元培、蒋梦麟、胡适之等北大校长所能够解答的——他们有幸不必面临如此困境。

既是斗转星移,也就不好乱打保票。即便对北大充满信心的人,大概也不敢轻易断言:到了下个世纪的某一天,我们也能开出一张让今人与后人均"无可挑剔"的课程表。

1998 年 2 月 1 日于京北西三旗

(初刊《东方文化》1998 年 3 期)

关于建立"胡适文库"的设想

北大百年校庆前后,我得到海内外好几位老学长的表扬,理由是"为胡适说了几句公道话"。如此谬奖,让我大吃一惊:谈论现代中国思想史上占据枢纽地位的适之先生,在我看来乃"天经地义",何以还值得表扬?转念一想,大概是1950年代声势浩大的"批胡"运动留下来的后遗症:在很多人眼中,胡适并没有得到真正的"平反"。尽管学界十几年前便冲破禁区,出版界也热情配合,可专业以外的读者,依然对适之先生的历史功绩心存疑虑——这才有了我的"不虞之誉"。

我同意余英时先生的观点,"适之先生是20世纪中国学术思想史上的一位中心人物";对于如此重要的"中心人物",你可以追随,可以商榷,也可以批评挖苦,更可以引申发挥，但不能完全忽视其存在（《中国近代思想史上的胡适》第6页，台北：联经，1984）。近年中国学界之热衷于"重新发现胡适"（借用耿云志为北大版《胡适研究丛刊》所撰"代发刊词"），在我看来，已经跨越"政治平反"阶段，而与1990年代学术史研究潮流息息相关。不再是泛论胡适的功过得失，或者追忆胡适的为人为文，一旦深入讨论适之先生的哲学、史学、文学，或政治、道德、教育，最大的障碍是资料不全。

胡适成名早，而且有"历史癖"，深知自己日后必将成为研究对象，故有意识地保留了许多重要资料。理论上，没有比研究胡适更"资料丰富"的了；但实际上，作为具体的研究者，很难自如运用此等"丰富资料"。除了美国康奈尔大学、哥伦比亚大学、普林斯顿大学的若干收藏外，有关胡适的资料，主要见于台北的中央研究院胡适纪念馆，以及北京的北大图书馆、北京图书馆、中国社会科学院近代史研究所。

大陆以外的资料，胡适纪念馆收藏甚丰，而且屡有创获。最近的例子，一是编成《论学谈诗二十年——胡适、杨联陞往来书札》（台北：联经，1998）；一是允许周质平教授利用其收藏的胡适致韦莲司书信、电报二百多件，撰写出饶有兴味的《胡适与韦莲司——深情五十年》（台北：

联经，1998）。至于胡适纪念馆之所以有此收藏，主要得益于杨联陞和韦莲司的无私捐赠。借用《论学谈诗二十年》"编印缘起"的话，捐赠者"无意藏私、视为独得之秘的磊落胸怀，跃然纸上，令人敬佩"。至于为何捐赠，我想，主要是出于对书信主人的尊重；当然，也有便利学界的意思。而由于胡适纪念馆的努力，杨、韦二君的良好用心没有落空。

由此想到大陆的情况，实在不容乐观。大概谁也不会否认，胡适的主要贡献，在于其提倡新文化运动，以及由此而执中国思想界之牛耳近三十年。应该说，胡适研究的资料，以存留在大陆的最为可观；可目前并没有从事胡适研究以及资料收集整理的专门机构。修"纪念馆"大概有些阻力，建"文库"总没有问题吧？不必贪多求全，单是将胡适1948年离开北平时寄存在北大图书馆的102箱书籍和文件整理并向学界开放，便是功德无量。

没想到当我向北大图书馆提出这自认为"切实可行"的合理化建议时，得到的答复却是"心有余而力不足"。原因是，当年为了集中力量批判胡适的"反动思想"，有关部门将胡适的书信及文件调走——现存中国社会科学院近代史所，再加上胡适收藏的善本书被划归北京图书馆，目前北大的收藏，远不足以建立名副其实的"文库"。这我就不明白了，适之先生的遗嘱流传甚广，北大为何不以此作为法律依据，向有关部门申诉？胡先生立于1957年春天的遗嘱说得很清楚：

> 第二条：确信中国北平北京大学有恢复学术自由的一天，我将我在一九四八年十二月不得已离开北平时所留下请该大学图书馆保管的一百零二箱内全部我的书籍和文件交付并遗赠给该大学。

除非怀疑遗嘱有假，或者认为北大没有"学术自由"，否则，有什么理由拒绝"完璧归赵"？不过，中国的事情确实复杂。据说，北大也曾据理力争，但没有效果，因其涉及各有关单位的"既得利益"。

我不是法律专家，不了解在什么情况下，当事人的"遗嘱"必须执行，或可以不被执行。我只知道"文革"期间没收的私人物品，后来都依照规定，尽可能发还给本人或家属了。既然胡适已经"平反"，其私人文件及藏书，也有必要给予妥善的处理。趁当事人不少还健在，调查取证不太困难，应该对这一百零二箱私人物品"给个说法"。否则，适之先生"处心积虑"搜集（了解先生史学趣味之浓厚者，当不以此说为谬），并希望遗留给后世的宝贵藏品，将可能永远"身首异地"。

胡适遗留在大陆的藏书及文件的归属问题，需要有关部门的调解或者法院的决断，作为一介书生，我只是表达一种愿望：尊重适之先生的权利，以及学界使用这批材料的迫切需求。对于"藏家"来说，藏品集中还是分散，纯属所有权之争；作为学者，则希望藏品能"物尽其用"。倘若上述三家能以学术为重，将身首三地的藏品合而为一，并以此为基础创建"胡适文库"，则学界幸甚。

不管拟议中的"胡适文库"属谁，我都希望能有以下三点承诺：一、尽早编纂并出版胡适藏书目录及胡适藏书题记批语；二、继续搜集并整理出版胡适书信及有关文件；三、对学界开放，允许研究者自由查阅文件及藏书。这三点都是针对国人注重"收藏"而相对忽视"使用"的现状，同时吸取前此若干名人的藏书捐赠之后"一入侯门深似海"，研究者反而无缘得识的教训。

1998 年 9 月 14 日于京北西三旗

（初刊 1998 年 9 月 30 日《中华读书报》）

附记

　　此文发表后,引起不少读者及相关人士的关注,其"后续故事",参见1998年12月2日《中华读书报》上张洁宇所撰特写《胡适藏书今何在》。可惜的是,时至今日,我的建议,依旧是一句不太讨人喜欢的空话。

"为了蔡先生的嘱托"

——《蔡元培年谱长编》读后

在《中国近三百年学术史》第十五章,梁启超纵论"年谱之效用,时极宏大",并略加分梳:"学者之谱,可以观一时代思想,事功家之谱,可以观一代事变,其重要相等。"可梁启超没有说,假如某一伟人身兼学问与事功,其年谱是否更有价值。依我的想法,答案应该是肯定。现摆着一套三卷四册的《蔡元培年谱长编》(高平叔编著,人民教育出版社,1996),便可以从"思想"与"事变"两个不同层面阅读。

并非所有的伟人都适合作"年谱长编",最好是谱主学问大,事功伟,思想复杂,牵涉面广,方能于其中显出时代之面影。这样的"长编",才值得作者认真经营,也才可能引起研究者的普遍关注。此前,丁文江、赵丰田编著的《梁启超年谱长编》（上海人民出版社，1983）和胡颂平编著的《胡适之先生年谱长编初稿》（台北联经出版公司，1984），对于研究现代中国思想、学术乃至政治史的人来说，都是案头必备之书。依我的浅见，高先生的《蔡元培年谱长编》，大概可以加入这一专家"必备书"的行列。

其实，近年出版的年谱并不少，也有相当见功力的。我之所以对上述三书情有独钟，除了谱主本身的魅力，还有一点，便是看重作者与谱主之间的微妙关系。与远隔千山万水的"闭门造车"不同，这三书的作者，都在某种程度上与谱主"时近地切，见闻最真"。在《中国近三百年学术史》中，梁启超对四类年谱的价值作了详细的分理，对"作谱人直接奉手于谱主闻见最亲切者""出于其最得意门生之手，能深知其学也"期许甚高。闻见亲切，除了资料掌握得方便外，更有可能对谱主学术与精神的理解较为深入，可以超越世俗的毁誉。这些都显而易见，不必多费口舌。我想补充的一点是，做一部好的"年谱长编"，需要眼界开阔，搜罗广泛，考订精审，而且持之以恒。这种工作，大学者不愿为，嫌其琐碎；小学者又做不好，因缺乏胆识。真的愿意几十年如一日从事此项工作者，往往是对谱主的人格与学问有绝高的景仰，否则难成其大。

当年梁启超去世，友人丁文江负责编撰年谱，后又物色到助手赵丰田，从1929年开始征集资料，到1983年修订本问世，时间跨度是半个多世纪。赵丰田在修订本的《前言》中称："《梁启超年谱长编》的编纂和修订，竟然和我一生的历史研究相始相终，诚非始料所及。"余英时为《胡适之先生年谱长编初稿》作序，称"颂平先生是最有资格编写这部年谱的人"，理由是作者少年从谱主念书，又在谱主最后四年的生活史上占据了一个特殊地位："他不但担任了谱主的主要文书工作、是谱主的私人顾问，而且实际上还照顾着谱主的日常生活。因此他有机会观察谱主最后几年的一切言行。"有这一难得的经历，再加上作者锲而不舍的努力，十五六年后方才完成此三百万言的"初稿"。

与丁、胡不同，高平叔既非蔡元培先生的挚友深交，又不是名正言顺的入室弟子，只是略有交往的晚辈。只因主动请缨，受谱主之托，开始整理蔡氏的著作与传记。而后一发不可收，竟放弃自己的专业（国际经济），成了中国最重要的"蔡元培研究专家"。高氏受托之时，乃翩翩少年，六十年后"年谱长编"完稿，则已是耄耋老者。如此信守承诺，不负所托，颇有古侠风范。读其书卷首题为《为了蔡先生的嘱托》的自序，很难不为之动容。

可是，正如梁启超所告诫的，门生故旧所撰年谱，有便利也有陷阱，那就是"亲故之口，虑多溢美"，故还需辅以史家的良知与胆识。最怕的是作者为了避讳，或为了配合一时一地意识形态的需要，而刻意"美化"谱主，删除其"不合时宜的思想"。对中国现代史略有了解的人都知道，1927年国民党之发起"清党运动"，蔡元培起了重要作用。作为历史评价，你可以说三道四；而作为"年谱长编"，则不应该有丝毫回避。高书对此事基本上采取有闻必录，按而不断的态度，我以为是可取的。尽可能多地保存原始资料，以便日后之修史，而不是匆忙下结论，为谱主"争取更大光荣"，这样的"年谱长编"，方才有长久的价值。

如果说《梁启超年谱长编》的最大长处在于保存了大量梁氏与其师友的来往信札，《胡适之先生年谱长编初稿》的特色则是师法谱主《章实斋年谱》的创例，将谱主五十年中论学论政的文字"都择要摘录，分年编入"。《蔡元培年谱长编》出版在后，体例上理所当然地择善而从，吸取了上述二书的特长。至于此理想化的设计不曾落空，得益于作者长期从事蔡元培著作的搜集与整理，三次主编"全集"，熟悉蔡先生的"只言片语"。

此外，还有三点值得表彰。第一点作者在自序中已有交代："我曾以半年多时间，将1902—1937年的十几种旧报……逐页逐条检索。"相对来说，刊物的查阅比较容易，正日渐受到学界的重视；报纸则浩如烟海，且大都没有适当的索引，必须一页一页地翻阅，难度要大得多。但如果想钩稽史料、考订史实，报纸其实比杂志更有用。第二点则是从同时代人的日记和回忆录里，搜寻谱主的言行。比如1917年里，便采纳了张元济、严修、鲁迅、周作人的日记和胡适、顾颉刚、梁漱溟和傅斯年等人的回忆文章。假如考辨精确（回忆录并非都可靠），这是个很好的扩大视野的思路。以高书而言，似乎还有进一步发掘的余地。第三点表面上有点琐碎，但很实用，那便是在目录页标出谱主当年大事，以便读者查检。这实际上是梁启超《中国历史研究法补编》所提倡的"纲目体"，此体据说为明人钱德洪《王文成公年谱》首创。虽说事件孰大孰小，取舍不易，但为读者计，还是值得尝试的。

回到文章的题目，"为了蔡先生的嘱托"，在我看来，并非只是纯粹私人性质的知恩图报。为先贤编撰资料翔实的"年谱长编"，乃每代学者应尽的义务。不只是对先人表敬意，更是对后人负责任。因此，我更欣赏蔡元培在刊印李慈铭《越缦堂日记》的"缘起"中所说的："后死者之责，稍稍尽矣。"有趣的是，高氏的自序，也引蔡先生此语作结，可见学术薪火代代相传的本旨，并未被个人恩怨所遮蔽。

1998 年 11 月 12 日于西三旗

（初刊 1998 年 11 月 25 日《中华读书报》）

"触摸历史"之后

我和夏晓虹合作主编的《触摸历史——五四人物与现代中国》(广州出版社,1999)出版后,得到学界的普遍好评。零星评论不说,单是1999年5月2日《北京晨报》和1999年5月4日出版的《中国图书商报·书评周刊》各用一整版的篇幅予以介绍,便可见该书"表现不俗"。也正因为传媒朋友的热情推介,给我带来了意料不到的麻烦——这个小小的"包袱",等我"理顺了关系"再抖开。

应该说,此书大致实现了我原先的设想,比如说,回到现场、触摸历史、宏大叙事与小品笔调结合、图像与文字互相阐发等。但作为作者,毕竟有自知之明,因时间太紧,未能仔细琢磨,留下不少遗憾。在整体构想上用力较多,而具体章节则颇有不尽如人意者。另外,个别错字,令人难堪,如关于罗章龙那一节,"亢慕义斋"竟被改成了"康慕义斋",这对于专业研究者来说,是不应该有的错误。至于学术上最大的遗憾,则是图文之间的巨大张力,没能得到很好的发挥。如果只是追求"图文并茂",还勉强说得过去;可我的愿望是由图文的对峙与互补,引发出更大的思维与阐释空间,这一意图则没有得到很好的落实。相对来说,"总说"部分好些,具体人物部分,大都变成了点缀性质的"插图"。关于图像与文字的关系,我一直很在意,可就是没能找到很好的理论框架与操作方法。

可万万没想到,问题不出在我所担心的"薄弱环节",而是自以为的"强项"上。谈五四运动,无论如何绕不开陈独秀、李大钊等北大校园里久传不衰的英雄人物。说实话,原先并不在意,一凭自家功力,二靠学界积累,总以为谈陈、李是"手到擒来"。结果,正是这两则文章遭到批评。由于批评意见并没见诸报章,只好由我来公诸于众,免得有"报喜不报忧"之嫌。

若依事发前后为序,"李大钊"在前;但若以我的觉醒时间排列,则是"陈独秀"优先。并非全知全能的说书人,还是采用第一人称限制叙事为妙。先是接到北京徐亦孺老先生6月10日来信,指出《触摸历史》第68页左下角那张注明陈独秀的照片,其实是彭述之。徐先生对拙作褒奖有加，但希望我们不要沿袭学界已有的错误：

> 这一差错由来已久，还是1933年，国民党苏州高等法院借江宁地院法庭审判陈独秀与彭述之，当时上海《社会新闻》的记者在候审室为陈、彭二人拍了一张合影，而《社会新闻》刊发时，编者作注误将左侧陈独秀注为彭述之，右侧的彭则错注为陈。陈独秀那次入狱近五年（1932年10月—1937年8月），绝少单人照片，当时国内外报刊只要陈独秀的照片，不要彭的，于是将《社会新闻》刊用的这张合影分开，并根据其误注，把彭述之的错当为陈独秀。几十年来，不仅大陆书刊，连台湾及海外不少书刊都一直颠倒使用，一错至今。此事原委，1991年3月，世纪老人郑超麟老曾专门写了《颠倒的照片必须颠倒过来》一文加以剖析指正，此文收在郑老《怀旧集》（东方出版社，1993年3月）中，可查看，并望在再版时加以纠正。

出于对后学的爱护，徐先生建议我们自己出面更正，以免贻人口实。面对这样言辞诚恳、有理有据的批评，我自然点头称是。有错必改，此乃职业道德，没什么好推诿的。

可关于有意抹杀革命先烈李大钊功绩的指责，则绝非我所能接受。

此事发生甚早，等传到我耳中，已是满城风雨。据说，不止一位领导对我的"思想倾向"提出批评，主要依据是谈"五四"而故意避开共产党的创始人李大钊，可见是别有用心。不管是党员干部，还是专家学者，对如此无视历史事实的"谬误"，无不义愤填膺。可只要肯翻翻《触摸历史》，看看第72至80页，此等指责便不攻自破。因为，那一章明明题为《李大钊：从图书馆到广场》，文中还夹有"铁肩担道义，妙手著文章"的手迹，以及整页的李大钊就义前留影。文章好坏可以商榷，但无论如何与"故意不提"挨不着边。

据说告状者并非空口无凭，而是拿着报纸。这么一说，我就明白了。所谓的"罪证"，应该就是上面提到的5月4日的《书评周刊》吧？那份周刊在北大纪念五四运动八十周年国际学术研讨会的闭幕式上广为散发，流传甚广。报纸头版大字标题非常抢目：《陈平原等编著〈触摸历史〉模拟80年前那一天》，除了评介文字，这一版还摘录了若干配有头像的人物评点。应该说，这一版制作得相当讲究，读者反映也很好。可唯独"五四人物谱"上缺了李大钊，被人抓住"把柄"。既是"书摘"，必定"挂一漏百"，读书人（更不要说训练有素的专家学者）一般不会根据报上的摘录来评价原著的。报上摘的，书中肯定有；报上没摘的，书中不一定没有。这是很简单的道理。单凭报章的摘录来评判图书，已经是相当冒险的了（脱离了上下文，所有的论述都不完整）；更不要说根据报纸未摘，就断言人家"有意抹杀"。

此等误会，往好处想，是告状者卫道心切，先"告"为快；至于当事人是否受委屈，实在无暇顾及了。往坏处呢？想象力有限，不说也罢。反正这不是一次"美丽的错误"。

经历如此"无妄之灾"，我终于明白，最厉害的批评，其实是"不着一字，尽得风流"的。报纸上真名实姓的打斗，别看言辞激烈、剑拔弩张，其实杀伤力有限。不断变换笔名（因长期使用同一笔名，与真名实姓无异）者，神龙见首不见尾，明显地上了一个台阶。再往上走，便是适当地散布些触目惊心的"口头批评"，既"代表民意"，又不着痕迹，让对手穷于应付去吧。可最高的段数，还是属于锁定特定目标，及时向领导"反映情况"者。这样，既可表明自己政治正确，警惕性高（即便告错人，也属动机良好），又因其属于内部操作，不易被当事人知晓。但这里有个窍门，这状不能告得太凶，万一失去分寸感，弄到检察院立案审查，那时拿不出证据来，会自讨没趣的。最好是"思想问题",那样的话,说大不大,说小不小,足够让你不舒服的,可又无须认真核实。只要能给领导留下"苍蝇不叮无缝的鸡蛋"这样的印象,就足够了。等到当事人醒悟,做出有力的辩解,问题确实可以"澄清";不过,流言已经广为传播,印象也已深入人心,即使花上三年五年,也未必能清洗得干净。

想清楚了这一点,我也就懒得不断去为自己辩护了。因为,若如是,久而久之,你自己都会相信自己真的"有问题"——这可是"文化大革命"中无数知识分子留给我们的惨痛教训。

其实,我要求的东西并不多,只是"批评公开"四字——像徐先生那样"隐恶扬善",其好意我是心领了;但不能要求别的读者也如此宽厚。将批评意见都摆在桌面上,这才有公平竞争的可能性,也才可以减少不必要的误会与冲突。在以往的文章中,我曾不止一次提到晚清及五四那两代学人的"生命之真"。这其中包括探求真理时之无所畏惧,失败时之痛苦与执着,还有便是相互争执时之光明磊落。记得陈独秀写过一则文章,题目是《林琴南很可佩服》,其中有这么一句:"林琴南写信给各报馆,承认他自己骂人的错误,像这样勇于改过,到(倒)很可佩服。"陈林之争中所展现出来的那种气度与胸襟,今人大概很难企及。

也许,这正是今人需要不断"触摸历史"的原因吧?

1999 年 7 月 16 日于京北西三旗

(初刊上海文艺出版社 2000 年版《北大精神及其他》)

《北大精神及其他》后记

去年的这个时候,北大百年庆典刚过去不久,我经历了一场意想不到的"危机"。既然希望独立思考、自由表达,就难免一不小心触犯时忌,但这回对方反应之强烈,实在出乎我意料。更要命的是,那边四处告状,这厢竟浑然不觉,还扬扬得意,没有丝毫"防范意识"。自以为在弘扬北大光荣传统,突然间发现被指摘为"蓄意破坏"北大光辉形象。一时间风言风语,竟有长辈私下向我的朋友打听:陈平原为什么反对北大举行百年庆典?面对众多不着边际的中伤、误解与赞扬,除了苦笑,再就只能沉默了。

其实很简单,不就是稍稍动摇了某些"权威人士"对于北大的阐释嘛,有什么了不起。就算是"异端"吧,也没必要如此"兴师问罪"。能否简单地将老校长蒋梦麟断为国民党新官僚,并抹杀其正规化教育的思路,或者北大校庆的改期到底是偶合还是有意,这些本来都是可以商量的,可对方一开始就摆出不想局限在学术领域,非要追问"居心何在"的架势。写一小文略做回应,希望平心静气地讨论问题,可当我遵嘱将其交给刊登批评文章的某学报时,主编忽然改变主意,说是对方有言在先,如陈某发言,将有更严厉的言辞恭候。我当然明白,追究过"用心"以后,还能使出的招数,那确实不是常人所能抵御得了的。"苦口婆心"劝说我不要申辩的主编,后来还是自食其言,再次发表没有对手的"商榷文章"。懒得与其计较,只是将当初自己压下的《大学史的写作及其他》收入本书,大致表明立说的差异。

不过,更严厉的批判终于还是来了,那便是今年第五期《中流》杂志上发表的《好一个"五四不吃香了,怎么办?"》。此文除了帽子特吓人,还专门送达各有关领导。承蒙领导提醒,拜读之后,甚感悲哀。不考虑我的专业领域,指责我老讲"五四新文化运动",而不提"五四爱国政治运动",认定这是别有用心,已经让我很不服气了。更吓人的,还是下面这段罗织罪名的妙语:"许多北大校友对陈氏说的'五四不吃香了,怎么办?'表示困惑,但也有人提出：十月革命节那么伟大，现在不是不吃香了吗？提得好，提到要害处了。这就是说中共垮台了怎么办？资本主义在中国复辟了怎么办？如果真到了那一天，就不只是北大校庆'再改期'的问题了，连国庆日都要改了。这确实'危险'得很。我们相信，广大人民群众，真正的共产党员，是不容许这样的事情发生的。"做学问，免不了因意见相左而与人打笔墨官司，可商榷文字，原本讲究"单打独斗"，如今对方不断变幻叙述角度，一会拉上"许多北大校友"，一会平地冒出"也有人"，最后又是"广大人民群众"，又是"真正的共产党员"，如此泰山压顶，我还有什么好说的？本来只是讨论北大校庆为何改期，即便我的考辨失误，也不值得将区区小文跟虚拟的"资本主义在中国复辟"那样的重大事件联系在一起。再说，依学界目前的主流观点，中国历史上未曾有过"资本主义"阶段，陈某即便有心，也无从"复辟"。至于将我和其他学者之改变"诠释框架"，说成是"国内外敌对势力梦寐以求的"，更像是"文革"中常见的"无限上纲"，与改革开放后的思想潮流似乎不太合拍。据说，类似的言论，还由某公在不少重要场合广为传播。

　　承久经风雨的长辈告知，像我这样因言得罪且被强烈关注的，要是在二十年前，"早就给灭了"。如此危言，确实耸听,不由得冷汗一身。并非特别勇敢,硬要闯禁区,而是不曾意识到禁区的存在,没想到有关北大校史的考辨,竟有如此大的风险。好在校方还算开明,没有要求我去"说清楚";要不,我怎么可能说清自己的"用心"是良好的呢?

面对众多赞赏、商榷与中伤,我反而日渐意识到此课题的巨大潜力与思想价值。正像《辞"校史专家"说》中所说的,我不是站在为北大辩护的立场来审视这所著名大学的历史的——虽然我对她的过去、现在与未来怀有一种特殊的感情。

我之关注北大,从最早的研究五四新文学,到近年撰写现代中国学术史,再到逐渐逼近作为现代知识生产基地的大学制度。文学史——学术史——教育史,这互相制约的三角关系,是我目前最为关注的课题。老北大因其一身三任,不只纠葛复杂,而且影响深远,特别适合作为我的研究个案。只要我的研究工作还在继续,就难免发表与"正史"不太协调的言论,并非故作惊人语,而是立足点不一样(参见《大学史的写作及其他》)。另外,学术发展日新月异,我不太相信二十年前的"权威"能够永远避免后来者的挑战。

遗憾的是,眼下出版的这本小书,尚未能真正体现我的"学术野心"。这里有主客观两方面的原因。百年校庆期间，传媒的地毯式轰炸，使得北大的历史与现状广为人知，没必要再由我来饶舌。发掘众多"人所不知"的故事，并提出若干"独立不羁"的见解，需要较长时间的知识准备。而我去年刚出版了《老北大的故事》(江苏文艺出版社，1998)，如今虽穷精殚虑，也不可能突飞猛进。

在短短的一年半后推出新著，其实不是我的本意，纯粹是为了配合这套关于世界名校的丛书。我认同主事者的看法，谈"世界名校"，最好不要局限于"海外"。到目前为止，北京大学并非世界一流大学；但并非世界一流的北大，在东方文明古国崛起的过程中发挥如此巨大的作用，这种荣耀，又是许多世界一流大学所不具备的。在这个意义上，我同意丛书第一辑收入北大。经受不住出版社的再三劝说，也就只好仓促上阵了。

好在这是一种个人化的叙述，包括对于北大传统的诠释，以及对百年庆典的若干反省；还有，就是"人在燕园"一辑所体现的，经由若干师长与这所大学结下的不解之缘。因"结缘"而带来的强烈的主观色彩以及作者身影的浮现，使得这组文章多了些激情与温馨，而相对缺少距离与冷静。这也是没办法的事。

将北大置于教育史、思想史、学术史的脉络中考察，除了凸显史家的眼光，更希望引导读者走向历史深处，思考若干重大问题。这既符合北大的特殊身份（说实在的，假如选择如此视角，北大还真是无可替代），也更能体现笔者的学术追求。在百年中国的叙事框架中讨论北大的得失成败，不是一件容易的事，这里还涉及如何进入历史——包括研究的策略与叙述的笔调。本书最后一辑，除了五四运动与北京大学密不可分外，将其纳入此书，更想强调的是关于历史写作的思考。明眼人很容易看到从《北大旧事》《老北大的故事》到《触摸历史——五四人物与现代中国》（与夏晓虹合作主编，广州出版社，1999）的内在联系。将历史研究的探索与写作方式的革新结合起来，希望兼及"文"与"学"，这是我的小小的梦想。不是专业著述，也不是通常意义上的散文随笔，而是半学术半文章，我称之为第三种笔墨。正在尝试，还不到以成败论英雄的时候，因此，也就不想多说了。

当然，以我的"学术野心"，还是希望有一天能就北京大学撰写沉甸甸的专著。不过，即使拟想中的"大作"得以完成，我也依旧怀念在寻寻觅觅的过程中所品尝的刺激、困惑与烦恼，以及这两册"半文半学"的小书。在我看来，这是一个能够调动研究者的激情与想象力、具备许多学术生长点的好题目，即便山路崎岖，前景也不太明朗，也都值得尝试。

在我从事本课题的研究过程中，得到诸多师友的激励，其中也有反对我的学术观点，但依然表示理解与支持的。自中央电视台的"读书时间"和"东方之子"做了专访后，我收到不少不相识的读者来信，有向我查询其曾在北大念书或工作的祖上的情况的，有以知情人身份提供进一步研究的线索的，也有纠正我文章中若干细节失误的，更有撰写书评大加揄扬的。这些都让我感动，起码是意识到"吾道不孤"。时至今日，每当我到外地高校做学术演讲，总会被要求"讲讲北大"，而且每回的演讲都很成功。这当然主要归功于"北大"自身的魅力，可也与我如此投入此课题、如此认同所谓的"北大精神"不无关系。

最后，有一点必须说明。在"人在燕园"一辑，我选录了一则此前已经入集的短文《十年一觉》，目的是使前后的叙述更为流畅，也让读者略为知晓我的燕园生活。小小私心，敬请读者原谅。

1999年7月13日于京北西三旗

（初刊《书屋》1999年6期及上海文艺出版社2000年版《北大精神及其他》）

附录：
《北大精神及其他》序
夏晓虹

虽然三年前与平原君合编过《北大旧事》，但谈论北大精神，仍为我力所不及。若说到与北大的关系，我倒比平原君开始得早。他还在南国采红豆时（平原君曾为中山大学学生刊物《红豆》的编委），我已在燕园读书六年。应了那句俗话："远来的和尚好念经。"或果如东坡居士所体验："不识庐山真面目，只缘身在此山中。"如今我这位"先辈"（日语所谓"先辈"真是妙语），倒要从他的校史散论中品味北大，北大对于我，于是变得既熟悉又生疏。

有朋友曾半真半假地说，我和平原君是黄金搭档，连看材料都节省一半时间。后半句话我可不敢苟同，研究领域虽接近，资料却须自己读过才作得准。但我也不否认，知道对方的兴奋点，阅读时自会顺便留心。我个人的体会，还是用传统的"互补"说法更准确。即如"不贤识小,贤者识其大",倘若去掉其间的褒贬意味,我倒以为可以概括我们之间的差异。

以北大而言,他更看重的是"逸事"背后的"精神",我记得的却多半是"精神"的表征——"逸事"。我对北大作为课题的兴趣,到编完《北大旧事》即告结束;而对于平原君,这不过是研究工作的开始,冠于卷首的长序便为牛刀小试。随后,我们一起去纽约的哥伦比亚大学访学。在我埋首于清末民初的旧报纸之际,他却盯准"北大与哥大"的题目,一连写出八篇短文。到去年年初,《老北大的故事》完稿时,他的校史研究已初成阵势。如今,北大的故事又从红楼说到燕园,我曾经亲承謦欬的师长与平原君的个人感怀一并进入书中,《北大精神及其他》对我而言,便更平添了几分亲近感。

记住的仍然是逸事。我的导师季镇淮先生是中文系出名的"忠厚长者",他做人的认真与处事的天真,常常使我抱愧。我写过几篇文章记述他的为学与为人,那已经成为令我终身受益的精神财富。而他在"文革"中最有名的故事,今日说来或觉不可思议,我倒以为颇能体现季师的风范。他在西南联大读书时,即由导师闻一多先生介绍加入了民盟;1949年以后,更进而成为中国共产党的一员。

这是当年追求进步的青年共同的选择。不过,由于季师在民盟的工作很有成效,组织决定他的党员身份不公开,以利统战。季师也严格遵守这一规定,直到"文革"发生,所有的档案一律曝光,他的资历才被揭秘。但在某次中文系党、群分开排队时,经人提醒走入党员行列的季师,很快又回到群众的队伍中,那理由便是:"组织还没有决定让我公开身份。"先生讲究的是处世端方。

吴组缃先生在我心中则永远是一位智者。听先生上课,专业之外的所得甚多,那也是他最得意之处。吾生有幸,听过先生的"中国小说史论"与"红楼梦研究"两门课。至今,先生讲课时"跑野马"的本事,仍令我佩服不已。无论如何貌似离题万里,我辈钝才已代生杞人之忧,吴先生却能在不动声色中,以"四两拨千斤"的巧力,将话语的洪流顷刻兜转,而重新言归正传。他辨析薛宝钗有意攀附贾宝玉,指认所谓癞头和尚送薛刻在金锁上的两句吉利话,正与宝玉"命根子"上的铭文相配,不过是薛家弄出的把戏。其为自家锻造的根据,经先生明察秋毫,正在薛蟠那句"妹妹的项圈我瞧瞧,只怕该炸一炸去了"上露出了马脚(以后翻书的印象,似乎和尚只送了吉言,锁确是薛家自制)。先生的勘破世故,本从学者的阅历丰厚与作家的观察敏锐而来。

林庚先生的课我上过"屈原研究",那可以算作先生的"告别演出"。因为此后先生不再登台主讲一门大课,许多当年的高足、如今已是我们老师辈的先生,如陈贻焮、袁行霈等,便也恭恭敬敬与我等后学同坐听讲。以"屈原"而不是"楚辞"命题,乃由于先生认为,屈原的创作足以涵盖楚辞的成就。可以想象,如无屈原,楚辞绝不会成为先生情有独钟的研究课题。虽然早在 1930 年代,林先生即以诗人闻名,但在听课时,印象更深的却是学者的严谨。《天问》一篇在屈原作品中向称难解,错简也成为解释歧异的重要原因。林先生虽亦用此法破疑,却同时强调小心谨慎,不可滥用;否则,任意编排,何求不得?"你要人造卫星,我也能从中找出。"

王瑶先生是平原君的导师,我见其师虽早,入门反在其后。1970 年代末、80 年代初,每逢校庆,必举办"五四"科学讨论会。自我入学,王瑶先生从未开课授徒。因此,得知先生将在办公楼礼堂的"五四"论坛作报告,我当然不会错失良机。然而,洗耳恭听的结果,竟是不知所云,先生浓重的山西口音,通过扩音器放大,愈发难懂。以后,我的同学做了先生的研究生,我们之间流传的笑谈是:先生骑车在校内路遇弟子肃然敬礼时,绝不像其他老师那样下车寒暄,只是微一点头,即刻掠身而过;弟子去家中聆听教诲,便只敢半边着凳。有了这番铺垫,后来随平原君拜见其师,也不免心中紧张,特别对学术话题缺乏自信。但先生也有让人忘记敬畏的时辰,那就是每年一次的春节宴请学生。我因小有酒量,而得以近坐陪酒,并成为屡遭先生批评的平原君的榜样:"搞文学的怎么能不会喝酒?"先生始终是一个内心骄傲、富有尊严的学者。

我正是依照如上的叙述顺序,幸运地与中文系文学专业的四大导师先后结缘。缘分虽有深浅,对我来说,这却是平生珍贵的忆念。

有这样的师长与逸事,又焉能不生出"北大情结"?我因此与平原君也可算是同道同好。尽管我的小道与偏好只够拾遗补阙,但也许能给如平原君一般善识其大的读者,提供解读北大精神的若干例证,则吾企踵望之。

1999 年 6 月 26 日于东京弥生寓所

(初刊上海文艺出版社 2000 年版《北大精神及其他》)

修订版后记

将北大置于教育史、思想史、学术史的脉络中考察，除了凸显史家的眼光，更希望引导读者走向历史深处，思考若干重大问题；在百年中国的叙事框架中讨论北大的得失与成败，不是一件容易的事，除了思想立场，还牵涉如何进入历史——包括研究的策略与叙述的笔调；兼及"文"与"学"，将历史研究的探索与写作方式的革新结合起来，这是作者小小的梦想；不是专业著述，也不是通常意义上的散文随笔，而是半学术半文章，姑且称之为"第三种笔墨"。以上四句话，大致勾勒出本书的基本面貌。接下来，便是交代版本流变等琐务了。

本书以1998年3月江苏文艺版《老北大的故事》为主干，兼收2000年1月上海文艺版《北大精神及其他》中的若干文章。具体情况如下：新书第一辑乃江苏版《老北大的故事》的第一、第三辑,那原本就是两篇连载的长文,所谓"分久必合"是也;同时调入第二辑中的《老北大的自画像》和《作为话题的北京大学》,以及《北大精神及其他》中的《北大传统之建构》。新书第二辑除调出二文外,其余照旧。第四辑删去《逸事之外的辜鸿铭》《学者小说的魅力》《大学者应有的素质》三文,补充若干《北大精神及其他》的文章。第三辑全部取自《北大精神及其他》。

至于《北大精神及其他》的"解说大学""记忆五四"二辑,因已入专业著述,不再收录;其余文章的取舍,视论题是否相关以及有无入集而定。

本书所收文章,最早的撰于1994年3月,最迟的写于1999年7月。有三篇文章处境微妙,必须略加辩说。《北大传统之建构》和《老北大的自画像——"校庆感言"》二文,都是选择北大教授或校长的视角,借以勾勒"老北大"的精神风貌;希望呈现不同的语境与思路,故保留二文结构,对后者略作删节。《北大传统:另一种阐释——以蔡元培与研究所国学门的关系为中心》日后成为《触摸历史与进入五四》(北京大学出版社,2005)第三章中的一节,此文最初发表时,得到某前辈学者的大力褒扬,为表纪念,予以保留。《即将消逝的风景》虽已入《当年游侠人》(三联书店,2006)中,但此文流播甚广,且与本书主旨大有关联，故破例收录。

最近十年，我之谈论"大学"，除若干专业论文外，大都收入北大出版社已经或即将刊行的《大学何为·修订版》和《大学有精神·修订版》二书。此外，三联书店2008年出版的《北京记忆与记忆北京》中，也有若干关于"北大人"的追怀与驰想，敬请参阅。

十五年间，在主业"文学研究"之外，我不时涉足"大学话题"；《老北大的故事》是起步处，敝帚自珍，乃人之常情。文章照旧，不做修订，只是补上初刊状况，除便于读者了解发言的语境，也留下自家蹒跚学步的足迹。

2009年1月25日，星期日，除夕之夜，鞭炮声中

附识：

此次重刊，删去已入它书的《即将消逝的风景》及《学问家与舆论家》，其他各文坚守原岗位。

十七年前的旧作，仍有重刊的机会，感激北大出版社，更感谢广大读者。

2015年元月31日于京西圆明园花园